U0822110

— 2022年 —

第2辑

（总第2辑）

中国资管

中国投资协会金融业资产管理专业委员会 出品

主编 杜金富 李礼辉 王忠民

中国金融出版社

责任编辑：刘　钊
责任校对：刘　明
责任印制：程　颖

图书在版编目（CIP）数据

中国资管. 2022年. 第2辑 : 总第2辑 / 杜金富，李礼辉，王忠民主编. —北京：中国金融出版社，2022.12

ISBN 978-7-5220-1845-4

Ⅰ. ①中… Ⅱ. ①杜… ②李… ③王… Ⅲ. ①资产管理—中国—2022 Ⅳ. ① F832

中国版本图书馆 CIP 数据核字（2022）第 247423 号

中国资管 . 2022 年 . 第 2 辑：总第 2 辑
ZHONGGUO ZIGUAN. 2022 NIAN. DI-2 JI：ZONG DI-2 JI

出版
发行　中国金融出版社

社址　北京市丰台区益泽路 2 号
市场开发部　（010）66024766，63805472，63439533（传真）
网 上 书 店　www. cfph. cn
（010）66024766，63372837（传真）
读者服务部　（010）66070833，62568380
邮编　100071
经销　新华书店
印刷　保利达印务有限公司
尺寸　210 毫米 ×285 毫米
印张　9.25
字数　196 千
版次　2022 年 12 月第 1 版
印次　2022 年 12 月第 1 次印刷
定价　58. 00 元
ISBN 978-7-5220-1845-4

如出现印装错误本社负责调换　联系电话（010）63263947

中国资管

联系我们

电话：010-63909881
邮箱：3521902379@qq.com
地址：北京市西城区木樨地北里甲 11 号国宏大厦 A 座
邮编：100038

中国投资协会金融业资产管理专业委员会简介

中国投资协会（The Investment Association of China，IAC）是由国家发展改革委发起、批准并经民政部登记注册，具有社团法人资格的全国性社会团体，是中国投资领域权威性、综合性的社团组织。

目前协会党组织关系在中央国家机关工作委员会。

经过近 40 年的发展，中国投资协会现有会员 1000 余家，几乎涵盖各个行业，也有大批专家学者。协会下设 17 个专业委员会、6 个中心、4 个职能部门和 1 个组织工作委员会。

中国投资协会金融业资产管理专业委员会（简称资管委）是经国家民政部同意、中国投资协会批准成立的全国性金融资产管理行业组织。资管委依据中国投资协会《章程》和资管委条例，团结和组织会员开展工作，接受协会的领导和监督。

资管委的会员是由经过国家和地方金融管理部门同意从事资产管理的银行、保险、信托、各类基金、证券、资管、投资、交易平台、融资租赁等金融类机构以及资管中介、投资咨询顾问、家族财富管理办公室等服务机构和相关社团与教育、研究、新闻等机构以及行业专家组成。

资管委的突出特点：

一是唯一的全国性的跨产业的资产管理行业组织；

二是唯一的跨金融行业的综合性资产管理组织，团结和组织会员开展工作；

三是政府、产业、金融三方大型对接合作平台；

四是全国资管市场中监管者与金融机构连接沟通平台；

五是全国资管市场“官产学”共同合作、共谋发展、共同促进的研究、发展平台；

六是中外资管机构对接、交流、合作平台。

用信仰的光芒照耀投资

——写在《中国资管》(ESG专题)出版之际

卷首语

PREFACE

2022年，是新冠疫情暴发流行的第3年，也是“资管新规”经历3年多过渡期后完全落地实施的第一年。疾病的反复与疼痛、百姓收入的减少与失去、投资理财的大幅度波动与浮亏等，使得这一年成为中国老百姓难忘的一年，也是启发人们思考总结的一年。

我们在岁末深冬回首过去，憧憬未来，也在思考现实：直面人生的困境，我们会发现总有一些东西无法战胜、倍感珍惜，更加相信甚至坚信，这就是我们的信仰。信仰一般是指对某种主张、主义或对某人、某物的信奉和尊敬，是一种坚定不移的认同和强烈的信念，并把它奉为自己的行为准则而固执信任并加以实践。克尔凯郭尔说：“你怎样信仰，你就怎样生活。”这用在投资中可以变成“你怎样信仰，你就怎样投资”。

纵观人类历史，无论人类理性看上去多么强大、多么完美，我们依然生活在不确定之中。人类的理性是非常有限的，根本无法随时随地地指引和保护我们。而唯一能够战胜这种不确定性的，绝不是什么高深精妙的理论，而是简单的信仰。这并不是想把投资活动引向神秘主义、虚幻主义，而是经过长期思考积累的一种人生感悟，是对国内外投资实践的总结，是投资人生的力量源泉和精神支柱，这些对生活和投资都有深远的意义和巨大的价值。

信仰是投资者的灵魂。它是对投资思想、规则的高度认同和运用的力量、指南。一个人的投资命运、结局，主要不是由外在市场造成的，而是源于投资者本身。我们交易的不是市场，而是一套交易规则、交易思想，只有信仰能为规则和思想提供行动的场景、指南和巨大的力量。在金融市场中，投资者内心都有一套自己信任的理论体系，每一个投资决策的背后是我们对自己思想体系的坚定信仰。相信什么就有什么样的交易。只有信仰才是交易智慧的坚实基础。在整个有信仰的交易过程中，心灵是纯粹的，思想是单纯的，看到的世界是简单的，交易思路是清晰的，交易动作是简洁的。因此，我们要一以贯之地按照自己的投资体系进行观察和操作，要时刻保持一种理性而又节制的心理状态和行动能力，要挣脱盲目复杂、强行思考和操作带来的羁绊，追求一种简单、自觉、自然的投资境界。

信仰的目标是利他。自然万物在让自己活下去的同时，也在给对方生存空间，这便是地球上所有生物共生共存的理念。人类社会动机至善，我们判断一切事物，不能以得失之心为基准，而是要以是非之心为基准；不要把是否对自己有利作为判断基准，而应该考虑是否客观公正。只以自我为中心，容易视野狭窄，作出错误判断；而以利他之心做判断，视野就开阔，更能正确判断。

信仰是投资者观察理解市场的基础。信仰在先，未战先胜。在观察市场之前，我们就要知道想观察什么，哪些变化是非常重要的，哪些变化是没有意义的，在什么情况下应该果断行动，而不是因市场价格涨跌对投资者的本能和欲望的吸引而作出反应。这是优秀投资者必须具备的基本思维模式和行为习惯。人是有限理性的，但是无意中把自己当做一个全知全能的存在，用有限去追求无限，追求完美，其实是不现实的，要认可投资体系的缺陷、认可结果的不完美、认可投资命运的不可捉摸和偶然性。金融市场天然弥漫着实用主义的思想，大多数参与者没有信仰，信不信只看灵不灵，什么都信，也就什么都不信。实用主义方法不是从投资的原则和体系出发，而是以投资的收获和结果为标准衡量一切。这些行为表象的背后，是自己的思维方式、投资理念和心态等多方面因素在发挥着深刻的影响。思维方式是由一个人的哲学信仰决定的，哲学观念的混乱必然导致一个人思维方式的混乱。当你内心将很多种不同的哲学思想交织混杂在一起时，必然让你对市场的认知产生混乱。因此，我们要建立完整的投资理念，形成正确的思维方式，把投资各个环节、各个要素系统地整合在一起，形成一个能够自圆其说的逻辑链条、一个整体、一套系统，使得其中某个缺点对系统总体的影响不会造成致命的威胁。如果过于迷恋模型的准确性，抓住一点不及其余，本质上其实是缺乏投资的系统观，没有完整深刻的投资信仰。

信仰是一种投资大智慧。20 世纪 50 年代，选股仅聚焦于追逐最好的股票并且享受结果。这一信仰的固有观念是你拥有足够的技巧和明显的运气赢过与你在同一游戏中参与竞争的人。在 20 世纪 60 年代的“技术分析”中，一个被广泛接受的投资方法是研究过去股价与回报的关系并用于预测未来的回报。20 世纪 70 年代，有效市场信仰深植于许多金融学家的大脑当中。但是，在 20 世纪 80 年代早期，非有效性可以产生超额收益，这些结论未来其实不太可能被重现，潜在的“错误设定”导致不确定性。那么我们的信仰是什么？巴菲特自始至终都强调自己是格雷厄姆所提出的价值投资法的实践者，甚至直言做投资不需要了解有效市场、β 值、现代投资组合、资产定价模型这些东西。在实战家的眼中，学术界的一些模型假设往往是有些“天方夜谭”抑或是“可笑的”，特别是在经济学、金融学并不能根据既往的结果完全可靠地指导你现在和未来的行为时。不同的投资信仰，决定不同的投资成绩。如果你信仰市场的有效性，就直接买入跟踪指数的基金，获取市场的平均收益；如果你信仰价值，就努力超越市场平均值。巴菲特已经不再是凭自己和人类有限的理性在投资，而是在凭借一种信仰在投资，即凭借对个人投资原则宗教般的信仰和坚持。从这个意义上说，任何一种投资原则，不在于你是否掌握了它，而在于你是否真的“相信了”它是远离人性而接近神性。信仰就是桥上的栏杆，也是投资的安全阀，不能保证你的世俗成功，但却能保卫心灵的安全。巴菲特很幸运，既维护了自己的心理健康，又获得世俗的巨大成功。

信仰需要战胜诱惑。信仰具有排他性，有信仰的人的观点是单纯的，意志是坚定的，从生活习惯到为人处世都具有一致性，遇到选择也不会迷惑。我们必须像虔诚的信徒一样信任我们的投资哲学、投资理念和投资方法，并为此自我节制、自我磨炼，自始至终都保持一颗平静的心，这才是制胜的秘诀。在顺流当中偶然遇到一小股逆流就慌乱地采取对策是愚蠢的。因为那样会卷入逆流中丧失自我，而丧失自我的瞬间便是丧失对局主导权的瞬间。面对逆流仍不乱阵脚，继续坚持自己的顺流，你的顺流就会变为对手的逆流。作为一个有信仰的投资者，根本不应该作出自身能力以外的事情，哪怕这样的赌博是有利可图的，那是不理智的。这会打破内心世界的宁静，放纵自己的欲望，陷入市场给我们的贪婪挖下的陷阱。守心并不是简单地等待机会，而是守护我们自身灵魂的纯粹和对投资信仰的忠贞，用规则来限制自身的欲望，这样投资者的思维、心态才能从繁杂走向纯粹，从复杂走向单纯。因此“知道”不是力量，只是知识接受的过程；“相信”在思想上还有杂念，有时用实用主义对待；然而“信仰”则纯粹地只用自己的体系去观察理解市场，能够毫不动摇地据此行动，做到知行合一。

ESG 理念就是一种投资信仰。联合国在 2004 年开始倡导 ESG 的理念，根本目的是希望资本在投资过程中不仅关注公司的财务信息，也关注公司环境、社会、自身管理三个方面的非财务信息。ESG 能够帮助投资者更加深入、全面和广泛地了解投资对象，有助于其衡量企业的可持续性和社会环境影响，帮助其作出更加理性和成功的投资决策。近年来，国际资本市场对此类责任投资的兴趣十分浓厚，投资者和资产管理公司纷纷将 ESG 因素引入公司研究和投资决策框架，ESG 投资理念已经成为国际资本市场当中的一个主流投资策略。《中国资管》关注、重视、研究、推广 ESG 投资理念，因其是无比正确的投资信仰；希望中国资管行业汲取国际经验与做法，积极探索“中国式”ESG 发展模式，共建 ESG 投资新未来。今后，《中国资管》也将继续携手各界专家与相关机构，为国内资管行业 ESG 投资发展贡献力量，助力国家可持续高质量发展！

——《中国资管》编委会

中国资管

2022年第2辑

（总第2辑）

目录

CONTENTS

特稿

ESG投资专题研究

资管业务研究

资管机构研究

中国资管

2022年第2辑

（总第2辑）

目　录

CONTENTS

财富市场研究

发展资产管理是完善我国金融体系的重要路径

李 扬

一、资产管理是独特的金融活动

中国学术界在讨论金融体系的时候，通常使用两分法，即分为“间接融资为主”和“直接融资为主”，前者是银行主导型的金融体系，后者则是市场主导型的金融体系。一般认为，理论上市场主导型的金融体系更优一些，因为其能更好地应对一些剧烈变化，但其实两种金融体系差异并不多，只是存在适应与否的问题。

从20世纪开始，发展直接融资始终是中国改革的目标之一，但是实践的发展其实并不尽如人意。在直接融资和间接融资之间其实还有其他一些金融活动，如资产管理、财富管理，均显示出不同于直接融资和间接融资的特性，而且资产管理和财富管理能够契合广大金融消费者日益增长的对金融产品和服务的需求，这就是为什么资产管理、财富管理这么多年方兴未艾的基本原因。

当然，由于历史和法治环境的不同，资产管理在不同的国家呈现出不同的样态，服务内容和风格也存在区别。不过可以确定的是，它是广大金融产品和金融服务消费者面对的主要金融活动，并且在中国的发展还很欠缺。

二、资产管理市场发展的改革意义

历史上，我国银行间接融资占全部社会融资的比例始终稳定在80%以上，但是从2012年开始，随着各类资产管理业务的蓬勃发展，银行的间接融资占比急剧下降，至2015年下半年已经降到60%以下。当然，有人可能会把资产管理归为直接融资，但事实上并不完全是这样。不过，资产管理的发展确实有助于实现降低银行间接融资比重的任务。2015年下半年后开始整顿资产管理行业，银行间接融资占比慢慢又回升至80%以上。

回顾历史可以看出，既然降低银行间接融资的比重是金融改革的目标之一，那么发展资产管理市场就是一个非常重要的抓手，不能把眼光只盯在直接融资上，中国应发展具有中国特色的丰富的多层次的资本市场。

2018年4月，中国人民银行等四部门正式发布《关于规范金融机构资产管理业务的指导意见》（“资管新规”）。各金融机构开始建立独立资管机构，至今已形成规模。这些发展，构成我国资产管理行业的坚实基础。如果将资产管理分为银行类、证券类、保险类、信托类、基金类等，从产品上来看还没有很大的突破。要想真正实现产品分类的突破，真正满足广大金融消费者的需要，必须要打破原有体系和基本机制，发展资金信托。

三、信托融资与直接融资和间接融资的三点不同

（一）合约数量和类型不同

直接融资整个交易中只出现一个合约，比如，国债就是投资者和政府之间的一个合约，股票就是投资者和发行股票的公司之间的一个合约，资金融通过程中的金融机构只是提供服务，而未发行和交易以自己为主体的任何信用工具。间接融资涉及两个合约，在整个交易过程中，金融中介机构如银行一方面与筹资方订立一个放贷合约，另一方面则代表筹资方与投资方订立一个借款合约，两个合约完成一项资金运转的活动。信托融资事实上涉及两个合约，一个是资金盈余方与资金短缺方的借款合约，另一个则是金融中介机构也就是信托机构与委托人的诚信责任合约。从资金运转来说，这种合约和直接融资相像，但是从责任和法律关系来说责任分担不同，信托融资中的信托机构需要承担法律义务。

（二）风险分担机制不同

在直接融资里，金融中介机构仅承担与中介服务相关的操作、法律、合规、声誉风险等，交易中最重要的风险如信用、市场、流动、财务风险是由资金交易双方承担的。间接融资的绝大部分风险由金融机构承担，资金盈余方只需承担金融机构的信用风险，资金短缺方则主要关心自己的经营风险和财务风险。信托融资是"卖者尽责，买者自负"，所以投资方和筹资方都要承担整个交易中的信用、市场、流动性和财务风险，作为中介机构的信托机构则承担由信托规制所确定的"信用义务"的责任和风险。

（三）定价机制和服务收费规则不同

直接融资中证券公司只是帮助定价，同时就自己所提供的信息加工和服务收取费用。间接融资的收费有两个：一个是风险定价费，间接融资中金融中介机构几乎承担了绝大部分风险，因此就需要为风险定价；另一个则是金融服务费，银行的这些收费一般会以息差的方式表现出来，但也可能还有其他的服务费用收取方式。信托融资的规则比较复杂，它的风险定价大致上类似于资产的定价，但是并不完全一样，服务定价则参照间接融资的标准，即信托活动的收费类型包含风险承担，但更多的是服务提供。

四、下一步改革的方向

（一）坚持受托人定位

资产管理的机制是信托，通过信托，我们对原有基础产品进行改造，改造过后的产品和服务能够更好地服务投资者，满足投资者的需求。现在各种各样的理财产品、财富管理产品之所以为大家所熟知，一方面是因为它弥补和克服了现有的其他基础产品的缺陷，另一方面则是因为它还保留了一定的基础产品的特征。信托公司应当是通过提供服务来获取受托报酬，而不是去赚取利差。这是具有直接融资特点的资金信托的基本要义，也是信托贷款与银行贷款的根本区别。总之，要想真正发展理财、发展资产管理，就一定要坚守受托人定位开展融资信托业务。在业务领域方面，信托则要向科创企业、中小微企业、"两新一重"建设领域倾斜，服务实体经济发展。

（二）进一步改革法律与监管环境，并针对信托的特点施行监管

中国法律借鉴了大陆法系，在这套系统中，本来作为一个业务的信托在中国便变成了机构，从而只有信托投资公司才能做信托业，这就不

利于信托业、资产管理行业的发展；而在英美法系下，受认可的机构都可以做信托，这种宽松的条件更利于资产管理、平台和通道的发展。下一步，中国《信托法》的修订在沿着既有的路径完善的同时，还应当合理吸收英美法系中关于信托的精神，进一步完善法律环境和监管环境。同时，还应针对信托的特点施行监管，将分业监管和统一监管相结合，功能监管和机构监管相结合，宏观审慎监管与微观审视监管相结合，并基于信托契约的高度不完备性和信义关系对受托人的强约束关系，对信托融资加强行为监管。

（三）进一步强化证券投资

无论是资产管理还是信托业的发展，均要强化证券投资，也就是说，我们发展出的新产品要支持投到社会基础证券上，在此基础上，才能进一步产生出资产管理的产品，这些产品是经过整合、修正和磨合的，更能符合人们的需要。强化证券投资需要强化其中的权益类投资，尤其需要关注股权投资类业务的拓展。所以，以往强调的发展直接融资也即发展权益类投资可以通过发展资产管理市场这条路，走出一条康庄大道。下一步要继续挖掘资产管理的无穷潜力，深入推动中国金融的改革和发展。

（作者系国家金融与发展实验室理事长；本文系作者在“2022 财富管理峰会——大变局下的行业发展趋势”暨大金融思想沙龙上的演讲实录）

银行可持续投资原则：向善而行

梁大伟

摘　要：本文通过资料分析，论述了 ESG 方法对股票投资及债券投资的正面影响，并以渣打银行为例，提出了商业银行践行可持续投资原则的方法。

关键词：ESG 方法　可持续投资　商业银行

一、认识可持续投资的重要性

可持续投资在全球范围内越来越受投资者的欢迎，并已逐渐在投资者的投资组合中占有一席之地。近年来，越来越多的投资者倾向于认为投资可以而且应该实现利润与社会影响的双重目标，这就是可持续投资背后的基本出发点。根据全球可持续投资联盟的数据，2020 年的 ESG 资产规模逾 35 万亿美元，相比 2012 年增长了近 2 倍，年复合增速为 13.02%，快于全球总资产年化 6.01% 的增长速度。与此同时，ESG 投资规模已超过全球资产管理总规模的三分之一。

可持续投资是通过分析具有可持续商业实践的公司而进行投资驱动的一种投资理念框架。这些商业实践有助于保护环境、应对气候变化、解决部分社会问题，并推行良好的公司治理方式。如今，可持续投资日益受到关注，则反映了人们越来越意识到个人资本的投资可以在缓解一些世界性难题的过程中发挥重要作用，例如在环境恶化问题、水资源的稀缺问题以及社会发展不平衡等问题上发挥作用。

联合国已将 17 个可持续发展目标（SDGs）确定为未来可持续发展的蓝图，并呼吁采取普遍行动。这些目标虽然面临一些严峻的挑战，例如贫困问题、发展不平衡和气候变化问题，但联合国仍然设立了 2030 年以前实现这些目标的雄心壮志。相关研究显示，为实现 2030 年可持续发展目标（SDGs），全球每年需要 5 万亿 ~7 万亿美元资金，其中发展中国家需要每年 3.3 万亿 ~4.5 万亿美元，而公共财政仅能覆盖约 1.4 万亿美元，尚有 2.5 万亿美元资金缺口。

二、ESG 方法对投资结果产生正面影响

通过将 ESG 标准纳入其投资决策，投资者可能会改善其投资组合在较长周期的风险 / 回报状况。MSCI 新兴市场 ESG 净回报指数显示，ESG 投资总体回报率较传统标准指数，具有更高的投资表现。

遵循 ESG 投资方法往往也有助于在不确定性日益增强的全球大背景下，令投资组合更具韧性。根据晨星公司的报告，可持续基金比传统基金更能经受住当前市场低迷环境下初期阶段的震荡。数据显示，2022 年 2 月初 至 3 月 13

日的一个多月中，随着全球市场的下跌，有三分之二的可持续股票型基金的回报在各自类别中排名靠前。

除了股票之外，在债券投资中融入ESG要素，也有助于改善债券组合的投资收益，且在市场动荡期间，ESG主题的债券投资的优势更为突出。以ESG投资主题的美国公司债为例，从其在过去15年、5年和3年的投资回报来看，较久期、信用级别等相当的普通美国公司债基准要略胜一筹。在遭遇国际金融危机、美国遭遇债务上限危机和新冠肺炎疫情全球暴发之际，融入ESG主题的债券投资表现更加强劲。例如，2009年前三季度，受国际金融危机影响，大量公司面临违约风险，以明晟ESG加权美国公司债总回报指数（未对冲美元）为衡量的ESG主题债券投资一度跑赢以美国公司债总回报价值指数（未对冲美元）为衡量的普通美国公司债近2个百分点。2011年，美国遭遇债务上限危机，主权评级也遭到调降。在此背景下，ESG主题的美债投资扩大了对普通美债的领先优势，当年年底的领先优势超过了1个百分点。2020年第一季度，新冠肺炎疫情在全球大流行，将欧美等主要经济体拖入第二次世界大战以来最严重的衰退，继而引发资本市场“大地震”。彼时，ESG投资主题的美债也跑赢普通美国公司债1个百分点[①]。

从绿色债券与ESG加权的债券指数来看，2022年7月19日，美国绿债过去5年跑赢投资级别公司债0.33个百分点，其间平均跑赢幅度为0.26%，优势微弱。但是，过去5年美国绿债的领先优势最大达到5个百分点，发生在2020年3月，当时正值拜登就任美国总统2个月，也是新冠肺炎疫情开始全球大流行的时刻。绿色基建是拜登当年竞选的亮点之一，在其赢得大选的同时，民主党以微弱优势控制了参众两院，形成“微弱蓝潮”局面，从而利好ESG主题投资。在欧洲方面，虽然绿债大部分时间跑赢欧洲投资级公司债，但俄乌冲突导致的能源短缺和价格飙升，刺激了传统能源板块相关资产大涨，令绿债承受一定压力。截至2022年7月19日，欧洲绿债过去5年内跑输该地区投资级公司债0.94个百分点，同期平均跑赢幅度为0.16%。俄乌冲突爆发前，欧洲绿债已经持续3年跑赢欧洲投资级公司债。[②]

三、商业银行应践行可持续投资原则

我们坚定地认为，金融机构在为可持续投资融资、管理气候变化和产业转型风险，以及推进碳排放合理定价方面将起到重要作用。

为此，一方面，我们积极支持政策制定者和监管机构，在国内、国际建立统一标准、数据和定义，让金融能够发挥更有效的作用。

另一方面，我们也积极地与志同道合的金融机构共同行动，同时也携手广大投资者，更好地展现可持续金融能够产生的积极影响。例如，我们此前携手了8家境内外知名资产管理机构，共同签署“ESG投资倡议”，希望能与国内外资管机构一起，推动ESG在中国资管行业的发展。

渣打银行长期以来一直致力于可持续金融的实践。在集团层面，我们与世界知名的绿色评估机构Sustainalytics合作，开发了一套《绿色和可持续产品框架》，并通过金融手段支持减排达标的企业和项目。

① 资料来源：彭博终端。
② 资料来源：彭博终端。

在个人可持续投资领域，我们则主要通过评估基金的可持续性来帮助投资者把握相关机遇。我们的评估方法有两个主要支柱。在第一个支柱中，渣打银行坚定维护并支持可持续发展的立场，并列出了值得谨慎对待的行业清单、对环境和社会产生负面影响的活动，以及其他有争议的商业行为。

第二个支柱是考察投资经理及其所管理的投资组合将ESG理念在资产管理中运用的广度和深度。具体而言，我们从以下五个方面对基金进行深入审查：管理人的公司概况、ESG专业知识、所持基金的ESG策略、ESG整合以及基金是否对其投资组合的影响负责。

（作者单位：渣打银行（中国）有限公司财富管理部）

西方主要国家 ESG 投资比较及中国 ESG 发展展望

ESG 投资专业研究基地课题组 ①

摘　要：本文通过梳理研究美国、英国、法国、日本四国 ESG 发展背景、发展历程、ESG 投资市场、ESG 信息披露、ESG 评价、ESG 法规体系，总结了西方主要国家 ESG 发展的特点，并通过对比我国 ESG 发展情况，为今后推动 ESG 理念在中国的实施提出了相关建议。

关键词：ESG 投资　西方国家 ESG　中国 ESG　粤港澳大湾区 ESG

ESG 理念由时任联合国秘书长的科菲·安南于 2004 年首次提出。其关注企业对利益相关者的影响和追求长期价值的特性与可持续发展的内涵相吻合，加之人类面临的气候变化、社会公平、商业道德等问题日益凸显，使得将环境、社会、公司治理三个维度综合考量的 ESG 理念在西方发达国家得到快速传播。许多国家在经历一段时间的观念普及后，纷纷开始通过政策法规的支持和引导大力发展 ESG 生态系统和 ESG 投资市场。政治体制、制度环境、文化信仰等因素的差异，使各国的 ESG 发展呈现出不同的路径和特点。中国作为倡导构建人类命运共同体的负责任大国，在 ESG 赛道上起步相对较晚。梳理并比较国际 ESG 发展经验，可以为我国的 ESG 生态系统和投资市场建设提供重要的借鉴和参考，有助于我国充分发挥后发优势，后来居上，在充分考虑我国国情和行业特性的情况下，形成具有中国特色的 ESG 生态系统和世界领先的 ESG 投资市场。

全球可持续投资联盟指出，国际 ESG 投资市场主要分布在欧洲、北美洲、大洋洲和亚洲。因此，本研究依据国别差异，在以上各地区分别选取 1~2 个国家作为案例进行 ESG 发展经验的梳理和比较。本研究在欧洲选取英国和法国作为研究案例。欧洲一直以来都走在 ESG 发展的最前沿，欧盟在其中发挥着至关重要的作用。作为欧盟成员国，法国的 ESG 发展之路深受欧盟影响。同时，国有企业是法国的一大特点，对法国的 ESG 发展经验进行梳理和比较对我国具有一定借鉴价值。英国于 2015 年经过全民公投退出欧盟，自此与法国存在较大制度差异，因此，本研究选取英国作为欧洲地区第二案例

① ESG 投资专业研究基地是由渣打银行（中国）股份有限公司与中国投资协会金融业资产管理专业委员会共建的专注于中外 ESG 投资研究、促进中外 ESG 投资交流、推动中国 ESG 投资发展的专业性研究平台。本课题是渣打（中国）股份有限公司、中国投资协会联合立项的项目，也被纳入中国投资协会 2022 年度研究计划。本课题组由渣打银行（中国）股份有限公司、中国投资协会金融业资产管理专业委员会、首都经济贸易大学中国 ESG 研究院联合组建，课题组组长为渣打（中国）财富管理部董事总经理梁大伟、中国投资协会金融业资产管理专业委员会负责人梅世云，主要成员为：闵成、彭昊、柳学信、罗伊、李振、闫文娟、吴浩铭。课题研究的目的是通过对西方主要国家 ESG 投资的研究，为我国发展 ESG 投资提供参考与借鉴。研究样本涉及美国、英国、法国、日本、澳大利亚、印度等多个国家，研究内容涉及 ESG 发展背景、发展历程、发展现状、试产规模、参与机构、资管产品、业绩表现、政策法规等多个方面。本辑刊出内容为其中一部分。

国进行研究。本研究在北美洲选取美国作为研究案例。美国是世界第一大经济体，但其政治体制和我国存在巨大差异。近年来的中美贸易摩擦也使其成为我国ESG发展的重要关注对象。因此，对美国ESG发展路径和特点的研究具有重要的战略意义。本研究在亚洲选取日本作为研究案例。日本的ESG发展起步较晚，但截然不同的制度环境与发展轨迹造就了其不同的发展现状。对其发展经验进行梳理和比较可以为我国的ESG发展提供重要参考。

一、美国ESG发展经验

（一）美国ESG发展背景

21世纪初，美国安然财务造假事件催生了《萨班斯—奥克斯利法案》，该法案规定了公司治理、会计及证券市场监管等方面的内容，是美国政府提出的第一个有关公司治理的正式政策文件。近十年来，环境议题成为美国资本市场重点关注的对象，一系列与环境相关的政策法规也逐渐开始呈现可量化和强制性的特点。2019年8月，181家美国公司CEO签订了《公司宗旨宣言书》，签署者承诺公司在经营过程中既要承担继续创造经济价值的责任，也要重视股东和其他利益相关者的利益。这一内容虽然背离了美国传统的“股东利益至上”的治理原则，但是体现了美国企业追求可持续发展的新兴价值取向。

美国是目前世界上第一大经济体，美国证券市场投资品种丰富，市场体系层次清晰多样。美国资本市场卷起的“可持续金融”浪潮，对全球经济走向产生了重大的影响。但是，美国对于企业ESG信息披露的标准尚未作出正式的规定，这意味着企业仍能够各行其是，按照各自的意愿和标准进行信息披露，这对美国ESG投资市场以及ESG生态系统的长期良序发展是一项巨大挑战。

（二）美国ESG发展历程

美国的ESG发展以2015年为分水岭。2015年之前为萌芽期，在2015年发布基于ESG完整考量的《解释公告（IB 2015-01）》之后进入快速发展期。

1. 萌芽期

美国ESG发展的起步可以追溯到20世纪中叶。早在ESG理念还没有出现之前，1948年美国就颁布了《联邦水污染控制法》。该法案建立了企业向美国水域排放有害物质的规范，并确定了地表水质量标准的基本结构。1972年，美国政府和环境保护署修订了该法案，并将其命名为《清洁水法》。后来，环境保护署依据《清洁水法》制订了污染控制计划，如制定工业废水排放的标准。1986年，美国为了及时应对化学危害紧急情况发布了《危机处理与社区知情法》。该法案提出各行业、企业有义务向上级部门报告有害物质的存储、使用和排放详情，以便于上级部门利用信息去预测潜在风险并积极应对其可能带来的危害。进入21世纪后，随着ESG理念的提出，环境、社会、公司治理相关议题愈发受到重视。2008年，美国公司董事协会（NACD）提出了一套指导性而非强制性执行原则——《加强美国上市公司公司治理的关键议定原则》。这套原则主要用于指导企业领导者依据企业的治理战略作出治理决策，鼓励董事使用该原则制定指导董事会实践的框架。2010年，美国证券交易委员会（SEC）发布了《关于气候变化相关信息披露的指导意见》，并配套发布了《与气候变化相关的信息披露指南》，要求公司从财务角度对环境责任进行量化披露，并公布企业遵守环境法和涉及环保所耗费用。这一阶段，除了对环境和自然资源保护的持续关注之外，美国各界逐渐开始将注意力分配到公司治理与社会议题上。受 ESG 理念的影响，美国企业的发展战略正悄然发生着转变。

2. 快速发展期

2015 年至今，可持续发展成为全球范围内最受关注的话题，ESG 作为可持续发展的重要抓手，得到了美国政府的高度重视。2015 年，联合国提出了 17 项可持续发展目标（SDGs），美国随即颁布了基于完整 ESG 考量的《解释公告（IB 2015-01）》。此公告向社会大众表明美国政府支持企业进行可持续性发展的立场，也鼓励广大投资者和投资机构将 ESG 因素纳入投资决策分析范围。随着可持续议题在金融资本市场不断发酵，业界各方对 ESG 相关的政策法规内容也提出了更高的期待和要求。对于企业 ESG 信息披露制度建立和标准制定的呼声，促使纳斯达克证券交易所在 2017 年发布了《ESG 报告指南 1.0》，并于 2019 年修订发布《ESG 报告指南 2.0》。该指南要求所有在纳斯达克上市的公司和证券发行人编制发布 ESG 报告，并提供了 ESG 指标框架。2021 年，美国众议院金融服务委员会通过了《ESG 信息披露简化法案》，要求所有上市公司均应定期公开其环境、社会和公司治理表现的具体情况，披露其经营过程中与温室气体排放、化石燃料使用等相关的气候变化风险等信息，这被视为美国政府建立强制性 ESG 披露制度的一个重要里程碑。2022 年 3 月，SEC 发布《上市公司气候数据披露标准草案》，要求美股上市公司在提交招股书和发布年报等财务报告时披露碳排放水平、潜在气候变化问题对公司商业模型和经济状况的影响，管理层的治理流程与碳减排目标等信息。在这一阶段，可持续发展与 ESG 理念已经在美国得到广泛普及，美国的 ESG 生态系统也愈发立体和完整。许多企业在战略调整的基础上已经完成了价值理念的转变，传统的股东至上原则被打破，企业需要更多考虑其生产经营活动给利益相关者和自然环境带来的影响。

（三）美国 ESG 实践

1. 美国 ESG 投资市场

（1）ESG 投资市场规模。

ESG 投资发源于欧洲，但随着美国 ESG 理念的普及与可持续责任投资市场的兴起，美国的 ESG 投资市场规模近年来增长势头愈发迅猛（如图 1 所示），2020 年初，美国已经成为 ESG 投资市场的全球领跑者。根据全球可持续投资联盟（GSIA）发布的数据，2020 年美国 ESG 投资市场规模约占全球市场份额的 48%①。美国可持续责任投资论坛（USSIF）发布的数据显示，相较于 1995 年第一次统计时的市场规模 0.64 万亿美元，美国 ESG 投资市场在 2020 年初的市场规模增长了近 25 倍，达到 16.6 万亿美元，占全国总管理资产份额的 33.2%，其中个人投资者和机构投资者分别管理着 4.6 万亿美元和 12 万亿美元资金②。

① Global Sustainable Investment Alliance. Global Sustainable Investment Review 2020[R/OL]. http://www.gsi-alliance.org/wp-content/uploads/2021/08/GSIR-20201.pdf.

② US SIF Foundation. Report on US Sustainable and Impact Investing Trends 2020[R/OL]. https://www.ussif.org/files/Trends%20Report%202020%20Executive%20Summary.pdf.

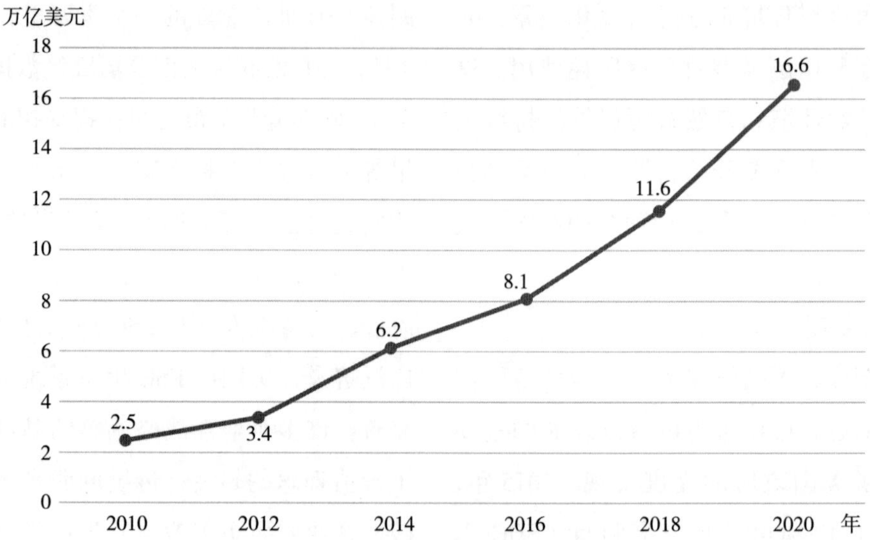

图 1　美国 ESG 投资市场规模增长趋势

（资料来源：USSIF）

（2）ESG 投资方向。

目前，美国 ESG 投资市场正处于蓬勃发展阶段，根据 GSIA 发布的《2020 年全球可持续投资报告》，美国的 ESG 投资资产规模已位列全球之首。根据 USSIF 的数据，截至 2020 年初，美国 16.6 万亿美元的 ESG 投资产品分别由 530 个机构投资者、384 个基金经理、1204 个社区投资机构进行管理①。

在 ESG 投资资金的行业配置方面，投资者往往较为重视信息科技产业，而尽量减少对传统能源行业的投资配额。美国许多 ESG 基金将资金主要部署在信息科技业和通讯服务业等低碳行业，同时避开能源消耗大且污染排放多的行业。例如 Parnassus 公司就发布了明确的禁令，要求所属基金不得投资于 10% 以上利润来源于化石燃料、烟草、武器等对环境和社会有重大威胁业务的企业。这些基金重仓股的 MSCI 评级多数在 BBB 以上，而且对苹果和微软的平均持仓比例相对较高，这在一定程度上说明美国 ESG 投资的方向较多集中在环境友好的前沿信息科技领域。

在投资主题的选择上，机构投资者进行 ESG 投资时重点关注社会与环境议题。在社会维度，高盛、贝莱德等机构投资主要关注的可持续发展目标包括消除贫困、实现性别平等、提供优质教育、建设可持续的社区与城市等。2021 年 3 月，高盛宣布将在未来十年内投入 100 亿美元于一项名为“一百万黑人女性”（One Million Black Women）的新计划，这项计划将侧重于获得资本、创造就业机会、财务健康和劳动力发展等领域。与此同时，高盛发布了一份名为“黑人女性经济学”（Black Womenomics）的报告，试图量化黑人女性已经面临和将继续面临的性别和种族偏见。贝莱德联合 Financial Health、Common Wealth，于 2019 年成立了“贝莱德紧急储蓄计划”（BlackRock's Emergency Savings Initiative），致力于为美国低收入群体，包括下岗工人、收入低下的黑人及拉丁裔等群

① US SIF Foundation. Report on US Sustainable and Impact Investing Trends 2020[R/OL]. https://www.ussif.org/files/Trends%20Report%202020%20Executive%20Summary.pdf.

体提供储蓄解决方案，以解决其财务风险。在环境维度，机构投资者践行 ESG 投资时主要关注的可持续发展目标，包括气候变化、温室气体排放、清洁能源、海洋环境与生物多样性保护等。其中，碳排放已成为近年来美国机构投资者最为关心的议题。2020 年，贝莱德投资督导团队重点关注了 440 家碳排放密集型企业，并在投资决策过程中对其中 64 名董事和 69 家企业投出反对票，还将 191 家企业列入了“待观察”名单。2021 年，贝莱德已将关注名单扩大到 1000 多家碳排放密集型企业，它们的碳排放量占贝莱德所投公司的全球温室气体排放量的 90% 以上。

（3）ESG 投资产品。

近年来美国 ESG 基金规模持续增长，其中主动型基金比重有所下降，被动型基金比重快速上升。根据 Morningstar（晨星）发布的《美国可持续基金前景报告》，2018 年至 2021 年美国可持续基金数量大幅增加，至 2021 年底，现存可持续基金共 534 只，其中主动型基金 375 只，被动型基金 159 只，总资产达 3570 亿美元，2021 年全年流入 692.2 亿美元资金，比前一年增长了 35%。但是，在这些 ESG 基金中主动管理资产的下降趋势较为明显，2018—2021 年间，资产份额从 81% 降至 60%。目前，ESG 投资的相关指数和基于指数的被动投资产品发展速度较快。巴克莱和明晟公司（MSCI）、标普、摩根大通、富时等指数投资机构陆续发布 ESG 指数体系。部分机构在指数基础上进一步衍生出相关的固定收益 ETF 产品。根据国际权威评级机构 Morningstar 的统计，全球 ESG ETF 基金规模持续增长，截至 2021 年 10 月，全球 ESG ETF 基金总规模达到 3860 亿美元。

按照 ESG 基金的投资对象分类，美国市场现存的 534 只可持续基金中，有股票型基金 372 只，固定收益基金 112 只，多资产配置基金 48 只，可以看出美国可持续基金产品中，股票型基金占据主要地位，2021 年全年流入可持续基金市场的 692.2 亿美元中，有 575.1 亿美元都是股票型可持续基金，固定收益型和多资产配置型分别流入了 111.2 亿、5.9 亿美元。

根据气候债券倡议组织（CBI）发布的数据，2021 年全球绿色债券市场发行金额高达 5227 亿美元，发行人总量为 839 个，其中美国以 819 亿美元的发行额排名第一，占全球发行总额的 15.7%①。

ESG 投资注重长期价值，符合主权和养老金等长期资金的投资理念，所以有越来越多的主权 / 养老基金也将 ESG 纳入投资策略。根据 USSIF 发布的数据，2016 年初美国采取可持续投资策略的资产管理规模为 8.7 万亿美元②，2018 年初增长至 12 万亿美元，占美国专业资产管理总量的 26%③。从养老基金类产品来看，美国最大养老基金加州公务员退休基金（CalPERS）在 2017—2022 年战略计划中将基金可持续发展列为第一目标，该基金目前有大约 10 亿美元投资于 ESG 全球股票基金。纽约州共同退休基金为美国披露最全面的养老基金，在全球排名第三。

（4）ESG 投资业绩表现。

为了探寻在美国 ESG 基金与传统非 ESG 基金间的绩效差异，Morningstar 在 2020 年将美股

① Climate Bonds Initiative. Sustainable Debt Global State of the Market 2021[R/OL]. https://www.climatebonds.net/files/reports/cbi_global_sotm_2021_02h_0.pdf.

② US SIF Foundation. Report on US Sustainable and Impact Investing Trends 2016[R], 2017.

③ US SIF Foundation. Report on US Sustainable and Impact Investing Trends 2018[R], 2019.

市场的12只与传统指数相近的ESG指数基金与iShares核心标普500 ETF基金的绩效表现相比较，从这项研究中我们可以发现，12只ESG指数基金中的11只表现优于iShares核心标普500 ETF。在2020年，这12只样本ESG基金的年平均收益率达到22.4%，而与其进行对比的12只ETF基金年平均收益率仅有18.4%。从ESG基金投资对象来看，自2020年新冠肺炎疫情暴发以来，ESG股票基金的总回报率中值比同类非ESG基金高4.3%；ESG债券基金的总回报率中值为0.9%，也高于同类非ESG基金。

ESG投资获取高收益率的原因在于，ESG风险较低的公司往往具有更好的、可持续且稳健的财务表现。ESG绩效较好的投资收益率明显较高，且在较长区间内收益率持续上升。而在同一区间内，ESG绩效较差的投资收益率一直维持较低水平，所以良好的ESG管理有益于企业的长期发展。根据DJSI的评分标准，选取企业可持续发展能力排名靠前的10%和最后10%的企业，分别计算出收益率。通过对比分析发现，可持续发展能力越强的企业，其相应的财务绩效和投资价值也越高。2020年，毕马威在欧美及亚太地区开展的调查显示，55%的基金经理认为ESG投资重在获得投资收益，另有38%的基金经理认为ESG投资重在控制资产组合的长期风险。

2. 美国ESG披露

随着ESG理念的普及与ESG投资市场的发展，越来越多的投资者和投资机构开始将ESG因素纳入投资决策考量范围，但企业ESG信息缺失的问题也随之而来。从美国上市公司ESG披露情况来看，Governance & Accountability Institute（G&A）在2020年针对美国上市公司信息披露所作的研究结果显示，美国S&P 500指数企业中开展可持续信息披露的比例已经从2011年的20%逐年增长至2020年的92%[①]（如图2所示），Russel 1000指数企业中开展可持续信息披露的比例已从2018年的60%增长至2019年的65%，并将在2020年达到70%[②]。

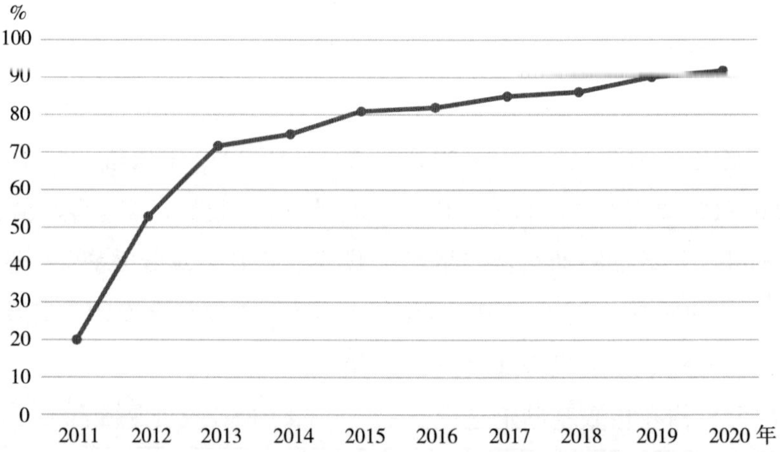

图2 美国S&P 500指数企业开展可持续信息披露的比例

① Governance & Accountability Institute, Inc. 2020 Flash Report Russel 1000—Trends on the sustainability reporting practices of the Russell 1000 Index companies[R/OL].http://ga-institute.com/fileadmin/ga_institute/images/FlashReports/2020/Russell-1000/G&A-Russell-Report-2020-FINAL.pdf.

② 同上。

从美国企业ESG披露参考的披露标准来看，目前其主要参考全球倡议组织（GRI）、可持续性会计准则委员会（SASB）、气候相关财务披露工作小组（TCFD）、联合国全球契约组织（UNGC）、国际标准化组织（ISO）等制定的信息披露框架和指标体系。根据G&A发布的数据，2020年美国Russel 1000指数进行可持续信息披露的企业中，采用GRI标准的占47%，以SASB指标框架为依据的占23%①。各式各样的披露标准导致美国企业的ESG信息披露存在主观性和不一致性的问题。尽管ESG信息披露在美国已经开始由自愿披露向强制披露转变，披露制度也逐渐得到完善，但缺乏统一的标准框架和严格的约束机制仍会成为接下来美国ESG发展将要面对的严峻挑战。

3. 美国 ESG 评价

在美国应用较多的评价体系主要有：明晟（MSCI）指数、道琼斯可持续发展指数（DJSI）、Sustainalytics 评分、汤森路透（Thomson Reuters）ASSET4 指标、Calvert 框架，以及富时社会责任指数（FTSE4Good）。现阶段，美国ESG评价仍存在许多问题。比如信息披露制度的不健全，有些企业以可持续报告形式披露ESG信息，还有些企业将ESG信息编撰在财务年度报告中。企业ESG信息披露的程度也由企业自主决定，披露的方式和信息内容均缺乏一致性。同时，ESG信息评价具有天生的系统性误差。资金雄厚、人脉丰富的大公司具备充足的资源进行可持续发展的信息披露和媒体报道，使得ESG评级结果明显优于同行业的中小公司，潜在地抑制了有成长潜力的中小公司的未来。没有标准化的信息披露程序，企业披露自主性过高，加之系统性误差，导致美国的ESG评价缺乏权威性，很大程度上削弱了美国ESG评价体系的可信度，甚至还会存在不同评级机构对同一企业的评价结果出现较大差异的现象。

（四）美国 ESG 政策法规体系

1. 美国 ESG 政策法规

ESG理念于2004年由联合国正式提出后，国际社会积极响应，努力将ESG理念融合到企业运营与投资决策中，ESG逐渐演化成投资领域和商业社会的重要准则之一。美国作为全球ESG投资占比最大的国家，已积极推出了自上而下的制度体系来推进ESG理念的深化和行动的落地。从促进机制来看，一方面，美国采取软性法规政策来指引企业的ESG信息披露行为，使企业为提升声誉、形象，获取外部投资而进行ESG披露，以此获取企业的社会合法性与资本的青睐；另一方面，美国通过规范相关标准，提高企业信息披露的质量和公司治理水平，促使企业实施可持续发展战略，同时也让资本市场可持续发展有据可依。因此，相关ESG政策法规的制定和完善不仅可以促进企业的可持续发展，还能形成企业与投资者的良性互动，最终促进国家经济的稳固发展。美国主要ESG政策法规如表1所示。

① Governance & Accountability Institute, Inc. 2020 Flash Report Russel 1000—Trends on the sustainability reporting practices of the Russell 1000 Index companies[R/OL].http://ga-institute.com/fileadmin/ga_institute/images/FlashReports/2020/Russell-1000/G&A-Russell-Report-2020-FINAL.pdf.

表 1　美国主要 ESG 政策法规

发布时间	发布单位	政策法规名称	主要内容
2010 年 2 月	美国证券交易委员会	《关于气候变化相关信息披露的指导意见》	要求公司从财务角度对环境责任进行量化披露，并公布企业遵守环境法和涉及环保所耗费用等
2015 年 10 月	美国劳工部员工福利安全管理局	《解释公告（IB 2015-01）》	向社会大众表明美国政府支持企业进行可持续性发展的立场，也鼓励广大投资者和投资机构将 ESG 因素纳入投资决策分析范围
2016 年 8 月	美国平等就业机会委员会	《雇员信息报告》	雇用超过 100 名员工的企业必须向政府披露包括员工性别、种族、工作类别等在内的雇佣信息
2016 年 12 月	美国劳工部员工福利安全管理局	《解释公告（IB 2016-01）》	要求负责计划投资的受托人披露 ESG 信息，并且提出了关于股东参与的若干建议
2018 年 4 月	美国劳工部员工福利安全管理局	《实操辅助公告（No. 2018-01）》	
2019 年 5 月	纳斯达克证券交易所	《ESG 报告指南 2.0》	对在交易所进行交易的上市公司提出了信息披露的要求，并且分别从环境、社会、公司治理三个维度为企业提供了 ESG 信息披露的指导框架
2021 年 6 月	美国众议院金融服务委员会	《ESG 信息披露简化法案》	要求符合条件的证券发行者在向股东和监管机构提供的书面材料中披露界定清晰的 ESG 指标及其与长期业务战略的关联
2022 年 3 月	美国证券交易委员会	《上市公司气候数据披露标准草案》	要求美股上市公司在提交招股书和发布年报等财务报告时披露碳排放水平、潜在气候变化问题对公司商业模型和经济状况的影响，管理层的治理流程与碳减排目标等信息

（1）环境、社会、公司治理单维度政策法规。

在发布《解释公告（IB 2015-01）》之前，美国的 ESG 政策法规内容均仅是关于环境，或关于社会，或关于公司治理的单一维度。由于美国独特的行政体制与制度环境，适用于国家范围的政策法规数量相对较少，像《第 185 号参议院法案》和《第 964 号参议院法案》均只是针对加州退休基金的政策。近年来，美国资本市场持续高度关注环境相关议题，但美国政府颁布的国家层面的与企业可持续发展相关的环境政策法规却难得一见。美国除了继续使用 1969 年颁布的《美国国家环境政策法案》与 1970 年颁布的《清洁空气法案》等基本环境法规，只在 2010 年和 2022 年由 SEC 分别发布了前文提到的《委员会关于气候变化相关信息披露的指导意见》和《上市公司气候数据披露标准草案》。SEC 将要求所有在美国上市的公司进行气候风险信息披露，包括温室气体排放情况以及气候相关风险治理及管控措施等。社会方面，2016 年美国平等就业机会委员会（EEOC）对《雇员信息报告》进行了修订。这项政策要求美国雇用超过 100 名员工的企业必须向政府披露包括员工性别、种族、工作类别等在内的实际雇佣情况。

ESG 与传统的企业社会责任（CSR）最大的不同之处在于 ESG 将公司治理视为企业实现可持续发展必须重视的内部因素。长久以来人们对公司治理的忽视，也迫使美国政府和相关机构在近年来通过频频出台与公司治理相关的政策法规来填补之前的漏洞。2002 年，《萨班斯—奥克斯利法案》随着安然公司财务造假事件应运而生。该法案对1933年的《证券法》和1934年的《证券交易法》作出了大幅修订，在公司治理、会计职业监管等方面提出了诸多规定。2010年，在历经金融危机过后，美国民众意识到金融监管的重要性，美国众议院和参议院审批通过了《多德—弗兰克法案》。该法案旨在强化金融监管、限制企业系统性风险。此外，由超过70家美国机构投资者和全球资产管理人组成的投资者管理集团（ISG）在2017年指出，有效的公司治理机制有利于企业在创造价值的同时降低风险，并鼓励机构投资者披露与投资公司相关的公司治理因素。

（2）基于ESG综合考量的政策法规。

2015年，为响应联合国提出的可持续发展目标，美国劳工部员工福利安全管理局首次发布了完整的ESG考量的政策——《解释公告（IB 2015–01）》。该公告倡导在制定投资决策时综合考量ESG因素，从而实现“以经济性为目标的投资”。此后，美国劳工部员工福利安全管理局于2016年和2018年分别出台了《解释公告（IB 2016–01）》和《实操辅助公告（No.2018–01）》。两项政策要求负责计划投资的受托人披露ESG信息，并且提出了关于股东参与的若干建议。

纳斯达克证券交易所在2017年和2019年先后发布了《ESG报告指南1.0》和《ESG报告指南2.0》，对在交易所进行交易的上市公司提出了信息披露的要求，并且分别从环境、社会、公司治理三个维度为企业提供了ESG信息披露的指导框架。2021年，美国众议院金融服务委员会通过了《ESG信息披露简化法案》，该法案相较于之前的政策法规，对ESG信息披露行为提出了更加具体的要求，规定所有在美国上市的企业均须定期进行ESG信息披露。这标志着美国企业ESG信息披露已由自愿披露向强制性披露转变，同时也为美国企业ESG信息披露制度的建设奠定了重要基础。

2. 美国ESG政策法规的特点

美国是目前世界上的第一大经济体，也是全球范围内ESG理念与实践发展最重要的前沿阵地。通过对美国ESG政策法规演进脉络的梳理，我们可以看出基于独特的行政体制与制度环境，美国ESG政策法规存在以下主要特点。

（1）政府干预较少，政策法规制定主体多元。

由于美国是联邦制国家，实行三权分立与制衡相结合的政治制度，同时各州自治的行政管理体制具有多元性、复杂性等特点，加之美国政治的两极化日益严重，ESG监管在中立立场和消极立场中间摇摆，使得美国的ESG政策法规受政府干预较少。各州有各自相互独立的立法主张和行政权力，三权分立的制度也会弱化政府在政策法规制定过程中的引导作用。因此，美国政府在全国范围内实行的ESG政策法规中所发挥的作用相对有限。这也使美国政策法规的制定主体呈现多元化的趋势，证券交易所已成为美国ESG信息披露制度与ESG生态系统的重要建设者。

（2）时效性强。

无论是从由安然公司财务造假催生的《萨班斯—奥克斯利法案》，还是从响应联合国可持续发展目标提出而颁布的《解释公告（IB 2015–01）》，我们都可以看出美国政府虽然在政策法规制定过程中干预较少，但仍致力于解决现实发展问题，并能够针对重要的时事热点作出必要且及时的响应，也正因为如此，美国能够迅速控制负面事件的消极影响。

二、英国 ESG 发展经验

（一）英国 ESG 发展背景

长期以来，英国社会崇尚契约文化，认为公司的目标就是为股东利益服务。但当美国出现震惊世界的安然财务造假事件后，英国开始积极反思自己的公司治理模式，并作出了一系列关于董事职责、审计委员会角色等公司治理方面的报告，以完善英国企业的公司治理模式。此外，英国在西方国家人权运动、环保运动的影响下，很早便开始通过立法等途径推动企业关注社会责任和环境责任，同时在资产管理行业也逐渐催生了全新的投资理念，开始在投资选择中强调劳工权益、种族及性别平等、商业道德、环境保护等问题。如成立于 1988 年的英国梅林生态基金（Merlin Ecology Fund）只投资于注重环境保护的公司，就反映了英国 ESG 理念的早期实践。

进入 21 世纪后，英国通过加强政策法规的制定和修订，推动 ESG 理念的传播和发展，也促进了 ESG 投资市场的形成和市场规模的增长。政府还通过一系列其他举措，鼓励企业和投资者开展 ESG 相关实践。如 2003 年英国实施“社区投资税务减免”措施，通过向投资于社区发展金融机构的投资者提供税收减免，鼓励投资者向相对贫困地区进行投资，就是英国贯彻可持续发展理念、促进社会公平的一个具体体现。在这样的环境和氛围中，英国 ESG 投资市场份额已达到全国投资市场的一半，英国已发展成为欧洲乃至全球最重要的 ESG 投资市场之一。

（二）英国 ESG 发展历程

英国的 ESG 发展以 2010 年为分水岭。2010 年之前为萌芽期，在 2010 年发布基于 ESG 完整考量的《英国尽职管理守则》之后进入快速发展期。

1. 萌芽期

自 19 世纪至今，英国的环保法律体系不断发展和完善，环境保护范围不断发展壮大。英国的环境管理制度 BS7750 于 1992 年正式颁布执行，被认为是世界上第一部正式颁布实施的环境管理法规。同一年，以 Polly Peck 和 Maxwell 等公司为代表的一系列财务丑闻事件促使英国发布了《卡德伯里报告》，审查当前英国公司治理体系。该报告作为世界上第一个公司治理专业报告文件，为英国治理体系的发展奠定了基础。1994 年，英国积极响应里约全球环境首脑会议要求，率先制定可持续发展战略，是世界上第一个制定了可持续发展战略的国家。随后“绿色化”意识日益被官方和公众接受并强化，对公司信息披露产生了更大的压力，大公司纷纷开始在年度报告中增加环境信息部分，甚至单独编制环境报告。在社会责任方面，1985 年英国《公司法》要求公司考虑利害关系人的利益，并要求公司把社会责任视为公司决策过程中的一项重要内容。此后，英国政府在政策和立法层面对企业社会责任的要求从最初的仅限于参与慈善事业，到通过捐助创造就业、照顾社会公众和环境，再到提供优质安全的产品，以及为职工提供良好工作环境和关怀职工健康安全，英国企业社会责任运动逐渐发展成熟起来。作为较早响应联合国可持续倡议的国家，英国在 2005 年颁布了两项养老金基金投资条例《职业养老金计划（投资）条例》和《养老金保障基金（投资原则陈述）条例》，从环境、社会、道德的考量中开启了 ESG 发展之旅。当时这些规定中尚未纳入公司治理的要求，对于环境和社会的要求还处在相对初级的阶段。2006 年修订的《公司法》从公司治理角度对董事职责作出规定，要求董事兼顾利益相关方、关注企业运营中的环境和社会影响。这一时期，英国已经意识到环境和社会议题的重要性，并开始制定相关政策法规引导企业行为。

2. 快速发展期

在全世界 ESG 理念和可持续发展理念不断发展的大背景下，英国的 ESG 实践也开始快速发展。2010 年，英国财务报告委员会（Financial Reporting Council，FRC）专门针对 ESG 首次发布了《英国尽职管理守则》，要求机构投资者参与被投资公司的 ESG 事项。此后，英国在制定新法令的同时开展对早期颁布法案的修订工作，ESG 法制化发展进入快车道。2014 年英国出台的《投资中介机构的受托责任》特别关注了对受托者责任中 ESG 整合的说明，明确 ESG 考量应作为受托者责任的一部分，希望以此消除市场长久以来对受托者"不考虑 ESG"的误解。该文件的出台细化了传统受托责任的范畴，明确了受托者责任，加快了将 ESG 纳入受托者责任相关法案修订的速度，开启了英国可持续发展新时代。自 2015 年脱欧以来，英国 ESG 政策法规的修订频率基本保持在两年一次，大大快于之前四年一次的修订频率，表明了英国政府在法律制度的完善上推进可持续金融发展的重视程度。在这个过程中，英国财务报告委员会、法律委员会（The Law Commission）、伦敦证券交易所（LSEG）等机构在其中起到了关键性的主导作用。伦敦证券交易所自 2016 年起连续三年发布《ESG 报告指南》，旨在帮助各类经济实体规范 ESG 信息披露，为资本市场提供更多高质量、可量化和公开透明的 ESG 信息。2018 年，上述两项养老金保障基金法案的修订版均对在投资中考量和披露 ESG 议题提出了明确要求。近年来，政策法规完善的速度明显加快，对资本市场各方的 ESG 相关要求强制程度明显提升。目前，相对完善的 ESG 政策法规体系已初步搭建，助推了 ESG 在本国市场的发展，并正逐步优化市场环境。

（三）英国 ESG 实践

1. 英国 ESG 投资市场

（1）ESG 投资市场规模。

英国相关政策法规制度的建设和 ESG 理念在资本市场中的传播已成为国家可持续金融体系的重要组成部分，也切实促进着英国 ESG 投资市场的发展。在 ESG 投资市场出现以前，英国社会责任投资（SRI）市场就已经得到了民众和投资者的关注。2018 年之前，英国将 SRI、ESG 投资等均归为道德（Ethical）投资范畴。自 2018 年起，英国投资协会（The Investment Association，IA）正式将 ESG 投资作为新兴投资市场每年进行单独数据统计。据 IA 最新统计数据，英国 ESG 投资市场规模已经从 2019 年的 3.23 万亿英镑，占全部资产的 38%，增加至 2020 年的 4.60 万亿英镑，占全部资产的 49%[①]。同时，英国政府还在持续加大 ESG 投资理念的传播，致力于将英国打造为全球领先的 ESG 投资市场。

（2）ESG 投资方向。

英国 ESG 投资最关注环境议题。伦敦证券交易所先后于 2015 年和 2019 年推出了绿色债券板块和可持续债券市场，同时也为投资者提供了绿色经济标志和可持续发展指数等金融

① The Investment Association. Investment Management in The UK 2020–2021—The Investment Association Annual Survey[R/OL].https://www.theia.org/sites/default/files/2021-09/IMS%20report%202021.pdf.

工具，引导更多资金进入绿色产业。2019年10月，伦敦证券交易所创建绿色经济标志，通过帮助投资者识别“绿色经济”公司，吸引更多资金流向更环保的商业领域。根据伦敦证券交易所的标准，凡收入50%以上来源于绿色经济的上市公司均可获得该标志认证。绿色经济标志认证所支持的行业包括可再生能源、可持续农业、水资源保护、资源合理开采与污染防治等。Impax环境市场（Impax Environment Market）是英国最大的致力于环境领域投资的信托公司，其主要投资领域包括清洁能源、水治理、污染控制、废物处理技术、自然资源管理与可持续食品制造等。

同时，社会问题也得到英国投资机构的广泛关注。成立于2011年的英国大社会资本（Big Society Capital）是世界上第一家社会投资机构，通过联合基金管理人投资社会企业和慈善机构，致力于建设一个能提升人们生活水平的投资生态。大社会资本主要关注以下三个领域：儿童肥胖及心理疾病预防；女性住房机会和住房条件；社区企业发展及缩小城市贫富差距。成立于2017年的Positive Change基金专门投资“对世界产生积极改变”的项目的投资平台。基金投资是由25~50家全球高质量成长型公司组成的积极管理的投资组合，这些公司在社会包容和教育、环境和资源需求、医疗保健和生活质量、马斯洛金字塔底部（解决世界上最贫困人口的需求）四个主题方面带来积极变化。截至2022年1月31日，Positive Change基金管理规模为27.45亿英镑。

（3）ESG投资产品。

2014年，联合利华发行了英国第一只绿色债券，规模为2.5亿英镑，主要用于提高其生产设备能源和水资源利用率的项目；同年，Belectric太阳能公司发行了英国第一只气候认证债券，规模为400万英镑。2015年，伦敦交通署发行了英国第一只由公共机构发行的绿色债券，规模为4亿英镑；同年，汇丰银行发行了英国银行第一只绿色债券，总募集资金规模为5.31亿欧元。2020年10月，英国西巴克夏区市政委员会发行了第一只地方政府的绿色债券，主要用于资助当地的太阳能板安装项目。在全球社会影响力债券市场中英国处于领先地位。截至2020年底，英国共发行88只社会影响力债券，位居世界第一，募集资金总额超过5880万英镑，其中24只用于就业和职业培训，21只用于儿童和家庭福利，23只用于流浪者救助，13只用于健康和幸福相关领域，6只用于学前教育，1只用于司法正义。此外，伦敦证券交易所在推动ESG投资产品发展中也起到重要作用，截至2020年2月，伦敦证券交易所可持续金融市场已有超过200只债券，累计融资达到330亿英镑，有来自超过18个国家的债券发行机构参与其中。

英国大学养老金计划（The Universities Superannuation Scheme，USS）是最早将ESG理念嵌入基金治理和投资战略的职业年金计划之一。该计划自1974年成立以来发展迅速，管理资产总额高达951亿英镑的投资组合（截至2021年12月）①，是英国资产规模最大的私人养老金计划。USS在投资战略、资产配置、风险管理、绩效评估等方面建立了ESG投资治理体系，且取得了较好的财务、社会和环境成效。作为一个混合计划，USS对缴费确定（DC）和

① The Universities Superannuation Scheme (USS). USS Stewardship Code Report 2022[R/OL]. https://www.uss.co.uk/-/media/project/ussmainsite/files/how-we-invest/uss-stewardship-code-report-2022.pdf.

待遇确定（DB）两类计划都进行了ESG投资制度探索创新，在DC型投资积累计划中引入生命周期资产配置策略，建立了资产驱动型ESG投资模式，开发了与传统资产配置对应的伦理型资产，如伦理成长基金、伦理股票基金等。USS积极推动DB型退休收入计划积累基金主动投资和履行ESG责任，是DB型计划实施负债驱动型ESG投资的先行者。USS主要通过ESG整合、公司参与和股东行为两种方式贯彻其ESG投资理念和战略目标[①]。一是ESG整合策略。USS将重要的ESG因子和财务因子整合到投资决策和方案制定中，帮助投资经理作出更好的投资组合决策，在提高长期财务绩效的同时实现环境和社会投资价值。2020财年，USS将自身开发且行之有效的内部投资组合向外部投资管理公司推广，推动后者将ESG因子整合进投资决策和资产组合设计，从而转向长期价值投资。二是公司参与和股东行为策略。作为负责任投资机构，USS积极利用股东权力影响公司行为，通过直接参与或投票方式介入投资项目，以确保其投资目标、法律责任和其他相关承诺相一致，避免投资价值受损或对环境和社会产生负面影响。2020财年，USS在投票政策中增加气候变化考量程序，通过投票反对那些在过渡路径倡议的评估过程中得分最低的公司，从而避免气候变化造成的相关损失。

随着ESG投资理念与实践不断深化，ESG投资逐渐成为USS的主流投资方向。从ESG投资实践成果的角度来看，USS在投资战略、资产配置、风险管理等方面建立了系统化ESG投资治理体系，且取得了较好的财务、社会和环境成效。据统计，长期来看（10年期），风险调整后的ESG投资组合长期收益高于传统投资组合，既符合伦理环保原则，也符合经济效率原则。

（4）ESG投资业绩表现。

英国投资协会数据显示，2021年共有160亿英镑投资于可持续投资基金，相比2020年高出43亿英镑[②]。近年来许多可持续基金的“顺风”强劲表现是提升受欢迎程度的因素之一。但随着市场从增长转向价值，这种顺风已经变成逆风。一些以ESG为重点的投资在年初受到冲击，因为利率上升等宏观经济因素变得不利，而某些行业包括技术在内的大量ESG基金净值下跌。然而，一些投资者可能会觉得该领域的基金净值已经下跌，现在看起来又有吸引力了。

2. 英国ESG披露

英国对于ESG信息披露最早的要求从《公司法》的制定开始。于2007年生效的《公司法》要求企业披露环境问题、员工信息以及社会与人权相关问题。英国2013年对《公司法》的最新修订版中增加了企业对董事会、管理层和员工的性别比例数据披露的要求，同时进一步要求企业披露自身商业活动造成的影响、企业的反腐败和反贿赂方针，以及针对非财务问题进行尽职调查的流程等。目前，因为欧盟和英国在可持续发展信息披露规则上的分歧越来越大，ESG披露的规则差异也越来越大。这对于英国企业来说无疑加大了成本，对投资者来说也加大了投资决策的复杂性。目前，英国监管机构正在根据欧盟新规起草有关ESG披露要

① The Universities Superannuation Scheme (USS). USS Stewardship Code Report 2022[R/OL]. https://www.uss.co.uk/-/media/project/ussmainsite/files/how-we-invest/uss-stewardship-code-report-2022.pdf.

② The Investment Association. Investment Management in The UK 2020-2021—The Investment Association Annual Survey[R/OL].https://www.theia.org/sites/default/files/2021-09/IMS%20report%202021.pdf.

求的议案，英国金融行为监管局（FCA）也正在构建基金标签体系，以对基金的ESG和可持续发展资格进行分类。英国政府正致力于推动披露要求的统一，并且正在探索强制披露的可行性。2020年12月21日，英国金融行为监管局（FCA）发布政策声明以及规则指南，促进英国优质上市公司更好地进行与气候相关的财务信息披露。相关企业将被要求在其年度财务报告中新增一份声明，阐明其披露信息是否与气候相关财务披露特别工作组（TCFD）的建议相符，如果不相符，则需要作出解释说明。该规定将适用于2021年1月1日或之后开始的会计期。非上市公司则将参照《公司战略报告（与气候相关的财务披露）条例》和《有限责任合伙企业（与气候相关的财务披露）条例》中的相关规定进行披露。

3. 英国ESG评价

英国ESG评价采用最多的是伦敦证券交易所旗下的富时罗素集团（FTSE）的ESG评价体系。富时社会责任指数系列是首个度量符合全球公认企业责任标准的公司表现的指数系列，由富时全球股票指数系列衍生而来。该体系为投资者提供了一系列环境指数和可持续发展指数，如富时罗素智能可持续指数系列、富时罗素全球气候指数系列、富时罗素绿色收入指数系列、FTSE4Good Developed Index（发达市场富时社会责任指数）、FTSE4Good Emerging Index（新兴市场富时社会责任指数）等。富时ESG指数系列旨在帮助投资者将ESG目标纳入广泛的投资标准，同时保持行业中立性。富时罗素ESG指数系列由富时全球股票指数系列衍生而来。其一大特征是会主动排除争议行业，如煤炭、军工等，以及可能违反联合国全球契约（UNGC）原则（人权、劳工环境与反腐败）的企业。

英国在ESG评价和评级方面主要使用富时罗素的ESG评价体系，存在一些不足：第一，无法针对不同行业选择不同的关键议题进行打分，缺乏行业特色议题的评价指标体系；第二，仅使用公开资料和数据，存在信息不对称、数据伪造等道德风险，导致ESG评级和评价结果失去公正性、可信度；第三，没有针对各个议题从上市公司的风险暴露和风险管理两方面打分，缺乏对风险层面披露的关注度。

（四）英国ESG政策法规体系

1. 英国ESG政策法规

由于英国已于2015年脱欧，因此，对于英国ESG政策法规的梳理基于英国本土政策法规展开。英国主要ESG政策法规如表2所示。

表2 英国主要ESG政策法规

发布时间	发布单位	政策法规名称	主要内容
2005年3月	工作和养老金部	《养老金保障基金（投资原则陈述）条例》	综合考虑环境、社会、道德因素对养老金投资提出基本要求，开启了英国ESG政策法规的发展之路
2005年12月	工作和养老金部	《职业养老金计划（投资和披露）条例》	
2006年11月	英国议会	《公司法》修订	从公司治理角度对董事职责作出规定，要求董事兼顾利益相关方、关注企业运营中的环境和社会影响
2010年4月	英国平等办公室、平等与人权委员会	《平等法案》	强调性别平等、反残障歧视等人权问题，并强制所有企业需披露员工薪酬信息以监督企业雇佣情况

续表

发布时间	发布单位	政策法规名称	主要内容
2010 年 7 月	财务报告委员会	《英国尽职管理守则》	要求资产所有者和资产管理者在投资决策中考虑 ESG 因素并在标书中列明对 ESG 要素的考量与整合操作信息
2014 年 7 月	法律委员会	《投资中介机构的受托责任》	明确对 ESG 因素的考量应作为受托责任的一部分，为后续资产管理领域 ESG 法规提供了坚实的基础支撑
2017 年 2 月	伦敦证券交易所	《ESG 报告指南》	通过明确 ESG 定义及 ESG 信息披露的意义，提升上市公司与投资者对 ESG 议题的关注度，同时增强上市公司 ESG 信息披露的有效性
2018 年 8 月	财务报告委员会	《战略报告指南》	要求公司在战略报告中增设非财务信息板块，解释自身经济活动对环境和社会带来的影响
2019 年 10 月	财务报告委员会	《英国尽职管理守则》修订	资产管理者应在优先维护客户利益的基础上，将 ESG 因素特别是气候风险纳入资管服务，并对其进行利益冲突分析与披露
2022 年 4 月	商务、能源和工业战略部	《公司战略报告（气候相关财务披露）条例》《有限责任合伙企业（与气候相关的财务披露）条例》	对所有需要编制非财务信息报告的英国公司提出强制性披露要求，包括对气候相关风险和机遇的识别、评估和管理，气候相关风险和机遇对商业模式和战略的实际和潜在影响等

（1）环境、社会、公司治理单维度政策法规。

英国是西方国家中较早关注环境相关议题的国家。1994 年，英国环境部在英国参与联合国环境发展大会后，制定了《英国可持续发展战略》，明确了英国政府在实现可持续发展过程中关注的四项目标：社会平等、环境保护、自然资源保护与稳定的经济增长。2003 年，英国当时的贸易和行业部公布了《我们能源的未来：创建低碳经济》白皮书，提出英国将致力于通过技术创新、制度创新、产业转型、新能源开发等手段，减少煤炭、石油等高碳能源消耗和温室气体排放，实现经济社会发展与生态环境保护双赢。社会方面，2000 年，英国在《开放式基金条例》中要求，基金公司应报告自己是如何将企业社会责任融入募集资金当中的。随后，英国政府通过《企业运作与财务审查法案》，要求企业提供社会责任财务报告。2010 年，英国议会通过《平等法案》，强调性别平等、反残障歧视等人权问题，并强制所有企业需披露员工薪酬信息以监督企业雇佣情况。治理方面，英国在长期的治理实践中，通过针对某一问题的观察、取证和分析，制定了一系列经典的公司治理报告，例如针对董事薪酬问题的 1995 年的《格林伯利报告》和 2002 年的《董事薪酬报告准则》、关注内部治理的 1998 年的《哈姆佩尔报告》、关注内部控制的 1999 年的《特恩布尔报告》、强调非执行董事职能的 2003 年的《希格斯报告》和关注审计人员独立性的 2003 年的《史密斯报告》等。在辩证吸收这些报告成果的基础上，英国财务报告理事会（Financial Reporting Council，FRC）于 1998 年发布了《英国公司治理联合准则》，在经过 2003 年、2006 年和 2008 年的修订后，该准则以其全面性和权威性，成为英国上市准则的重要补充文件，并形成了以该准则为核心的英国公司治理体系。

（2）基于 ESG 综合考量的政策法规。

2005 年，英国工作和养老金部出台的《职业养老金计划（投资和披露）条例》和《养老金保障基金（投资原则陈述）条例》综合考虑环境、社会、道德因素，对养老金投资提出了基本要求。2006年，英国对《公司法》进行修订，要求董事会在推动企业发展的过程中，也应关注企业对利益相关者、社区和环境造成的影响等，标志着ESG因素被综合纳入政策法规的开端。2010年，英国财务报告委员会发布了《英国尽职管理守则》，要求资产所有者和资产管理者在投资决策中考虑ESG因素并在标书中列明对ESG要素的考量与整合操作信息。2013年8月，英国议会通过《公司法（战略报告和董事报告）条例》，在2006年对《公司法》进行修订的基础上加入《战略报告条例》，强制要求企业根据“不遵守就解释”原则，披露其在环境、员工雇佣、人权与性别等方面的表现。英国财务报告委员会（FRC）就此条例推出了《战略报告指南》，通过提升除小型企业以外所有企业的非财务信息的透明度，帮助投资者更好地进行投资决策。2014年7月，英国法律委员会出台《投资中介机构的受托责任》，探讨受托者应如何更好地承担受托责任，维护委托者利益，并将受托责任应用至投资中介机构中，同时，明确对ESG因素的考量应作为受托责任的一部分，为后续资产管理领域ESG法规提供了坚实的基础支撑。2017年2月，伦敦证券交易所参考了GRI、SASB、TCFD、IIRC、CDSB及CDP框架，发布《ESG报告指南》。该指南旨在通过明确ESG定义及ESG信息披露的意义，提升上市公司与投资者对ESG议题的关注度，同时增强上市公司ESG信息披露的有效性。

2018年，英国修订了《职业养老金计划（投资和披露）条例》和《养老金保障基金（投资原则陈述）条例》，强制要求受托者在提交的投资原则陈述中披露对ESG及气候变化等细节的考量，进一步提升养老金投资基金中的信息披露透明度。同一年，英国财务报告委员会在欧盟2014年《非财务报告指令》的基础上发布了修订版的《战略报告指南》，要求公司在战略报告中增设非财务信息板块，除了披露ESG方面的表现外，还需要解释自身经济活动对环境和社会带来的影响。2019年10月，英国财务报告委员会对《英国尽职管理守则》进行修订，对资产管理者提出系统性的ESG考量要求，即在优先维护客户利益的基础上，将ESG因素特别是气候风险纳入资管服务，并对其进行利益冲突分析与披露。2020年11月，英国政府发布了两份关于2019年提出的《绿色金融战略》的补充性政策文件，强调了将在英国推行强制性非财务信息披露。2022年4月，英国商务、能源和工业战略部发布了关于气候相关财务信息披露强制性披露指引《公司战略报告（气候相关财务披露）条例》和《有限责任合伙企业（与气候相关的财务披露）条例》，对所有需要编制非财务信息报告的英国公司提出强制性披露要求，包括对气候相关风险和机遇的识别、评估和管理，气候相关风险和机遇对商业模式和战略的实际和潜在影响等。

2. 英国ESG政策法规特点

英国是可持续发展理念的最早践行者之一，英国政府和有关部门一直以来非常关注环境和社会问题，并在公司治理方面强调董事会的作用。尤其从2006年开始，为了提升资本市场信息披露透明度，推动英国ESG投资市场的发展，英国开始重视ESG相关政策法规的建设，并积极对不能满足发展需求的旧政策和旧法规进行修订。通过对相关政策法规的梳理，我们可以看出英国的ESG政策法规体系具有以下主要特点。

（1）注重战略引导。

在英国的ESG发展历程和ESG政策法规体系建设过程中，国家的发展战略起到了重要的引导作用。从1994年环境部制定的《英国可持续发展战略》到2019年英国政府发布的《绿色金融战略》，国家层面的战略为企业和市场指明了发展方向并明确了具体目标，也让ESG政策制定者有的放矢，政策内容更加具有针对性，使政策法规的有效性得到了更好的保障。

（2）及时修订。

近年来，英国ESG政策法规呈现频繁修订的状态。英国有关机构和部门在初步建立了ESG政策法规体系后，先后对包括《公司法》《养老金保障基金条例》《职业养老金计划条例》《战略报告指南》《尽职管理守则》等重要政策法规进行了修订，以在发展近况和最新趋势的基础上对原有要求和限制内容进行补充完善，保障英国ESG投资市场和ESG生态系统的平稳有序发展。

（3）强调董事会作用。

英国在公司治理方面一向重视董事会的作用，从《格林伯利报告》和《董事薪酬报告准则》，到对《公司法》的修订和《公司法（战略报告和董事报告）条例》，都体现出通过董事会带动企业践行ESG理念的特点。其中，《公司法》主要从社会责任角度强调公司董事职责。这鼓励了董事和投资人对公司ESG事宜的参与，增加了投资者与被投资者就ESG议题交流深度，从而帮助公司提升ESG表现及相关信息披露质量。

三、法国ESG发展经验

（一）法国ESG发展背景

20世纪70年代法国的社会问题日益突出，过度垄断造成经济危机、贫富差距、社会动乱、失业率增加等社会矛盾，为解决上述社会问题，法国利用集权制的优势，大力发展社会福利，积极调动国有企业履行社会责任。法国的社会公民组织也比较发达，通过各种运动给政府和企业施压，要求大型国有企业承担更多的社会责任，法国政府和民众普遍认为企业在追求盈利的同时应该兼顾社会公平。随后国家、社会和企业开始关注企业承担的社会和环境责任，法国传统上集权式的官僚体系，决定了法国在推动企业社会责任时更倾向于从上至下、从国家到企业的模式，即通过国家制定相应的法律、规章来制约、要求企业在经营过程中考虑对社会和环境的影响。

此外，法国在应对自然环境恶化和资源枯竭、推进生态文明建设方面就提出了应对措施，确立环境保护政策并成立相应的政府职能部门，针对水资源、环保设施、自然保护、废物管理等具体领域进行了立法。20世纪90年代法国经济陷入了低增长的困境，同时，发展中国家制造业的崛起也对欧洲的经济发展形成了竞争之势。为迎接这一挑战，欧盟于2000年推出里斯本战略，将企业社会责任政策作为实现里斯本战略的重要工具，该政策得到各成员国的积极响应，法国作为最重要的成员国之一，全面系统地启动了企业社会责任政策。随着全球对环境议题的日益关注，法国开始更多地将环境治理纳入政策考量，也出台了相关法律法规制度要求企业披露非财务信息，为法国ESG的出现和发展奠定了基础。

（二）法国ESG发展历程

法国的ESG发展以2010年为分水岭。2010年之前为萌芽期，在2010年首次通过《综合环境政策与协商法II》对资产管理公司提出ESG

相关要求之后进入快速发展期。

1. 萌芽期

2000年，法国在世界可持续发展峰会上提交《白皮书》，在13个优先考虑的议题中，企业社会责任位列其中。自2001年起，法国便开始通过非财务信息披露管制企业对环境、社会以及人权问题的治理，法国议会通过的《新经济规制法》，要求所有上市公司必须在年度报告中披露其在生产经营中所涉及与劳工、健康与安全、环境、人权等问题相关的所有信息。该法规的出台是法国公司法领域的一次重大变革。2005年，法国政府掀起了可持续消费的宣传活动，将可持续发展与企业社会责任政策作为相辅相成的政策战略，推出了一些具体可行的实施方案。在法国的国家行动计划《可持续性发展国家战略计划2010—2013》中，特别针对企业社会责任提出了一系列建议。2009年法国议会通过了《综合环境政策与协商法I》，确立了应对气候变化的环境目标。这一时期，法国在可持续发展道路上已经政策先行，通过政策引领企业履行社会责任并充分关注环境问题，为随后的ESG快速发展打下了坚实基础。

2. 快速发展期

为了更好地实践绿色发展，法国议会于2010年7月通过了《综合环境政策与协商法II》，将环境、社会相关信息强制披露对象从2001年规定的上市公司扩大到了500名员工以上规模的公司，并要求资管公司披露其投资决策中的ESG考量。2014年，欧盟发布《非财务报告指令》，要求大型企业在非财务信息报告中覆盖ESG议题。2015年，联合国196个缔约国代表在法国巴黎举办气候峰会，法国抓住巴黎气候变化大会契机，希望通过《绿色增长能源转型法》推进国内绿色增长和能源转型，引领全球对气候治理立法。随后，各国陆续签署《巴黎协定》，明确了全球共同遏制气候变暖的目标，鼓励成员国加大对可再生能源的投资，使资金流动符合温室气体低排放和气候适应型发展的路径。该协议与法国《绿色增长能源转型法》的核心相吻合，增强了法国对实践能源与经济绿色转型的信心与决心。《绿色增长能源转型法》是一个以应对气候变化与促进能源结构转型为目标的法律框架。在《综合环境政策与协商法II》的基础上，进一步强调了绿色经济的发展核心，加强对资产管理者与机构投资者的ESG管制，是法国利用国家政策法规引导金融机构参与可持续发展的体现，ESG相关策略对于金融机构来说不再是建议执行，而是强制执行。此外，机构投资者不仅需要披露与气候变化风险相关的信息，还需要解释如何将ESG标准融入投资和风险管理决策，促进能源转型和生态改善，鼓励投资者从投资如何影响ESG与ESG如何影响投资两个方面来衡量投资决策。

2017年，法国议会通过《企业警戒责任法》，对达到一定规模的大型企业在人权和环境方面的义务提出了进一步的要求。根据该法规，如果公司在法国的员工数量达到5000人或在世界范围达到10000人，就需要识别自身及其子公司和供应商在商业活动中存在的人权与环境方面的风险。这也是法国第一部对企业施加有关人权的尽职调查义务的法律。同年，法国出台2017-1180号法令，根据欧盟颁布的《非财务报告指令》提出了新的非财务信息披露要求。2019年，法国议会通过《企业成长与转型法》，确定了法国金融市场管理局对金融机构ESG信息披露的监管职责。2020年，法国金融市场管理局发布《年度优先行动计划》，致力于提升上市公司非财务信息披露质量并鼓励资管公司提供更清晰的 ESG 信息披露。法国 20 多年来通过不断丰富和修订相关政策和规定，建立了较为全面的 ESG 政策法律体系，对推动绿色可持续发展起到了积极的作用。

（三）法国 ESG 实践

1. 法国 ESG 投资市场

（1）ESG 投资市场规模。

随着 ESG 理念的快速发展和广泛传播，投资人和资产管理人已逐渐认识到非财务指标在投资决策中的价值及其对社会发展产生的贡献，法国的许多基金公司、养老金和其他金融机构投资人都自发自愿地在投资活动中开始应用 ESG 投资理念。根据 PRI 官网显示的头部资管机构 PRI 签署情况来看，法国有两家机构名列第 11 位和第 12 位，分别为 Amundi 和 BNP Paribas，规模分别为 20990 亿美元和 14120 亿美元，但总体上法国 ESG 投资市场在政策引导下却迟迟没有打开局面，目前相关的 ESG 投资产品主要以绿色债券为主，据 Bloomberg 数据，截至 2022 年 5 月 25 日，法国的绿色债券存量余额为 1824 亿美元，市场份额占比为 11.31%，位列全球第一，但是，其存量债券数量为 339 只，位列前十，说明法国所发行的绿色债券单只规模较大。自 2017 年以来，法国为支持能源和生态转型而筹集的资金已增至 494 亿欧元，截至目前，法国已经筹集了近 500 亿欧元，以加速对生态转型的投资。受到国内 ESG 发展趋势影响，法国政府也在持续增加绿色转型支出，2022 年政府支出中已有 150 亿欧元支出有资格被评定为绿色债务。据法国《十字架报》报道，法国近期推出了首只与通胀挂钩的绿色债券，这是法国发行的第三笔“绿色政府债券”（OAT），目前法国国债 OAT 以 502 亿美元发行金额位列全球第二大发行人债券，第一位是超国家组织欧洲投资银行发行的绿色债券，发行金额为 517 亿美元。可见法国的绿色债券发展较为良好，这也为法国发展其他 ESG 投资产品营造了良好的市场环境。

目前法国尚未形成成熟的 ESG 投资市场。在消费者等普通民众方面，法国金融管理局（AMF）于 2021 年 6 月开展的一项调查研究显示，在 2074 名随机选取的调查民众中，有 76% 受访者表示对其投资产生的环境影响非常关注，有超过半数受访者表示会将可持续发展因素纳入其投资决策考虑范围，但有 89% 的受访者并不清楚到底什么是可持续投资且对 ESG 和非财务绩效等相关概念非常模糊①。在投资者层面，法兰西银行（BF）2021 年也开展了一项类似的调查，该项调查针对的是机构投资者，其结果显示，越来越多的机构投资者正将 ESG 理念纳入其核心投资决策，法国的 ESG 投资市场有望在未来 2 年内得到快速发展②。在 E、S、G 不同议题方面，S（社会）维度的投资市场相对比较发达，显示出以国家为中心，由国有或相对主流的资产所有者所主导的发展模式。

（2）ESG 投资方向。

法国将绿色金融作为未来经济可持续发展的重要领域，希望以此配合国内结构性改革，为法国经济增添新亮点，一方面，在国内推动建立绿色金融体系，另一方面，努力将气候

① The Autorité des Marchés Financiers (AMF). Sustainable finance: for 76% of French people, the environmental impact of investments is an important issue[EB/OL].https://www.amf-france.org/en/news-publications/news-releases/amf-news-releases/sustainable-finance-76-french-people-environmental-impact-investments-important-issue.

② Banque de France. Responsible investment report 2021[R/OL].https://publications.banque-france.fr/sites/default/files/medias/documents/ir_2021_en_web_vf.pdf.

因素纳入全球金融体系的整体架构。2020年，法国政府宣布了一项1000亿欧元的复苏计划“France Relance”，其中第一个支柱便是规模300亿欧元的绿色转型，包括针对私人和社会住房以及公共建筑的节能改造计划、可持续交通、行业脱碳以及包括氢、生物燃料和回收在内的绿色技术的投资。关于绿色债券，法国绿债涉及了清洁能源、绿色建筑、低碳运输、水利、废物管理、土地可持续利用及适应气候变化等方向。

（3）ESG投资产品。

① ESG投资产品概况。

近年来，法国积极用金融手段推动本地可持续金融发展，在欧洲的可持续金融领域起着示范作用。目前，法国的ESG理念与ESG投资策略在资本市场没有全面发展，其中法国的绿色债券市场发展较好，整体规模较大。法国绿色债券发行始于2012年，地方政府部门为最早期的发行人，此后，金融企业、大型非金融企业开始加入绿色债券发行者队伍，成为法国绿色债券增长的重要力量。超过60%的法国绿色债券资金投向能源和绿色建筑项目。公共部门绿色债券多为超过20年的超长期限债券，私人部门绿色债券多为10~15年的长期债券。此外，法国还是第21届联合国气候变化大会后第一个承诺发行主权绿色债券的国家。截至2021年3月，法国已成为世界最大绿色债券主权发行人，规模达340亿欧元。在全球绿色债券市场中，法国的占比约为12.2%，位列第四位，中国、美国和德国位列前三位，占比分别为13.2%、12.8%和12.2%。法国的绿色债券投资来源主要是国家预算以及未来投资计划（PIA）的支出，未来投资计划的宗旨是应对气候变化、适应气候变化、保护生物多样性和防治污染。2017—2018年期间，法国增加了新型绿色债券金融工具，如法国可再生能源公司Quadran于2017年5月发行了第一笔法国绿色贷款，用于开发清洁能源。法国负责任投资市场最初主要由法国养老储备基金FRR、公务员补充养老金计划等资产所有者推动，其资产所有者的社会责任投资实践为法国的社会责任投资市场发展奠定了一定的基础，也为ESG投资发展提供了市场基础。

法国巴黎资产管理公司（BNP Paribas Asset Management，BNPP）是法国巴黎银行的投资管理部门，自2002年推出了首只社会责任投资基金后，一直是ESG投资的积极参与者。截至2021年底，管理资产总规模达5370亿欧元，其中ESG资管规模为3305亿欧元。2002年，BNPP推出了首只社会责任投资基金。2006年，法国成为联合国PRI的创始成员国之一。BNPP坚信采用可持续方法进行投资，不仅可以获得更好的风险调整回报，符合客户的财务利益，还可以为整个社会创造可持续增长。其可持续投资有四大支柱：（1）ESG整合，为可持续投资的核心；（2）管理（Stewardship），积极与发行人保持沟通交流；（3）负责任的商业行为；（4）前瞻视角“3E”：能源转型、环境可持续性、平等为当下可持续发展的三大关键问题。基于四大支柱，BNPP将可持续产品分为增强型ESG基金、主题型ESG基金、影响力投资ESG基金三大类。其中，典型基金有：（1）BNP Paribas可持续欧洲多因子股票基金（BNP Paribas Funds Sustainable Europe Multi-Factor Equity-EUR），其发行于2019年9月13日，该基金投资于欧洲公司发行的股票，业绩基准为MSCI欧洲净回报指数。截至2022年3月31日，总基金资产为3.86亿欧元，2022年前三个月基金累计下跌5.48%，同期基准指标下跌5.32%；2021年该基金上涨27.21%，高于同期基准指标的涨幅（25.13%）。（2）BNP Paribas 全球环境基金（BNP Paribas Funds Global Environment – EUR），其成立于 2008 年 4 月 8 日，投资于全球范围内的股票市场，业绩基准为 MSCI 世界净回报指数。截至 2022 年 3 月 31 日，基金总资产规模为 3.44 亿欧元，该基金在 2022 年前三个月累计下跌 12.83%，而基准指标下跌 3.06%。在 2020 年和 2021 年，该基金分别累计上涨 12.97% 和 29.11%，相比之下，基准指标同期分别上涨 6.33% 和 31.07%。总体上，法国的 ESG 相关基金业绩没有突出表现。

② ESG 投资业绩表现。

法国在绿色债券方面的业绩表现比较优异。以运输行业为例，2017 年，法国巴黎大众运输公司（RATP）发行了 5 亿欧元的绿债，为能源转型、适应气候变化、污染防控及自然资源保护的项目提供资金，随后再次发行了 5 亿欧元的绿债，用于法兰西岛 RATP 运营的公交车网络的能源转型、Vaugirard 工业用地重建，以及节能地铁列车更换，为法国绿色金融市场发展发挥了积极作用。根据 2018 年气候债券倡议组织的报告，自 2017 年以来，来自法国政府支持的实体绿色债券发行量也略有上升，法国政府对绿色金融市场的干预已经对国有实体行业产生积极影响。

2. 法国 ESG 披露

法国是目前全球第七大经济体，作为世界上最早提出可持续发展与城市绿色化等概念的国家之一，法国在可持续发展的多项政策和实践领域均成为了欧盟与全球的标杆。在发展绿色经济与助推能源转型上，法国注重政策先行，并在 21 世纪伊始就对企业与投资者采取了较为强硬的 ESG 法律约束，为其可持续发展进程起到了积极的推进作用。2015 年 12 月，巴黎泛欧证券交易所加入联合国可持续证券交易所倡议，并于 2020 年推出 ESG 披露指南。该指南主要以 GRI、SASB、IIRC、TCFD、CDSB 与 CDP 的框架为参考，鼓励上市公司根据指引要求披露 ESG 报告。2017 年，在欧盟《非财务报告指令》要求颁布的第 1180 号法令要求下，法国相比于其他欧盟国家，对于 ESG 信息披露的细节作出了更进一步的说明。法国要求披露方披露的信息主要包括：公司经营活动对环境的影响，公司活动及其产品和服务对气候变化的影响，对促进可持续发展和循环经济、防止食物浪费所作出的承诺、达成的集体协议及其对公司经济绩效和工作条件的影响，为解决歧视和促进多样性而采取的措施等。巴黎泛欧交易所也遵循上述法令基于信披的要求对上市公司进行管制，其在 2020 年发布的《ESG 披露指南》（ESG *Reporting Guide*），鼓励上市公司按要求披露 ESG 报告。此外，机构投资者还逐渐将可持续发展目标纳入相应的治理机制和内部流程，如法国养老金 FRR 专门设立了由监事会和专家构成的可持续投资委员会，该委员会制定并实施了《2019—2023 年可持续投资策略》，包含四项内容，即内置新的标准、加速能源转型、加强可持续投资要求、促进金融生态整体发展，并提出要主动制定 ESG 标准指标及 ESG 指数，进行 ESG 主动管理，同时评估投资影响、定义影响因子，形成系统性报告。

3. ESG 评价

2020 年，联合国发布的《可持续发展目标报告》显示，法国以 81.13 的高分位列全球 166 个参与国中的第 4 名，属于可持续发展综合高水平国家，这与其 ESG 的快速发展有着密切关系。如法国巴黎集团在 ESG 评级上有突出表现，富时罗素 ESG 评分达 4.4 分，其中环境层面评分为4分，ESG综合表现位于前5%区间。法国目前应用较多的ESG评价体系主要有MSCI ESG评价体系、汤森路透ESG评价体系、FTSE ESG评价体系、高盛ESG评价体系等。由于国际上存在较多的ESG评价体系，目前还未出现一个统一的评价体系，这也是法国面临的问题，虽然法国的ESG发展态势良好，但对于ESG评价还存在制度不完善以及缺乏涵盖所有类型的公司评价体系的问题。

（四）法国ESG政策法规体系

1. 法国ESG政策法规

在ESG相关政策法规从建立完善到落地运转的过程中，各国政府和监管机构往往最先开展行动，交易所等平台机构紧随其后，而专业服务机构则跟进提供相应支持，企业相继开展信息披露行动，形成了多部门、多主体合作推进ESG披露的态势。法国也是如此，先是国家最高权力机关出台了统领性的政策法规，如2017年颁布2017-1180号法令，然后是交易所和金融监管部门相应承担制定配套文件和执行政策的任务。法国是世界上较早注重并推进企业进行非财务信息披露的国家，早在欧盟提出发展企业社会责任政策之前，法国就较为关注这一领域。此外，在促进负责任企业投资方面，法国是最早立法的国家，有关的法律陆续出台，并且部分还考虑了社会和环境因素。在企业社会责任信息披露方面，法国对此也提出了明确的法律要求，法国是第一个在法律上要求上市公司进行企业社会责任信息披露的国家。法国主要ESG政策法规如表3所示。

表3 法国主要ESG政策法规

发布时间	发布单位	政策法规名称	主要内容
2001年5月	法国议会	《新经济规制法》	要求大型企业和上市公司进行社会责任报告，披露生产经营中所涉及的与劳工、健康与安全、环境、社会、人权等问题相关的信息
2010年7月	法国议会	《综合环境政策与协商法Ⅱ》	要求大型企业进行可持续报告，披露其商业活动对环境及社会产生的影响，并明确了六大主题
2014年10月	欧洲议会、欧盟理事会	《非财务报告指令》	要求大型企业进行非财务信息报告，涵盖ESG议题，并强制披露环境方面的信息
2015年8月	法国议会	《绿色增长能源转型法》	强调了绿色经济的发展核心，加强了对资产管理者与机构投资者的ESG管制
2017年2月	法国议会	《企业警戒责任法》	要求大型企业在年报中披露关于识别人权与环境方面的风险及所采取的应对措施的相关信息
2017年5月	欧洲议会、欧盟理事会	《股东权指令》修订	要求上市公司股东通过充分施行股东权利影响被投公司ESG实践，要求资产管理公司披露参与被投公司的ESG议题与事项的具体方式、政策、结果与影响
2017年8月	法国议会	2017-1180号法令	响应欧盟《非财务报告指令》，要求大型企业以非财务绩效声明的形式进行ESG信息披露，重点关注气候变化相关信息
2019年12月	欧洲银行管理局	《可持续金融行动计划》	要求金融机构提升关于ESG风险治理的认知水平，并强调应重点关注ESG风险的长期性及其估值和定价的不确定性

续表

发布时间	发布单位	政策法规名称	主要内容
2020 年 3 月	欧盟委员会	《可持续金融分类方案》	要求资产管理者和金融产品向利益相关者披露 ESG 信息

（1）环境、社会、公司治理单维度政策法规。

法国颁布的《新经济规制法》是法国公司法近二十年来的重要变革，主要体现在企业社会责任信息披露和环境保护两个方面。在企业社会责任信息披露方面，该法案针对大企业即雇员超过 500 名、资产总额超过 1 亿欧元的企业或者上市公司提出必须发布社会责任报告，并将企业对社会和环境的影响纳入企业监管之中。企业社会责任报告中应涵括的衡量指标，主要集中在雇用的员工人数、合同形式、裁员计划、劳动关系、工会报告、培训政策、卫生和安全条件、残疾人的雇佣以及社会工作、环境保护、资源再利用等领域。在环境保护方面，企业要公布资源利用情况和资源再利用的措施，以体现公司在环境保护上是否有所作为。在社区服务方面，公司要证明是如何对企业所在地的地区发展和居民生活作出贡献的。法国的《财务安全法》要求上市公司发布为防范各类风险而设置的组织和内部控制程序的报告。对于环境方面，《综合环境政策与协商法 I》确立了应对气候变化的环境目标，并在《综合环境政策与协商法 II》中确立了六个主题，即提高建筑物的能源利用性能、加快发展公共交通基础设施的措施、减少能源消耗和碳排放、保证生态系统的良好运行和恢复良好生态水质、减少噪音和人工干扰，以及要求企业披露可持续报告，披露其商业活动对环境及社会产生的影响。《绿色增长能源转型法》在此基础上进一步强调了绿色经济的发展核心，加强了对资产管理者与机构投资者的 ESG 管制。在社会方面，《企业警戒责任法》是法国第一部对企业施加有关人权的尽职调查义务的法律，在人权和环境方面的义务提出了识别相关风险的要求。

（2）基于 ESG 综合考量的政策法规。

除了政府层面的政策法规引导外，法国巴黎泛欧证券交易所和中央银行也积极引导上市公司进行 ESG 相关信息披露。2015 年，巴黎泛欧证券交易所加入联合国可持续证券交易所倡议，并于 2020 年推出 ESG 披露指南，该指南主要以 GRI、SASB、IIRC、TCFD、CDSB 与 CDP 的框架为参考，鼓励上市公司根据指引要求披露 ESG 报告。2017 年 5 月，欧盟对《股东权指令》进行修订，要求资管公司充分参与并积极影响被投公司的 ESG 实践，并将相关政策、方式等进行披露。同年 8 月，法国议会在欧盟 2014 年颁布的《非财务报告指令》的基础上，通过了第 1180 号法令，引入了新的非财务信息披露框架。新出台的法令将管理的重点聚焦在对环境与社会产生更大影响的大型公司，要求大型上市公司以及人数在 500 人以上且营业额达到 1 亿欧元的非上市公司以发布非财务绩效声明的形式披露 ESG 信息，还额外提出了与气候变化相关的信息披露要求，强制公司说明其生产经营活动对气候变化的影响，详细说明气候变化给公司带来的财务风险以及为降低风险而采取的措施，不仅要求公司遵循“不遵守就解释”原则，还要求企业发布报告进行第三方验证。此外，欧盟 2019 年和 2020 年发布的《可持续金融行动计划》和《可持续金融分类方案》也对法国企业产生了深远的影响。

2. 法国 ESG 政策法规特点

通过对相关政策法规的梳理，我们可以看出法国 ESG 政策法规体系具有以下特点。

（1）重视头部企业的带动作用。

与一些欧盟国家不同，在信息披露方面，法国更加突出了对头部公司的约束和带动作用，在第 1180 号法令下，受 ESG 信披约束的公司反而减少了。根据《非财务报告指令》的要求，新的披露要求应仅适用于某些大型企业和集团以减轻中小企业面临的监管负担。

（2）议会引领。

通过对相关政策法规的梳理不难发现，法国 ESG 政策法规制定主体主要集中在法国议会。法国是欧盟成员国，法国议会不光从本国的发展战略出发，对于欧盟的倡议和规定，法国议会也能通过及时的政策法规制定和修订等举措进行积极响应，从而起到引领并促进企业可持续发展的作用。

四、日本 ESG 发展经验

（一）日本 ESG 发展背景

早在三百年前的江户时代，由于自然资源贫乏，自然灾害频发，日本幕府为实现环境与社会的稳定、协调发展，推行了生活垃圾和粪便的回收利用制度，使得在城市产生的垃圾成为农村生产的资源，这为日本的 ESG 萌芽早早埋下了种子。在经历了第二次世界大战的洗礼后，日本迎来了 20 世纪 50—60 年代的经济高速增长期。这一时期，快速扩张的重工业给日本带来了严重的环境污染，也为日本人民带来了苦难和疾病：有机汞导致的水污染引发的水俣病、硫氧化物导致的大气污染引发的哮喘病、镉中毒引发的骨痛病等。日本政府自此开始意识到环境保护与工业生产同样重要，并开始在全国范围内推行控制污染、保护自然环境的政策。在随后的 80—90 年代，日本开始实行可持续发展战略，除了自然环境之外，经济与社会的可持续发展也得到了全国各界的广泛关注。

进入 21 世纪后，在时任联合国秘书长安南的呼吁下，ESG 理念应运而生，不过并没有马上在日本流行起来。在政策监管、客户与市场驱动因素的长期影响下，ESG 理念从 2014 年起才真正进入日本大众的视野，ESG 投资市场的发展也正是从同一年开始起步并随即快速发展。随着全球 ESG 生态系统发展进程的推进，日本政策制定者愈加坚定地鼓励更广泛地发展 ESG 投资和可持续金融。截至 2021 年底，日本的 ESG 投资市场资金额已经突破 4.7 万亿美元，成为排在美国与欧洲之后的全球第三大 ESG 投资市场。

（二）日本 ESG 发展历程

日本的 ESG 发展以 2014 年为分水岭。2014 年之前为萌芽期，在 2014 年发布基于 ESG 完整考量的《日本尽职管理守则》之后进入快速发展期。

1. 萌芽期

日本早在三百年前的江户时代就已种下了可持续发展的种子，但长久以来始终聚焦于环境和资源问题，与其说是可持续发展理念，不如说是环保意识。日本可持续发展理念和战略真正得以形成，是在 20 世纪 80 年代末。1987 年，世界环境与发展委员会在东京发布了关于人类未来的报告——《我们共同的未来》。报告指出了人类共同关切的问题、人类共同面对的挑战和人类需要的共同的努力，并正式提出了“可持续发展”的概念。报告一经发布，可持续发展理念便得到了日本各界的广泛认同。日本逐渐从孤立实施保护环境、节约能源的政策转到人口、资源和环境全面发展的政策上来，并开始了制定经济、生态与社会可持续协同发展政策的进程，日本可持续发展战略初步形成。1992年6月，在巴西里约热内卢召开的联合国环境与发展大会通过了《21世纪议程》。该文件着重阐明了人类在环境保护与可持续发展之间应作出的选择和行动方案，涉及与地球可持续发展有关的几乎所有领域，是“世界范围内的可持续发展行动计划”。日本据此针对本国国情于1994年颁布了《21世纪行动纲领》，系统阐述了日本对可持续发展的理解，并提出了具体的可持续发展战略。该纲领要求通过人口、经济、社会资源和环境协调发展，建立可持续发展社会。在随后的近20年时间里，日本围绕可持续发展战略制定了一系列政策：为保持社会活力，遏制出生率下降问题，鼓励生育；为减少对不可再生资源的依赖，开发新能源、提高资源使用效率；为解决全球气候变暖问题，加强环境保护、能源供需平衡、经济发展三位一体建设。这一时期日本建立了可持续发展战略，但相对保守。在ESG理念于2004年被正式提出后，日本并没有第一时间采取行动，而是继续沿用之前的战略和举措。

2. 快速发展期

日本ESG发展的重大转折发生在2014年。随着ESG理念从西方引入日本，并在民间不断传播，日本金融厅于2014年2月颁布了《日本尽职管理守则》，成为日本ESG发展重要里程碑。该守则作为日本第一个涵盖环境、社会、公司治理三项议题的政策法规，鼓励机构投资者积极行使股东权利，与被投资公司开展对话，从而改善和促进被投资公司的可持续发展。至此，日本ESG发展正式进入制度完善期。2015年5月，日本金融厅联合东京证券交易所颁布《日本公司治理守则》，面向上市公司，从公司治理角度规定公司应遵循的ESG原则。随后，《日本尽职管理守则》和《日本公司治理守则》成为日本ESG政策法规两大基石，并先后分别于2017年、2018年、2020年进行多次修订，不断强调ESG对日本可持续发展战略的重要性。此外，日本经济产业省于2017年5月发布的《协作价值创造指南》和日本交易所集团联合东京证券交易所发布的《ESG披露实用手册》，也在日本ESG制度完善过程中起到了重要作用。这一时期日本的ESG发展已由散兵游勇转变为主流趋势，政府部门也开始通过制定和更新相关政策法规为日本的ESG实践提供制度保障。虽然制度建设起步相对较晚，但随着制度的不断完善，日本越来越多的企业加入践行ESG理念的队伍中，在两大守则的引导下，日本ESG投资市场也快速发展壮大，并已经成为紧追欧美的全球第三大ESG投资市场。

（三）日本ESG实践

1. 日本ESG投资市场

（1）ESG投资市场发展。

日本的ESG投资市场于2014年才开始发展，相较于欧美起步较晚，但由于日本各界对于可持续议题的重视，日本ESG投资发展势头迅猛，投资规模持续增加，目前已成为全球第三大ESG投资市场。日本的ESG投资市场规模自2014年以来一直快速发展，除了2020年受新冠肺炎疫情影响出现了短暂回落，其余年份均呈现增长趋势（发展趋势如图3所示）。日本可持续投资论坛（JSIF）发布的数据显示，过去的八年间，日本ESG投资市场规模已由2014年的8400亿日元，增长至2021年的514.5万亿日元，增长超过610倍[①]。根据GSIA发布的数据，截至2020年，日本的ESG投资资产占总投资资产的24.3%，ESG投资市场规模已超越加拿大和大洋洲，成为继欧洲和美国之后的全球第三大ESG投资市场[②]。

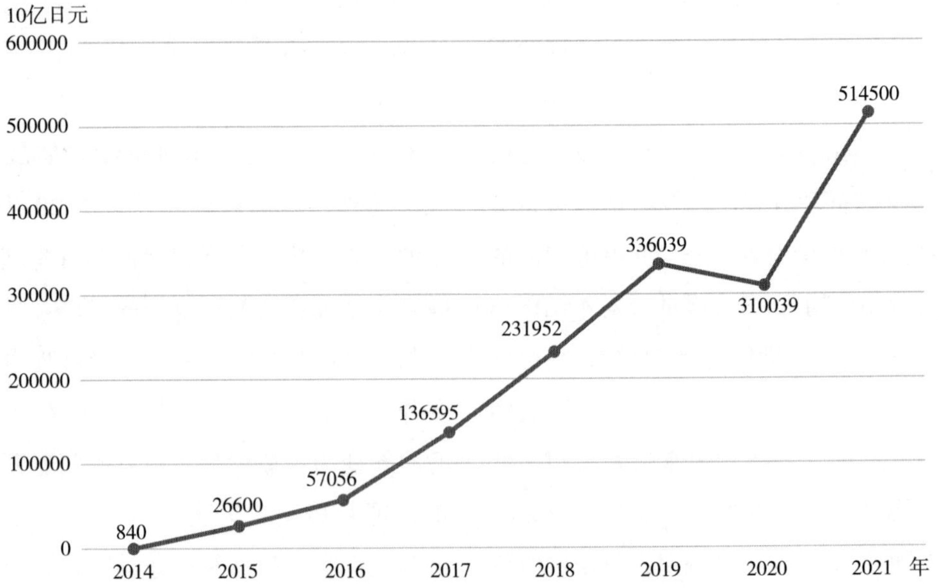

图3　日本ESG投资市场规模发展趋势

（资料来源：JSIF）

（2）ESG投资方向。

从投资资金的行业配置上来看，日本的ESG投资者最关注信息技术和新材料行业，同时对资本商品与服务行业也有较多投资。从投资者关注的ESG议题来看，据日本金融信息服务商QUICK开展的一项针对日本机构投资者的研究结果，“气候变化”“人权”以及“多元化与包容性”是2021年日本机构投资者最关注的ESG议题，同时，“生物多样性”成为受关注增长最快速的议题[③]。作为日本最具影响力、投资额度最高的投资机构之一，大和资产管理（Daiwa Asset Management）公司主动管理着清洁科技股票基金、清洁科技股票和绿色债券基金、碳中和科技股票基金、女性支持基金等。为应对气候变化，日本银行已于2021年7月开始实施新的气候变化战略，帮助金融机构向开展碳减排实践的公司投资和放贷，并停止对新建和扩建燃煤电厂的贷款。

（3）ESG投资产品。

根据东京国际金融机构FinCity.Tokyo发布的市场报告数据，2016年日本采取ESG投资策略的资产管理规模占日本专业资产管理总量的

① Japan Sustainable Investment Forum. Sustainable Investment Survey 2021[R/OL].https://japansif.com/2021survey-jp.pdf.

② Global Sustainable Investment Alliance. Global Sustainable Investment Review 2020[R/OL]. http://www.gsi-alliance.org/wp-content/uploads/2021/08/GSIR-20201.pdf.

③ NIKKEI. “ESG Investment Survey 2021” on Institutional Investors in Japan[EB/OL]. https://www.nikkei.co.jp/nikkeiinfo/en/global_services/quick/esg-investment-survey-2021-on-institutional-investors-in-japan.html.

3.4%，这一数据到2018年已增长至18.3%，并呈现持续增长态势①。

从资产配置来看，日本2021年ESG投资各资产类别投资规模相较于2020年均有大幅提升。根据JSIF发布的数据，日本股票增长36.5%，海外股票增长57.3%，债券增长68.2%，私募股权投资增长265.1%②。虽然私募股权投资呈现大幅增长，但在资产配置比例中仍只占日本ESG投资份额的0.8%，债券仍然是日本ESG投资的主要板块，占比达54.4%，日本股票和海外股票分别为第二大占比（23.4%）和第三大占比（14.2%）（各资产类别占比见图4）③。在股票市场方面，ESG投资股票市场规模的增长主要来自股票的价格上涨，而非新资产的加入。在债券市场方面，日本所采取的可持续发展相关举措影响了投资者对于政府和国际机构债券的投资。机构投资者对政府债券采取负面筛选，以排除存在严重ESG相关问题的国家债券，同时利用对外国债券的被动管理保持和国际组织的接触。

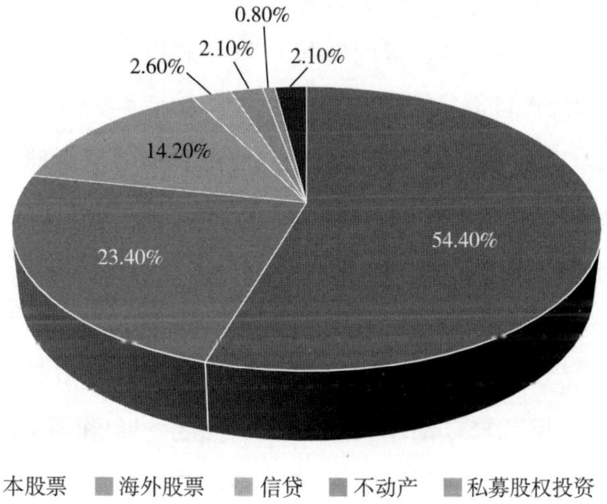

图4　日本ESG投资各资产类别占比

（资料来源：JSIF）

在策略选择上，根据GSIA数据，日本应用最广的ESG投资策略为ESG整合，其次为参与公司治理。从ESG投资策略来看，ESG整合是日本应用最广泛的可持续投资策略④，参与公司治理、负面筛选和行使投票权分列第二到第四位。运用ESG整合策略主要是通过分析ESG因素对原有企业估值模型的影响，对原模型进行改善；而直接设置筛选条件、企业ESG表现必须达到特定标准才能入围投资组合的情况较少。基金资产配置上呈现出海内外并重的特点，对美国企业以及荷兰、瑞士等欧洲企业的关注度较高；行业上对信息技术、资本商品与服务、

① FinCity.Tokyo. Asset Management Business Trends of ESG related investment in Japan[R/OL]. https://fincity.tokyo/wp-content/uploads/2021/01/1611888973-1308ad97907fdffa4fc05be7690f6114.pdf.

② Japan Sustainable Investment Forum. Sustainable Investment Survey 2021[R/OL]. https://japansif.com/2021survey-jp.pdf.

③ 同上。

④ 同上。

材料行业的投资较多。

日本政府养老投资基金（GPIF）是日本最具代表性的养老基金，自2015年加入UN PRI以来，一直积极践行ESG投资理念，已经成为日本乃至亚洲ESG投资发展的重要推动者。GPIF通过被动指数投资和委外投资，将ESG投资理念应用于全投资流程中，同时，通过资产配置分散、地域分散、投资周期分散，实现有效的投资分散化，进而实现长期稳定的投资收益，确保充足的流动性进行养老金支付。其中，在资产配置方面，据GPIF2020年年度报告数据，GPIF权益投资占比达49.46%，国内外配置均衡，债券投资占比为50.54%，主要投资于发达国家债券。同时，GPIF具有收益波动大的特点，2001年至2020年，平均年化收益率为3.61%，但仅2019—2020财年，GPIF的年化收益率就达到25.15%，年度投资收益为37.80万亿日元（约合0.35万亿美元）[①]。GPIF还在通过不断践行ESG理念，开展ESG活动，以减少环境和社会问题对金融市场的负面影响，提高所投资产的长期回报，促进社会可持续发展。

（4）ESG投资业绩表现。

①日本ESG投资业绩概况。

相关数据显示，将ESG因素纳入投资决策往往可以获得超额收益。GPIF在2017—2019年之间所选取的5只ESG指数均取得超额收益，即便受到全球市场的冲击，相比母指数和股票市场指数，ESG指数还是表现稳定并取得可观的收益，并且在2020年新冠肺炎疫情肆虐的情况下，GPIF依然凭借着ESG投资取得了超过符合基准0.32%的超额收益。随着ESG投资市场发展和ESG投资业绩表现趋好，ESG相关基金在决定是否持有某公司股票时，往往会考虑该公司的ESG表现。招商证券的一份研究报告对2017—2020年之间日本ESG代表基金持仓的21只股票比例及对应公司的ESG评级结果进行分析，发现近三分之二的数据呈现基金持仓股票比例与对应公司ESG评级分数正相关，另有三分之一的数据呈现相反结果[②]。这在一定程度上说明企业的ESG表现会直接影响相关基金对其持有的情况，也能够体现出日本ESG投资持续发展的趋势。

②日本ESG典型基金实例分析。

大和资产管理公司认为企业采取ESG措施有助于扩大中长期增长潜力并降低风险，因此，在做投资决策时需充分考虑这些因素。大和资管基于自己的ESG评价方法计算企业的ESG分数，作为选择股票和确定投资组合、识别风险的参考。大和资管旗下有三个ESG指数ETF，基准指数分别为MSCI日本ESG精选领袖指数、FTSE Blossom日本指数、MSCI日本赋权女性指数。三只ETF均成立于2017年9月，截至2022年2月28日，基金净资产总额分别为210亿日元、43亿日元、13亿日元。其主动管理的ESG基金有清洁科技股票基金、清洁科技股票和绿色债券基金、碳中和科技股票基金、女性支持基金等。其中，Daiwa碳中和科技股票基金成立于2021年7月，投资于全球与脱碳技术相关的科技公司以及为"碳中和"提供解决方案的企业。截至2022年2月28日，基金净资产

① Japanese Government Pension Investment Fund(GPIF), Annual Report Fiscal Year 2020[R/OL]. https://gpif.go.jp/en/performance/annual_report_fiscal_year_2020.pdf.

② 招商证券．海外建筑公司CSR报告现状及PRI机构持仓相关性研究[R], 2021.

总额为 704 亿日元[①]。和 MSCI ACWI 指数相比，该基金在股市上涨时涨幅更大、股市下跌时跌幅更深。Daiwa 女性支持基金（Daiwa Women Supporter Fund）成立于 2015 年 3 月，主要投资于日本交易所上市股票中积极支持女性活动与发展的公司。截至 2022 年 2 月 28 日，该基金的净资产总额为 156 亿日元，97.1% 的资产投资于日本国内股票，另有 2.9% 的非股票资产；自成立以来，基金累计增幅为 93.3%，同时期日经 225 指数增长 41.7%。该基金通过筛选对女性友好的日本本土企业，获得了显著的超额收益。

2. 日本 ESG 披露

日本经济产业省（Ministry of Economy, Trade and Industry, METI）于 2019 年开展的一项调查结果表明，日本 95% 的资产管理机构在投资决策中纳入 ESG 因素的第一大障碍是企业对 ESG 信息披露的不足。同时，全球契约日本网络（the Global Compact Network Japan, GCNJ）和全球环境战略研究所（the Institute for Global Environmental Strategies, IGES）联合发布的调查报告显示，在参与调查的 53 家年销售额不到 1000 亿日元的企业中，只有 37% 的企业已经开展了 ESG 信息披露，在 122 家年销售额超过 1000 亿日元的企业中，开展 ESG 信息披露的企业占 83%，但其中积极参与或按照某一标准框架进行信息披露的仅占 44%，另外 39% 的企业虽然也进行了 ESG 信息披露，但是所披露的信息完整性和信息质量无法得到保证[②]。针对这一问题，日本有关部门已经开始考虑在未来《日本尽职管理守则》和《日本公司治理守则》的修订中增加针对日本上市公司可持续相关信息披露的具体条款。目前，日本企业较多采用且日本政府比较重视的是 TCFD 的披露框架。未来，国际财务报告准则基金会（IFRS）的可持续报告框架也将成为日本应用广泛的 ESG 信息披露框架。另外，日本金融服务局和相关监管机构也在持续加大对投资环保领域金融产品的审查，重点关注其中是否有"漂绿"产品或夸大的绿色认证，未来将建立一个框架来验证与 ESG 问题相关的产品的合格性，用合理的信息披露框架和评价体系来验证 ESG 产品性质和合格性等，为日本 ESG 信息披露提供可验证的框架体系。

3. 日本 ESG 评价

在日本应用较为广泛的 ESG 评价体系主要是 MSCI 指数和 Sustainalytics 评分。同时，各大资产管理机构也在近年开始建立和完善各自的 ESG 评价方法，以满足各自投资组合和投资决策的需求。日本大和资产管理、三井住友资产管理（Sumitomo Asset Management）以及野村资产管理（Nomura Asset Management）是最早一批签署 PRI 的日本资产管理和投资机构，分别利用各自的一套 ESG 评价方法计算企业的 ESG 得分，作为选择股票和确定投资组合的依据。（1）大和：基于自己的 ESG 评价方法计算企业的 ESG 分数，作为选股和识别风险的参考；将 ESG 信息有机融入其公司估值模型，ESG 因子最终反映在"权益成本"中，进而影响企业估

① 西部证券．宏观专题报告：海外 ESG 基金投资案例之日本篇 [R/OL]. https://max.book118.com/html/2022/0325/6102042153004125.shtm.

② Institute for Global Environmental Stratrgies. SDGs and Business in the ESG era: Actions by Companies and Organisations in Japan[R/OL]. https://www.iges.or.jp/en/publication_documents/pub/policyreport/en/10963/SDG4_E.pdf.

值。代表基金有清洁科技股票基金、碳中和科技股票基金、女性支持基金等。(2)三井住友:四方面提高ESG投资实践:评估ESG等非财务信息,行使股东权利,与企业对话ESG问题,鼓励企业加强信披。该方法在计算企业ESG分数时,综合考虑外部评级体系、三方评估和自身的分析师原创评价,对E、S和G中的详细项目进行打分。代表基金有创新碳中和战略基金、全球电动车相关股票基金、全球SDGs股票基金等。(3)野村:强调ESG整合策略的应用,企业价值本质是未来自由现金流量的贴现现值,ESG因素通过影响对未来现金流的预期来影响企业估值,并且将在未来兑现为企业利润等财务数据。代表基金有ACI先进医疗保健影响力基金、世界基因组技术基金、环境领袖战略基金等。野村资管旗下Next Funds的四只ESG ETF2021年至今也都表现不俗。

但由于现阶段日本ESG信息披露并未建立起相应的制度,企业参与度和重视程度相对较低,使得日本ESG评价面临信息不足、信息质量差等问题。日本ESG评价体系的建设,要从建立相应的ESG信息披露机制开始,在信息得到数量和质量的保障的前提下,逐步完善评价体系。

(四)日本ESG政策法规体系

1. 日本ESG政策法规

日本的ESG政策体系以《日本尽职管理守则》和《日本公司治理守则》为两大基石,在经过相关部门多次修订和相关政策文件补充支持后,成为现阶段日本ESG政策法规体系。在两大守则之前,日本通过制定绿色发展战略,关注气候变化,为随后的ESG发展打下了坚实基础。日本位于欧亚大陆中纬度东岸,是地处太平洋西部的岛国,气候受季风及洋流交汇影响大,气候变化脆弱性和敏感性高,加之气候灾害频发,使得日本政府一贯重视环境保护和气候变化,并制定了相关法规和政策以支持国家的绿色发展战略,这也成为日后日本ESG政策法规体系建设的丰厚底蕴。

随着2014年2月和2015年5月日本金融厅先后发布两大守则,日本ESG政策法规体系初步形成。两大守则分别围绕环境、社会、公司治理三项议题针对机构投资者和上市公司作出规定和约束。其中《日本尽职管理守则》对投资于日本上市公司的机构投资者提出应遵守的七大原则:(1)机构投资者应对其如何履行管理职责有明确政策,并公开披露;(2)就其履行管理职责时如何处理利益冲突设立明确政策并公开披露;(3)监督被投公司,使其能以公司的可持续发展为导向适当履行管理责任;(4)寻求与被投公司达成共识并通过建设性接触来解决问题;(5)对投票和投票活动的披露有明确政策;(6)定期向客户和受益人报告其如何履行其管理职责;(7)深入了解被投公司及其经营环境,并在履行管理职责时作出正确判断。该守则采用的并非强制性原则,而是要求机构投资者不遵守就进行相关解释。随后,日本金融厅对该守则先后于2017年5月和2020年3月进行了两次修订,扩大了守则指导方针的适用范围,不再局限于股票市场,进一步强调了ESG要素的重要性,细化了与ESG相关的条例规定,加重了对机构投资者和上市公司促进可持续增长的责任,明确要求机构投资者在制定投资策略时考量与中长期投资回报相关的可持续因素及ESG因素。

作为两大基石的另一守则,《日本公司治理

守则》则是日本金融厅联合东京证券交易所针对日本上市公司提出的公司治理方面的要求和限制。该守则要求日本上市公司将利益相关者作为公司决策的重要考虑因素，围绕环境、社会、公司治理3项议题积极与相关方开展合作，并将ESG议题的考量与实践纳入公司董事会职责，要求董事会将ESG议题与企业风险管控紧密结合，积极践行ESG理念。该守则于2018年6月和2021年6月被两次修订，守则的相关内容也已经被整合到东京证券交易所的上市规则中。对该守则的修订进一步强调董事会在企业实现可持续发展转型过程中的引领作用，除公司治理主题外，该守则还明确提及包括气候变化、人权、公平对待劳动力在内的ESG议题，并鼓励上市公司开展自愿性的ESG信息披露。

在两大守则之外，日本相关机构和部门还制定出台了一些政策以支持完善日本ESG政策体系。机构投资者在与日本公司就公司治理和ESG问题进行接触时面临许多障碍，为此，日本经济产业省于2016年8月成立了“长期投资研究组”，并于2017年5月发布了《协作价值创造指南》(*Guidance for Collaborative Value Creation*)，对机构投资者和上市公司满足和履行两大守则中提出的相关职责提供支持，要求投资者关注公司的非财务绩效表现，并对ESG因素进行风险评估。2020年5月，日本交易集团联合东京证券交易所发布了《ESG披露实用手册》(*Practical Handbook for ESG Disclosure*)，参照TCFD、SASB等ESG相关报告标准框架，结合日本实际情况，为日本企业开展ESG信息披露提供了步骤指引。该手册并未提供具体披露指标框架，且并未提出强制性披露要求。近两年，日本格外关注气候变化和环境议题。2020年12月，日本经济产业省发布了《绿色增长战略》政策，以2050年实现碳中和为目标提出了具体的发展目标和年限。2021年5月，日本国会参议院通过修订后的《全球变暖对策推进法》，正式以立法的形式明确了早先提出的到2050年实现碳中和的目标。

2. 日本ESG政策法规特点

日本ESG政策法规体系建设起步虽然相对较晚，但是自两大守则先后颁布以来，以环境、社会、公司治理为主要内涵的可持续发展理念得到了日本政府和投资市场的高度重视，政策法规体系发展后劲十足并在不断修订的过程中逐渐完善。通过对相关政策法规的梳理，我们可以看出日本的ESG政策法规体系具有以下主要特点。

（1）主干清晰。

日本ESG政策法规体系是以《日本尽职管理守则》和《日本公司治理守则》为核心构建的，主干非常清晰。从2014年和2015年先后第一次正式发布以来，两大守则均经历了两次修订，每一次修订都对守则核心内容进行有针对性的补充和扩展，以达到稳步深化ESG理念、推进ESG投资市场建设、促进相关主体参与的目的。同时，《协作价值创造指南》《ESG披露实用手册》等政策为两大守则的贯彻执行提供支持，形成主干清晰、立体多元的日本ESG政策法规体系。

（2）政府主导。

《日本尽职管理守则》由日本金融厅于2014年颁布，《日本公司治理守则》由日本金融厅和东京证券交易所于2015年联合发布。由此可以看出日本金融厅在日本ESG政策法规体系建设中占据主导地位。日本金融厅是由日本内阁府直属管辖的，是日本金融监管的最高行政部门。在日本政府的带动下，日本交易集团、东京证券交易所等机构也加入ESG政策法规体系建设的队伍中，最终形成了政府主导、市场机构联动、政策法规和市场实践双轮驱动的特点。

（3）自愿为主。

作为日本ESG政策法规体系的两大基石，《日本尽职管理守则》和《日本公司治理守则》均采用原则性倡议，并非强制性规范，并向机构投资者和上市公司提出"不遵守就解释"的要求。投资者和企业可以在理解并认同相关原则的基础上开展相关活动，即便不遵守相关原则也不会受到处罚。此外，《协作价值创造指南》和《ESG披露实用手册》也要求供投资者和企业自愿参照。

五、中国ESG发展展望

（一）中国ESG发展现状

1. ESG投资

自2012年云月投资管理成为中国首家签署UN PRI的投资机构以来，国内有越来越多的投资机构开始关注ESG投资，加入UN PRI的投资机构数量在近五年展现出较快增长（签署UN PRI的中国投资机构数量变化趋势见图5）。根据UN PRI最新季度报告，截至2022年3月31日，签署UN PRI的中国成员已达96家①。此外，自负责人银行原则（Principles for Responsible Banking，PRB）2019年正式发布以来，截至2021年底，我国已有21家机构签署该原则，包括16家银行、3家保险机构和2家投资机构②。

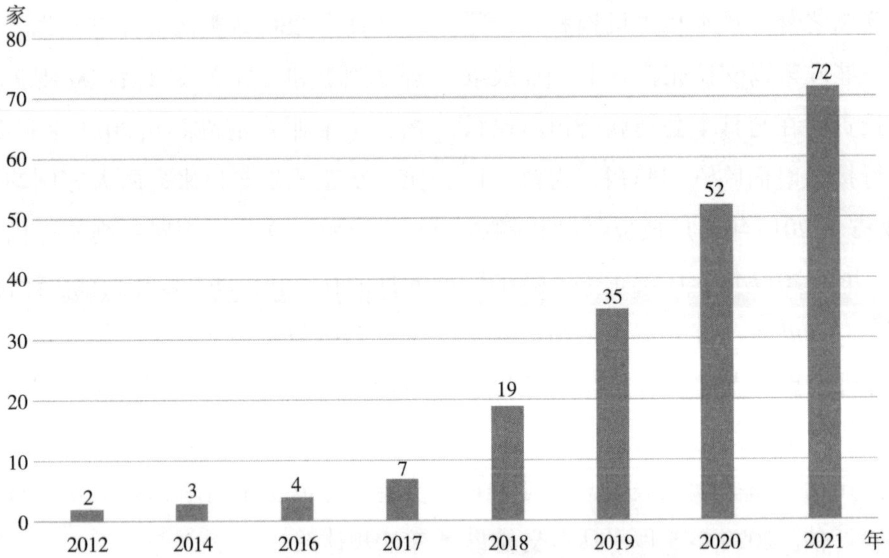

图5 签署UN PRI的中国投资机构数量变化趋势

在ESG投资市场规模方面，截至2021年底，我国泛ESG公募证券基金规模达5492.42亿元人民币，绿色债券发行总量为16500亿元人民币，社会债券发行总量为9766.68亿元人民币，可持续理财产品规模约为1368亿元人民币，ESG私募股权基金规模约为2000亿元人民币，绿色产业基

① Principles for Responsible Investment. Quarterly signatory update Jan to March 2022[R/OL]. https://www.unpri.org/download?ac=16278.

② 王大地，孙忠娟，王凯，等. 中国ESG发展报告2021[M]. 北京：经济管理出版社，2022.

金规模约为 1176.61 亿元人民币①。中国 ESG 研究院发布的《中国 ESG 发展报告 2021》数据显示，我国 ESG 基金数量近年来快速增长，其中"纯 ESG"基金数量已由 2017 年的 2 只增长到 2021 年 9 月的 24 只（如图 6 所示），"泛 ESG"基金数量已由 2015 年的 67 只增长到 2021 年 9 月的 251 只（如图 7 所示），同时，国内"纯 ESG"指数数量也稳步上升，已由 2017 年的 67 只增长到 2021 年 9 月的 102 只（如图 8 所示）②。虽然近年来我国 ESG 投资市场规模取得了快速的增长，但相较于英国、美国、日本等发达国家的 ESG 投资市场，我国 ESG 投资水平还处于起步阶段。

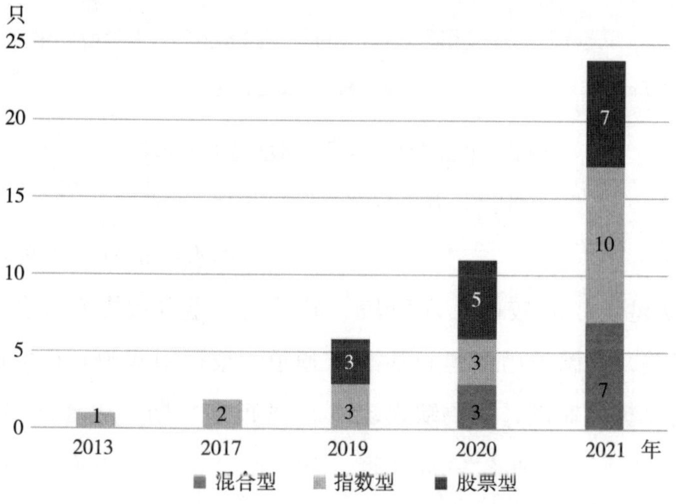

图 6　中国"纯 ESG"基金数量增长趋势

（资料来源：首都经济贸易大学中国 ESG 研究院）

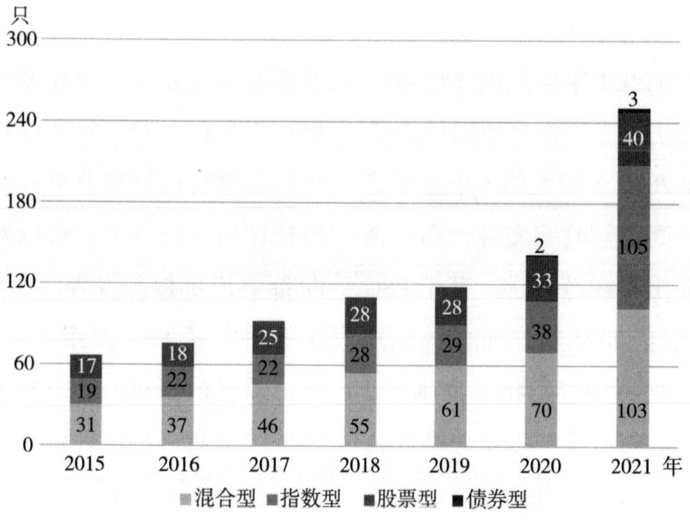

图 7　中国"泛 ESG"基金数量增长趋势

（资料来源：首都经济贸易大学中国 ESG 研究院）

① 中国责任投资论坛 . 中国责任投资年度报告 2021[R], 2021

② 王大地，孙忠娟，王凯，等 . 中国 ESG 发展报告 2021[M]. 北京：经济管理出版社，2022.

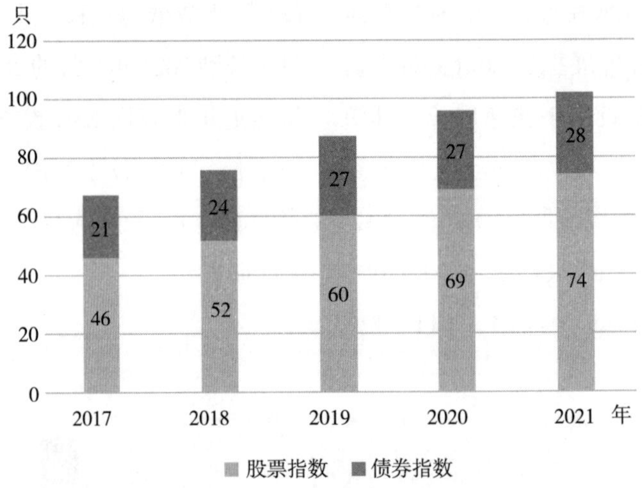

图 8 中国“纯 ESG”指数数量增长趋势

（资料来源：首都经济贸易大学中国 ESG 研究院）

2. ESG 披露

中国的ESG发展起步相对较晚，现阶段ESG披露体系尚不完整，我国虽已搭建起基本的企业环境与社会信息披露制度，但仍缺乏统一的ESG披露要求。目前，《企业社会责任报告》和《环境、社会与管治报告》是中国企业披露ESG信息的主要载体。近年来，我国对于企业环境信息披露的政策陆续出台，包括中国人民银行2021年发布的《金融机构环境信息披露指南》、生态环境部2021年印发的《环境信息依法披露制度改革方案》《企业环境信息依法披露管理办法》和2022年印发的《企业环境信息依法披露格式准则》等政策文件，都对企业的环境信息披露提出了规范要求。基于ESG综合考量，中国证监会2021年发布的《公开发行证券的公司信息披露内容与格式准则第2号——年度报告的内容与格式》以及香港联合交易所2020年发布的《环境、社会及管治报告指引》对企业开展ESG披露提供了部分参考。

我国有一部分上市公司已经将ESG信息披露作为企业与投资者等利益相关方沟通的常规通道。根据中国ESG研究院和中国责任投资论坛发布的数据，截至2021年10月，共有1139家A股上市公司发布了1150份2020年度企业社会责任报告，发布报告的公司数量仅占全部上市公司的24.9%[①]，但是以ESG为主题发布的报告数量却很少，2017年仅为18家，2020年增长至66家，尚不足所有报告数量的1/10[②]。虽然发布企业社会责任报告的A股上市公司数量每年都在上升，但进行ESG披露的上市公司比例却没有得到显著提升。按照A股上市公司股权性质进行分类，可以发现近一半国有企业发布了ESG相关报告，而仅有不足1/5的民营企业进行了ESG披露（如表4所示）。可以看出，国有企业和民营企业进行ESG披露的积极性持续提高，相比外资企业和其他企业，履行ESG披露政策法规的意愿更强。

① 中国责任投资论坛．中国责任投资年度报告 2021[R], 2021.

② 王大地，孙忠娟，王凯，等．中国 ESG 发展报告 2021[M]. 北京：经济管理出版社，2022.

表 4 不同股权性质 A 股上市公司发布 ESG 报告的占比

单位：%

股权性质	2018 年	2019 年	2020 年
国有企业	46.68	47.18	48.67
民营企业	16.39	17.31	18.07
其他企业	36.93	35.51	33.26

资料来源：中国 ESG 研究院。

在采用的 ESG 披露标准方面，上交所、深交所的企业社会责任报告指引和 GRI 标准是我国 A 股上市公司参照最多的 ESG 披露标准。在国际呈现 ESG 披露标准整合趋势的情况下，我国目前尚无规范统一的 ESG 披露标准体系。针对这一问题，中国企业改革与发展研究会联合首都经济贸易大学中国 ESG 研究院牵头起草并于 2022 年 4 月发布了全国首份企业 ESG 披露团体标准《ESG 企业披露指南》（T/CERDS 2—2022），为我国 ESG 披露的标准化建设打下了坚实的基础。

3. ESG 评价

我国 ESG 评价体系面临着和 ESG 披露类似的问题，即缺乏相关制度规范，同时没有统一的评价指标体系。随着国内出现的 ESG 发展潮流，我国的投资机构、研究机构、高校智库已经陆续构建了一批各具特色的 ESG 评价体系，包括商道融绿 ESG 评价体系、社会价值投资联盟 ESG 评价体系、嘉实基金 ESG 评价体系、首都经济贸易大学中国 ESG 研究院 ESG 评价体系、中央财经大学绿色金融国际研究院 ESG 评价体系、华证 ESG 评价体系、润灵 ESG 评价体系、中国证券投资基金业协会 ESG 评价体系等。现有研究表明，不同评价体系针对同一 ESG 议题采用不同指标加以衡量、不同评价体系对 ESG 议题的覆盖范围不同、不同评价体系赋予同一指标的权重不同，导致不同评价体系给出的 ESG 评价结果一致性较低。

不同于 ESG 披露，截至目前，全球范围内尚无评价体系整合趋势，这也意味着以上问题还将持续存在，成为 ESG 评价结果有效性和一致性的重大挑战。同时，这也将成为接下来国内专家、学者重点研究的领域。

4. 政策法规

我国在 ESG 政策法规建设方面采取“软硬兼施”的策略。一方面，通过软性（自愿性）政策法规引导企业开展 ESG 实践，以此获取企业的社会合法性；另一方面，通过硬性（强制性）政策法规加强企业行为规范，提高企业信息披露的质量和公司治理的水平。虽然我国 ESG 发展起步相对较晚，但我国早先的与环境相关的政策法规为随后的 ESG 发展提供了有力保障。自 2003 年以来，我国与 ESG 相关的主要政策法规梳理如表 5 所示。

表 5 中国主要 ESG 政策法规

发布机构	时间	文件名称
国家环保总局	2003 年	《关于企业环境信息公开的公告》
国家环保总局	2005 年	《关于加快推进企业环境行为评价工作的意见》
国务院	2005 年	《关于落实科学发展观加强环境保护的决定》
深圳证券交易所	2006 年	《深圳证券交易所上市公司社会责任指引》
国家环保总局	2007 年	《环境信息公开办法（试行）》

续表

发布机构	时间	文件名称
国家环保总局等	2007 年	《关于落实环境保护政策法规防范信贷风险的意见》
中国证监会	2007 年	《上市公司信息披露管理办法》
国家环保总局	2008 年	《关于加强上市公司环境保护监督管理工作的指导意见》
上海证券交易所	2008 年	《关于加强上市公司社会责任承担工作暨发布〈上海证券交易所上市公司环境信息披露指引〉的通知》
上海证券交易所	2008 年	《上海证券交易所上市公司环境信息披露指引》
深圳证券交易所	2010 年	《深圳证券交易所主板上市公司规范运作指引》 《深圳证券交易所中小企业板上市公司规范运作指引》 《关于做好上市公司 2010 年年度报告披露工作的通知》
国务院	2011 年	《"十二五"节能减排综合性工作方案》
国务院	2011 年	《国家环境保护"十二五"规划》
香港联交所	2012 年	《环境、社会及管治报告指引》
国务院	2013 年	《关于加快发展节能环保产业的意见》
全国人民代表大会常务委员会	2013 年	《中华人民共和国公司法》（修订）
中国银监会	2014 年	《绿色信贷实施情况关键评价指标》
环境保护部	2014 年	《企业事业单位环境信息公开办法》
环境保护部等	2015 年	《关于加强企业环境信用体系建设的指导意见》
中共中央、国务院	2015 年	《生态文明体制改革总体方案》
全国人民代表大会常务委员会	2015 年	《中华人民共和国环境保护法》
深圳证券交易所	2015 年	《深圳证券交易所中小板上市公司规范运作指引》
香港联交所	2015 年	《环境、社会及管治报告指引》（修订）
中国人民银行等七部门	2016 年	《关于构建绿色金融体系的指导意见》
环境保护部	2017 年	《重点排污单位名录管理规定（试行）》
中国证监会	2017 年	《公开发行证券的公司信息披露内容与格式准则第 2 号——年度报告的内容与格式（2017 年修订）》 《公开发行证券的公司信息披露内容与格式准则第 3 号——半年度报告的内容与格式（2017 年修订）》
中国金融学会绿金委等	2017 年	《中国对外投资环境风险管理倡议》
全国人民代表大会常务委员会	2018 年	《中华人民共和国公司法》（修订）
中国保险资产管理业协会	2018 年	《中国保险资产管理业绿色投资倡议书》
中国证监会	2018 年	《上市公司治理准则》（修订版）
中国基金业协会	2018 年	《绿色投资指引（试行）》
中国人民银行	2018 年	《关于开展银行业存款类金融机构绿色信贷业绩评价的通知》
上海证券交易所	2019 年	《上海证券交易所科创板股票上市规则（2019 年 4 月修订）》
国家发展改革委等	2019 年	《绿色产业指导目录（2019 年版）》

续表

发布机构	时间	文件名称
香港交易所	2019 年	《主板上市规则》（附录二十七《ESG 报告指引》） 《创业板上市规则》（附录二十《ESG 报告指引》）
中共中央办公厅、国务院办公厅	2020 年	《关于构建现代环境治理体系的指导意见》
国务院	2020 年	《关于进一步提高上市公司质量的意见》
深圳证券交易所	2020 年	《深圳证券交易所上市公司规范运作指引（2020 年修订）》 《深圳证券交易所上市公司信息披露工作考核办法（2020 年修订）》
中国银保监会	2020 年	《关于推动银行业和保险业高质量发展的指导意见》
生态环境部	2020 年	《碳排放权交易管理办法（试行）》
生态环境部	2021 年	《环境信息依法披露制度改革方案》
生态环境部	2021 年	《关于开展重点行业建设项目碳排放环境影响评价试点的通知》
深圳市人大常委会	2021 年	《深圳经济特区绿色金融条例》
中国人民银行	2021 年	《银行业金融机构绿色金融评价方案》
中国人民银行等	2021 年	《绿色债券支持项目目录（2021 年版）》
中国证监会	2021 年	《上市公司投资者关系管理指引（征求意见稿）》 《公开发行证券的公司信息披露内容与格式准则第 2 号——年度报告的内容与格式（2021 年修订）》 《公开发行证券的公司信息披露内容与格式准则第 3 号——半年度报告的内容与格式（2021 年修订）》
国务院	2021 年	《关于加快建立健全绿色低碳循环发展经济体系的指导意见》
国务院新闻办公室	2021 年	《中国应对气候变化的政策与行动》

通过对相关政策法规的梳理，我们可以看出中国 ESG 政策法规体系具有以下特点：

第一，在推进 ESG 三大议题进展的同时，侧重对生态环境的保护。近年来我国最新颁布的政策法规重点关注生态环境内容，不仅为建设绿色低碳循环经济的发展体系提供指引，还为实现碳达峰和碳中和目标提供法律保障。

第二，强调 ESG 披露，以自愿性披露为主。目前我国仅针对重点排污企业、实施强制性清洁生产审核的企业、因生态环境违法行为被追究刑事责任或者受到重大行政处罚的上市公司、发债企业等主体提出强制性 ESG 披露要求，对其余主体均采用自愿性披露原则。

第三，尚未形成明确的统一的披露框架和披露标准。现存信息披露的政策法规重点强调企业环境方面的信息披露，并没有系统的披露框架和准则，且存在披露标准不统一、披露定量数据少等问题，尚不能满足实际需要。

5. 粤港澳大湾区 ESG 发展概况

自 2017 年 7 月 1 日《深化粤港澳合作　推进大湾区建设框架协议》签署以来，粤港澳大湾区建设与粤港澳合作成为我国重要的发展方针，粤港澳大湾区也在一系列政策法规的引导下，开启了大湾区 ESG 发展之旅（主要政策法规见表 6）。2018 年 12 月，广东金融学会与澳门银行公会签署了《关于共同促进“一带一路”与粤港澳大湾区建设的合作备忘录》，正式开启了粤澳金融合作的篇章。自 2019 年 2 月 18 日中共中央、国务院印发《粤港澳大湾区发展规划纲要》以来，粤港澳大湾区加快了金融交流与合作模式的探索。2020年5月，中国人民银行等四部门联合印发《关于金融支持粤港澳大湾区建设的意见》并积极鼓励更多粤港澳大湾区企业利用港澳平台，为绿色项目进行融资及认证。2021年12月，中国人民银行广州分行成功推动大湾区风电企业在澳门发行2亿美元3年期绿色债券，这是澳门债券市场首笔非金融企业绿色债券，也是境内非金融企业在澳门发行的首笔绿色债券。2022年1月，在中国人民银行广州分行指导下，广东金融学会联合澳门银行公会，共同制定并发布《内地非金融企业赴澳门发行绿色债券流程参考》，成为粤澳两地进一步深化金融交流合作的务实举措，也为粤港澳大湾区ESG投资市场的发展打下了基础。

表6　粤港澳大湾区ESG发展相关主要政策法规

发布机构	时间	文件名称
国家发展改革委、广东省人民政府、香港特别行政区政府、澳门特别行政区政府	2017年	《深化粤港澳合作　推进大湾区建设框架协议》
国务院办公厅	2017年	《国务院办公厅关于进一步激发民间有效投资活力促进经济持续健康发展的指导意见》
广东省人民政府	2018年	《广东省人民政府办公厅关于印发推动广东工业投资可持续发展行动计划（2018—2020年）的通知》
香港证监会	2018年	《绿色金融策略框架》
广东金融学会、澳门银行公会	2018年	《关于共同促进“一带一路”与粤港澳大湾区建设的合作备忘录》
深圳市政府	2019年	《深圳市促进创业投资行业发展的若干措施》
中共中央、国务院	2019年	《粤港澳大湾区发展规划纲要》
深圳证券交易所	2019年	《非上市公众公司信息披露管理办法》
香港交易所	2019年	《环境、社会及管治报告指引》（修订）
中国人民银行等四部门	2020年	《关于金融支持粤港澳大湾区建设的意见》
深圳证券交易所	2020年	《上市公司信息披露工作考核办法》
深圳证券交易所	2021年	《上市公司信息披露管理办法》
深圳证券交易所	2022年	《深圳证券交易所上市公司信息披露考核办法（2020年修订）》
广东金融学会、澳门银行公会	2022年	《内地非金融企业赴澳门发行绿色债券流程参考》
香港交易所	2022年	《企业管治守则》（修订）

（1）香港ESG投资规模。

香港作为国际金融、航运、贸易中心和国际航空枢纽，以其高度国际化、法治化的营商环境以及遍布全球的商业网络引领大湾区发展。近年来，随着投资者对环境、社会和公司治理的关注增加，作为粤港澳大湾区ESG领跑者的香港ESG投资市场得到了快速发展，香港ESG基金总资产规模也稳步增长。据晨星统计数据，截至2021年底，香港销售的77只ESG零售基金的总资产规模突破了1万亿港元，达到1283.69亿美元，相比2020年香港ESG基金总资产规模的861亿美元，增长了49%；截至2020年底的5年时间中，香港ESG基金的年化回报率为14.1%。渣打银行在2021年开展的一项关于可持续投资的调查结果显示，73% 的香港投资者表示对 ESG 投资有兴趣，并由超过半数（51%）的投资者曾经投资过 ESG 投资产品。这和 ESG 基金的优异表现密不可分，在关注环境、社会、公司治理等非财务指标、助力可持续发展的同时，还能获取高于其他股票基金的投资收益，就此形成良性循环，吸引越来越多的投资者参与到 ESG 投资实践中。

根据香港证监会的数据，目前香港市场上已经有超过 100 只以气候变化、环保、ESG 或可持续发展为投资重点的基金获得认可，其中包括 4 只 ETF 产品。根据港交所数据，2021 年，相关产品的市值增长 84%，达到 45 亿港元，平均每日成交金额则按年增长逾两倍，达到 4090 万港元。此外，申请认可成为 ESG 基金的数目已上升超过一倍，总资产规模已达 1300 亿美元。香港的债券市场也在进一步“绿”化。香港交易所披露的数据显示，2021 年于香港交易所上市的绿色、社会责任及可持续发展债券（GSS 债券）增加至 95 只，集资额逾 2800 亿港元。2020 年此数目仅为 18 只，集资额为 670 亿港元。

（2）香港 ESG 披露与评价。

在 ESG 披露方面，《2021—2022 香港资本市场 ESG 白皮书》数据显示，自 2012 年港交所首次发布《环境、社会、管治报告指引》（以下简称《ESG 指引》）以来，港股于 2013 年开始对 2012 年财务年度信息进行披露（香港上市公司 ESG 披露情况见图 9）。首次进行披露的 15 家上市公司中，有 7 家发布了独立的 ESG 报告。在 2017 年对《ESG 指引》修订后，环境维度下 13 个指标被要求强制披露或“不遵守就解释”，有超过半数的香港上市公司开始在年报中或单独进行 ESG 披露。2016 财务年度的披露数量较前一年度增长了 10 倍。随后这一数字持续上升，截至 2021 年 12 月 31 日，发布 2020 年度财务年度报告的港股有 2457 家，其中进行 ESG 披露的上市公司共 2274 家，占发布财务报告公司数量的 92.6%。与此同时，独立发布 ESG 报告的上市公司数量也稳步增长，独立发布 2020 年度 ESG 报告的公司数量已经达到 1187 家，占所有披露 ESG 信息公司的 52.2%。

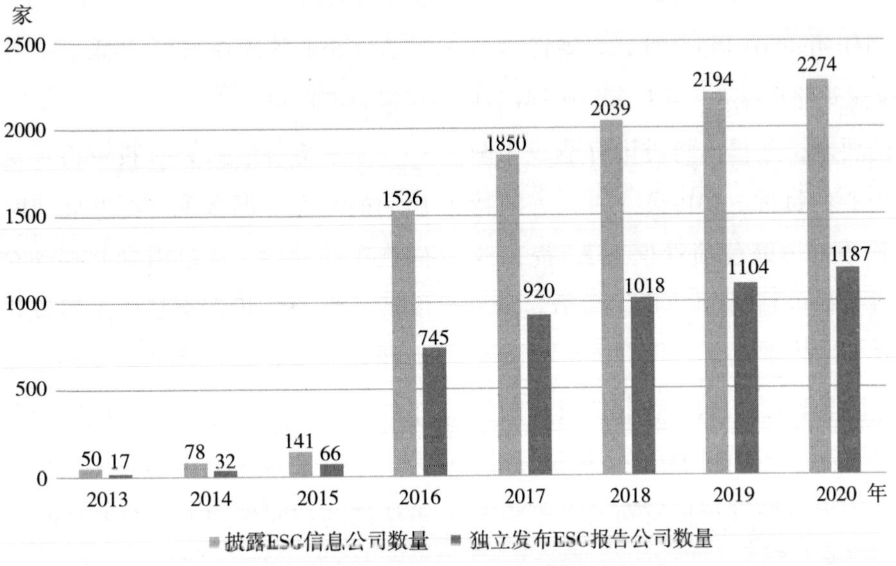

图 9　香港上市公司 ESG 披露情况

（资料来源：智通财经、秩鼎）

随着披露要求的愈发严格、披露制度的日趋完善，香港上市公司开始日益关注ESG理念并越来越重视ESG实践，这也成为香港上市公司在国际ESG评价的得分和评级总体持续稳步提升的重要原因之一。此外，普华永道的一项针对香港上市公司可持续发展趋势的调研结果显示，参与调研的205家香港上市公司中，有73%的公司已经制定了ESG战略或将ESG纳入其核心业务战略中，有72%的公司董事会已经专门设立了ESG委员会或工作小组[①]。将ESG因素纳入公司核心发展战略，说明董事会或公司高层对于ESG充分重视，这为香港上市公司赢得了相对较高的ESG评价，也为我国企业ESG实践的推广和深化发展提供了重要参考。

（3）香港ESG政策法规。

香港ESG投资的蓬勃发展离不开相关政策法规的引导和支持。这些政策法规主要可以分为两大类：一类是促进企业及利益相关者开展ESG实践的发展战略和规划；另一类是指导和约束企业ESG披露的法规和指引。在战略与规划方面，2016年3月，香港证监会发布《负责任的拥有权原则》，强调了投资者对企业ESG实践的重要推动作用。2018年9月，香港证监会发布《绿色金融策略框架》，对上市公司提出环境信息披露的要求，并提出将香港打造成为国际绿色金融中心的目标。2019年3月，香港特别行政区政府发布《绿色债券框架》，提出改善环境和促进低碳经济转型的具体举措。2020年5月，香港金融管理局发布《绿色可持续银行业务共同评估框架》，为银行业相关机构的气候和环境相关风险的应对能力提供了衡量标准。2021年5月，香港金融管理局发布《绿色和可持续金融资助计划》，进一步为支持香港低碳转型的项目筹措资金。2021年10月，香港特别行政区政府发布《香港气候行动蓝图2050》，提出包括净零发电、节能绿建、绿色运输、全民减废在内的香港应对气候变化和实现碳中和的策略及目标。

在ESG披露要求方面，2012年8月，港交所发布《环境、社会及管治报告指引》（以下简称《ESG指引》），要求香港上市公司在年度报告或独立报告中披露ESG关键指标。2015年12月，港交所首次修订《ESG指引》，将对环境关键绩效指标的披露要求调整为半强制披露，即“不遵守就解释”。2018年11月，港交所发布《如何编备环境、社会及管治报告——环境、社会及管治汇报指南》，为上市公司编制ESG报告提供指导，并建议上市公司成立ESG工作组。2019年12月，港交所再次修订《ESG指引》，增加了ESG关键绩效指标的内容、提升信息披露的时效性，同时提出指标量化考虑的要求。2020年3月，港交所针对《环境、社会及管治汇报指南》进行修订，进一步指导股票发行人进行ESG报告的编制。2021年12月，港交所修订《企业管治守则》，要求ESG报告须与公司年报同步发布。

如果将香港的ESG投资市场比作一辆刚刚启动的汽车，那么第一类发展战略和规划就如同汽车的油门，通过引导并推动企业开展ESG实践，为ESG投资市场的发展提供动力；第二类针对企业ESG披露的约束和指引，则如同汽车的方向盘，通过规范和指导企业信息披露行为，把握ESG投资市场发展方向。在这两类政策法规的共同作用下，香港ESG投资市场在通

① 普华永道．香港上市公司可持续发展趋势调研报告[R/OL]. https://www.pwccn.com/zh/issues-based/esg/research-report-sustainable-development-trend-hk-listed-companies-jun2022-new.pdf.

往可持续发展和低碳绿色经济的大路上，正平稳、快速前行。

（4）粤澳 ESG 发展现状。

2020 年，广东省绿色信贷余额占全国的比重为 3.25%，位列全国各省市第四，且信贷余额以 21.93% 的速度持续增长①。据广东《新快报》的报道，广东省 2021 年绿色信贷余额突破万亿元大关，主要银行机构绿色信贷余额为 1.03 万亿元，同比增长 40.92%②。在绿色债券方面，2018—2020 年，广东省累计发行 170 只绿色债券，仅 2020 年累计发行额就达 1799.40 亿元，占全国总发行额的 15.5%，位列全国之首③。虽然关于广东省 ESG 投资规模的准确数据缺乏，但是通过其绿色金融市场发展情况可以看出，广东省一直以来非常重视可持续发展，积极倡导企业开展 ESG 实践。2022 年 7 月，广东省人民政府办公厅印发《广东省发展绿色金融支持碳达峰行动的实施方案》，传达了广东坚持贯彻可持续发展、促进经济低碳绿色转型的核心理念。方案提出统筹全省绿色金融发展与绿色金融安全，探索绿色低碳投融资新模式、新路径，为广东绿色发展和经济转型提供坚实的金融支撑。方案还提出计划 2025 年全省绿色债券发行规模较 2020 年翻两番，2030 年绿色信贷占全部贷款余额比重达 10%，通过构建与碳达峰相适应的绿色金融服务体系助力我国“双碳”目标的实现。在粤港澳大湾区中，澳门的 ESG 发展起步较晚，发展水平也相对滞后。但在香港和广东的影响和引领带动下，近年来澳门对可持续发展和绿色金融愈发重视。广东金融学会联合澳门银行公会于 2022 年 1 月共同制定并发布《内地非金融企业赴澳门发行绿色债券流程参考》，为澳门绿色金融发展带来新的契机，也为粤港澳大湾区绿色金融合作和 ESG 投资市场的发展奠定了基础。

（5）粤港澳大湾区 ESG 相关合作。

在绿色金融之外，香港与广东还在积极探索通过碳排放权交易促进双方可持续投资领域的合作，并通过碳排放权交易市场带动粤港澳大湾区 ESG 投资市场发展。2022 年 3 月 24 日，港交所宣布已与广州碳排放权交易中心有限公司（以下简称广州碳交所）签署合作备忘录，探索碳金融领域的合作机遇，共同应对全球气候变化，推动可持续发展。根据合作备忘录，未来双方将共同探索区域碳市场的深化发展、创建适用于粤港澳大湾区的自愿减排机制，助力国家实现碳达峰、碳中和的目标。此外，双方还将充分发挥各自优势，就碳市场及碳金融开展交流，并积极研究国际碳市场的规则、标准和路径，以支援中国碳市场的国际化建设。广州期货交易所于 2021 年 4 月 19 日挂牌成立，是中国内地第五家期货交易所，定位于创新型、市场化、国际化的发展方向，立足于服务实体经济和绿色发展。

目前，粤港澳大湾区的碳排放权交易市场试点仅允许国际金融机构有限度参与，但由于准入门槛及交易成本较高，加上开设非居民银行账户和汇出交易利润的手续繁杂，国际机构的参与度有限。因此，香港能够借助国际经验和专业市场成为国际优质自愿碳市场，充分利用其作为国际标准的拥护者、引导全球资金进入内地的促进者，以及拥有稳定和成熟监管制

① 零壹财经 . 双碳目标下的绿色金融发展报告 (2021)[R]. 上海：零壹财经 · 零壹智库，2022.

② 新快报 . 广东绿色金融答卷：实现多个“全国首创”绿色信贷余额首破万亿大关 [EB/OL]. https://www.xkb.com.cn/article_689228.

③ 零壹财经 . 双碳目标下的绿色金融发展报告 (2021)[R]. 上海：零壹财经 · 零壹智库，2022.

度的国际金融中心的地位。香港市场可以通过与有关部门和利益相关者合作，参考内地相关政策，推动建设粤港澳大湾区统一碳市场，加强大湾区合作，同时探索联系国际投资者与粤港澳大湾区统一碳市场以及全国碳排放权交易市场的机会，并加强与广州期货交易所在碳市场发展方面的合作，使香港成为内地的离岸风险管理中心。此外，香港还可以肩负起更多角色，例如编制碳交易指数及开发以碳金融为主题的ETF产品。香港是区内领先的绿色及可持续发展金融市场，而香港交易所在推动共同实现净零排放的目标及提倡气候相关的金融披露标准中担当重要角色。作为促进中国与世界双向资本流动的门户，香港将助力全球资本持续提高参与中国内地的低碳经济转型和ESG投资市场发展。

（二）国际经验对我国ESG发展的启示

ESG是人类实现可持续发展的重要手段，通过促进企业价值理念转变，推动企业履行环境和社会责任，并对广大利益相关者负责，可以帮助企业更好地应对气候变化、社会公平、商业贿赂等问题。我国的ESG发展方兴未艾。通过对美国、英国、法国、日本等国的ESG发展历程、ESG投资、ESG披露、ESG评价、ESG政策法规的梳理和比较，可以总结出先进的发展经验和值得借鉴的经验教训，基于此，可以针对我国未来的ESG发展得出以下启示。

1. 借鉴国际经验，为我国ESG发展历程寻找最佳定位

根据国际经验，我国虽然已经通过提出综合考量ESG因素的政策法规而将ESG发展带入快速发展期，但我国广大民众仍处在ESG认知形成阶段。在大力推进ESG实践前首先建立大众对ESG的认知，并且在基础政策法规体系初步形成后，加快制度完善进程，有助于ESG生态系统和投资市场的健康发展。在大众ESG认知尚未形成时便开始大力推进ESG实践，容易导致事倍功半，甚至出现完全背离可持续发展理念的情况。比如法国在努力建设ESG投资市场的过程中，由于民众对ESG投资内涵不清晰，缺乏对ESG的认知，导致ESG投资市场的发展停滞。同时，缺乏ESG认知还会造成企业缺少开展ESG实践的内驱动力，疲于应付监管压力的情况。由此可见，通过借鉴国际经验，找准发展定位，可以帮助我国政策制定者在正确的时间作出正确的决策，有助于推动企业开展相关实践，实现ESG生态系统有序、健康发展。

2. 充分发挥后发优势，厚积而薄发

提及中国的ESG发展，人们总是会冠以“起步晚”的形容。起步晚是不争的事实，但不代表中国已经输在了起跑线上，反而可以帮助我国的ESG发展缩短赛道，少走弯路。同样发展起步较晚的印度、日本，有通过厚积薄发、后来居上的成功案例，也有值得我们倍加关注的经验教训。日本一直倡导可持续发展战略，为ESG发展不断积聚能量，待国民普遍建立起ESG认知后，ESG实践的快速推进就变得顺理成章了。然而印度由于急于推进ESG实践，致使投资者在进行ESG投资时只知其高收益，而不知何为ESG。我国一贯重视环境保护，并始终坚持以可持续发展为核心的科学发展观。在ESG发展进程中，我们要稳步培养公众对ESG的认知，待时机成熟后，厚积而薄发，切忌急于求成，导致背离ESG的核心理念。

3. 通过粤港澳大湾区将国际经验本土化

盲目模仿国外ESG发展轨迹容易导致照猫画虎、东施效颦的结果。各国所处发展阶段、政治体制、制度环境等因素的异质性，使得国

际经验本土化面临巨大挑战。中国幅员辽阔，在国内各地区间也存在各种差异。在将国际经验本土化的过程中，可以充分发挥后发优势和制度优势，以国际化水平较高的中国香港地区作为参照，在学习国际先进经验的同时，充分考虑我国国情和行业特性，对出现的问题及时进行纠正调整。以香港带动粤港澳大湾区，再将粤港澳大湾区的 ESG 发展经验投射至内地其他地区，顺利完成国际经验的本土化，形成具有中国特色的 ESG 发展经验，从而推动我国 ESG 生态系统和投资市场平稳有序健康发展。

4. 发展特色养老基金

养老基金的特性与 ESG 投资理念非常契合，使得养老基金成为全球 ESG 投资市场中重要的产品之一。中国正在进入履行社会责任与投资收益共赢的时代。在我国养老金融发展的背景下，可以通过借鉴日本 GPIF 的经验来打造具有中国特色的养老基金，重点关注投资框架和策略、评价体系和指标、外部委托管理机构等方面。目前我国社保基金有 6 成以上资产属于委托投资，我国养老基金可以通过 ESG 打分选择外部资产管理者，同时通过薪酬调整、ESG 管理服务费等机制激励外部资产管理者践行 ESG 投资，并通过建立长期 ESG 考核机制对其投资效果进行调控。

5. 加大投资策略转化

ESG 投资市场规模的增长主要来自将 ESG 因素纳入投资决策的全新投资和对已有投资策略进行调整的投资转化。通过英国的 ESG 投资市场数据可以发现，2019—2020 年，英国投资市场总规模仅增长了 0.7 万亿英镑，而 ESG 投资市场规模却增长了 1.37 万亿英镑，增长幅度达到 42%，其中很大一部分来自投资转化。投资策略转化，可以有效提升风险管理水平。据 GSIA 年度调查报告，投资策略转化已经成为 ESG 投资市场的一大趋势。我国可以借鉴国际经验，通过加大投资策略转化，推动 ESG 投资市场发展。

6. 建立统一 ESG 披露标准体系，完成由自愿披露向强制披露的转变

ESG 披露是 ESG 发展最重要的实践之一。国际上各国已经纷纷为企业提供了 ESG 披露所需的标准体系或框架，大力推动 ESG 披露制度的完善，国际标准组织也正在推动 ESG 披露标准的整合。统一且规范的 ESG 披露标准不仅有利于提高企业可持续发展的能力，而且能促进企业披露关键重要的 ESG 信息，积极与利益相关方沟通。我国目前没有统一、规范的 ESG 披露标准体系，同时也缺乏严格的约束机制，使得企业所披露的信息质量参差不齐，容易对投资者和政策制定者产生误导。我国应借鉴和参考国际标准组织和各国推行的企业 ESG 披露标准，结合我国国情和行业特性，建立适合中国企业的 ESG 披露标准体系，同时，通过制定 ESG 披露指引和相关政策法规，明确 ESG 披露监管部门，帮助我国 ESG 披露制度完成由自愿披露到半强制披露再到强制披露的渐进式转变。

7. 建立适用于我国的 ESG 评价指标体系

如果说 ESG 披露是 ESG 生态系统各主体间的纽带，那么 ESG 评价就是 ESG 投资市场的标尺。评价体系繁多、一致性较差是目前各国共同面临的 ESG 评价困境。结合国际经验，我国在构建 ESG 评价指标体系时需注意结合国家战略，如绿色低碳转型、共同富裕等，进行指标和因子设置，并根据行业特性进行权重分配，同时在公司治理方面，可以针对国有企业国有资产的保值和增值，以及党建能力等设置特色指标。

8. 发挥头部企业引领带动作用

在推进以ESG披露为代表的ESG实践过程中，企业将面对社会责任管理统筹、非会计科目相关数据统计、非财务绩效目标设定与追踪等课题，需要企业在实践初期安排额外的人力、物力和财力，增加企业运营成本。有些企业会将此视为纯粹的监管压力，缺乏主动参与和配合的动力。对此，头部企业可以作为第一批参与实践的排头兵，通过引领带动作用，逐步推广至中小企业。但在此过程中，头部企业是否能够真正起到积极的作用，需要格外引起关注。法国的ESG披露政策就首先应用在头部企业中。法国的头部企业带动并未取得十分理想的效果。我国政策制定者们可以关注印度的表现，并借鉴其效果，以更好地发挥我国头部企业的引领带动作用。

9. 利用政府引导、投资拉动、企业参与形成三方合力，促进ESG生态系统健康发展

综合来看，在全球其他先进国家和地区的ESG披露制度从建立、完善到落地运转的过程中，各国政府和监管机构往往最先开展行动，交易所等平台机构紧随其后，而专业服务机构则跟进提供相应支持，企业相继开展ESG披露行动，形成了多部门、多主体合作推进企业ESG披露的态势。因此，提高企业ESG披露质量需要结合市场和政府的双重力量，利用“政府引导+投资拉动+企业参与”，形成三方合力，避免单一政府主导模式。在具体实施过程中，由政府可出面主持企业ESG披露标准的建设工作，引导鼓励企业使用国家标准进行ESG披露；投资者将ESG因素纳入投资决策的考量之中；企业通过披露重要ESG信息，履行部分信息披露合规工作，加强投资者关系管理——通过多利益相关方的参与，提高企业使用国家ESG标准的主动性。此外，ESG披露应引入生态系统的视角，建立监督机构、行业协会、研究机构的合作沟通机制，积极完善ESG生态系统建设并促进其健康发展。

资产所有者 ESG 投资策略与趋势

刘均伟　祁　星

摘　要：ESG 投资，是投资者在世界百年变局中应对多元风险的大势所趋，也是投资者用资本促进全球可持续发展的共同选择。本文通过分析全球秩序重构背景下 ESG 投资的应对潜力及主权基金和养老金进行 ESG 投资的原因，提出中国主权基金和养老金参与 ESG 投资的建议。

关键词：ESG　主权基金　养老金　发展建议

一、资产所有者的 ESG 投资目标：通过 ESG 投资追求可持续发展

随着全球变暖、收入不平等、疫情肆虐等挑战日益严峻，越来越多投资者开始关注如何通过 ESG 投资促进可持续发展、管理可持续风险并把握新机遇。ESG 投资是强调投资者对可持续发展的责任的投资方法论，其具体含义包括环境（Environment）、社会（Social）和公司治理（Governance）三个维度。[①] 根据全球可持续投资联盟的报告，2020 年，美国、加拿大、日本、澳大利亚、欧洲五大投资市场的 ESG 投资规模达 35.3 万亿美元。[②] 联合国支持的负责任投资原则在全球推广 ESG 投资，截至 2022 年 6 月，其签署方已经达到了 5020 个，在管资产超 121.3 万亿美元。[③] 虽然 2022 年初以来地缘冲突、能源危机、全球通胀对 ESG 投资的规模增长带来了挑战，但中国在 2022 年上半年仍然见证了 ESG 主题投资产品的稳步增长。截至 2022 年 6 月 30 日，中国已有 11 只 ESG 主题私募基金、24 只 ESG 主题公募基金、8 个集合资管产品、2 个基金公司及子公司集合资管产品。[④]

在参与 ESG 投资的众多投资者中，主权基金和（公共）养老金这两大类巨量资产所有者，成了推动 ESG 投资发展的重要力量。例如，2013 年，南非就要求养老金管理人考虑与长期投资表现相关的 ESG 因子；2015 年，韩国要求国民年金公团考虑 ESG 因素并对此进行公开披露；[⑤]2016 年，中国《关于构建绿色金融体系的指导意见》也提出了“鼓励养老基金、保险资金等长期资金开展绿色投资”的建议。2020 年 3 月，全球最大的养老金 GPIF、英国第二大的英国高校退休基金（USS）、美国加州教师退休

① 中金公司研究部 . ESG 投资系列（1）：ESG 的兴起、现状与展望 [EB/OL].https://www.research.cicc.com/zh_CN/report?id=1074187&entrance_source=empty.

② GSIA. Global sustainable investment review 2020 [EB/OL].http://www.gsi-alliance.org/wp-content/uploads/2021/08/GSIR-20201.pdf.

③ UNPRI. Signatory Update [EB/OL].https://www.unpri.org/download?ac=17608.

④ 零壹财经 . 全球掀起 ESG 投资浪潮，中国正加速扩容 [EB/OL].https://www.01caijing.com/article/326340.htm.

⑤ 中国证券投资基金业协会 . 养老金开展 ESG 投资的国内实践及国际经验借鉴 [EB/OL].https://www.amac.org.cn/researchstatistics/publication/cbwxhsy/202104/P020210408393271659428.pdf.

基金（CalSTRS）共同发布《携手共建可持续的资本市场》声明，要求资产管理人在整个投资流程中整合 ESG 因子。① 中国社保基金理事会正在逐步应用 ESG 投资，于 2020 年 8 月发布了《全国社会保障基金理事会关于选聘境外投资管理人的公告》，首次设置全球责任投资股票积极型产品，并委托境外投资管理人开展相关的 ESG 试点。②

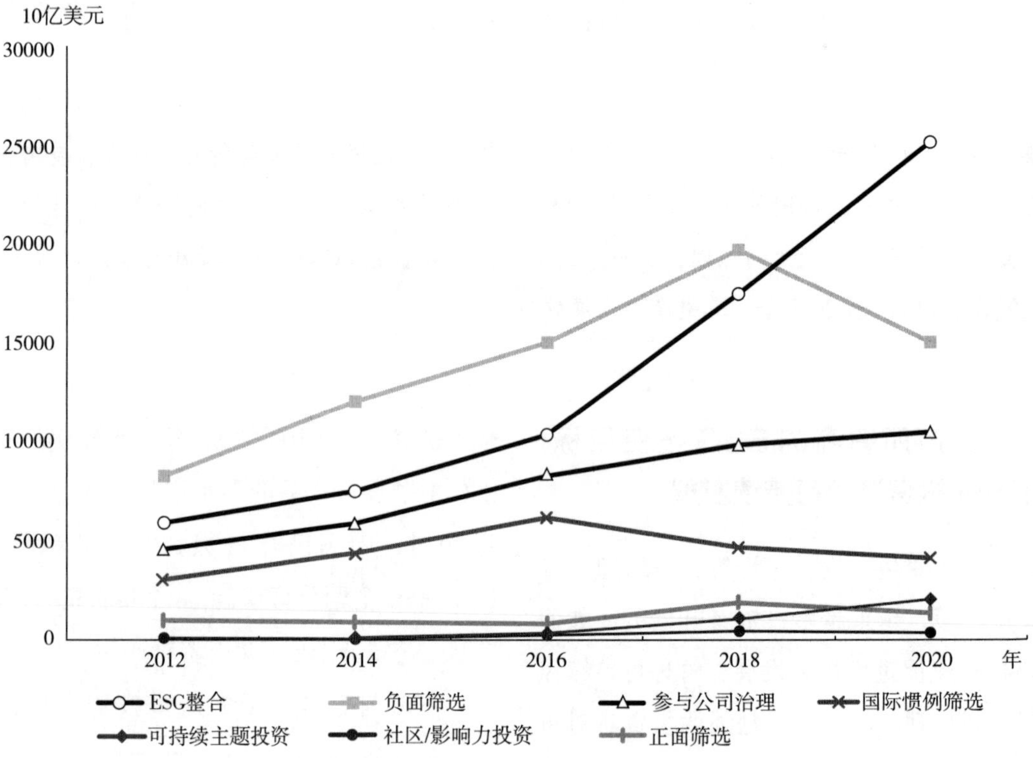

图 1　全球各 ESG 投资策略在管资产规模变化

（资料来源：GSIA，中金公司研究部）

总体而言，以主权基金和养老金为代表的资产所有者，已经释放了积极推动 ESG 投资的鲜明信号，并在其投资流程、委外管理、外部参与中践行 ESG 投资的要求。本文后续将分三个部分探讨这一趋势：第一，本文将分析促成主权基金和养老金践行 ESG 投资的时代背景；第二，探讨主权基金和养老基金的创立目的、市场导向和投资风格如何与 ESG 投资高度契合；第三，为中国的主权基金和养老金参与 ESG 投资提供建议。

二、百年变局：全球秩序重构与 ESG 投资的应对潜力

自党的十九大以来，习近平总书记多次强调："当今世界正经历百年未有之大变局。"③ 中国人民大学习近平新时代中国特色社会主义思想研究院研究员王文指出，这种变局包含了对人类影响深远的多个维度：国际协调机制的重

① 金融界 . 动荡中的反思：全球资产管理巨头重申 ESG 投资承诺 [EB/OL].http://m.jrj.com.cn/rss/sohu/2020/3/20/29069595.shtml.

② 中国证券报・中证网 . 社保基金会再启境外投资管理人选聘 [EB/OL].https://www.cs.com.cn/tzjj/jjdt/202009/t20200902_6091168.html.

③ 求是网 . 百年未有之大变局，总书记这些重要论述振聋发聩 [EB/OL].http://www.qstheory.cn/zhuanqu/2021-08/27/c_1127801606.htm.

构、大国博弈的均衡、经济风险的喷发、民粹思潮与民族主义的高涨、气候变暖的灾难性影响、科技创新对生产力和生产方式的变革等。[①]新冠肺炎疫情、俄乌地缘冲突、极端高温与干旱等一系列黑天鹅事件更对人类生存的现有秩序形成了颠覆性挑战。求变，已经成为共识；如何变，却尚处于早期的创新与激烈的争论中。

第一，ESG 投资是改变资本流向、应对现实挑战的一条实验性路径，其迭代的轨迹与人类所应对的挑战同频。ESG 投资的雏形起源最早可以追溯到 3500 年前的道德投资，即以道德、宗教守则、伦理等为指引，以避免消极影响为主的投资。[②]在第二次世界大战后，随着反种族歧视、反战等社会运动的爆发和《寂静的春天》引发的全球环保运动的兴起，意识到资本的破坏性影响并期望通过投资来改变的投资者越来越多。[③]这些投资者的偏好催生了一系列强调社会责任和环境影响的投资产品，如反越战的帕克斯世界基金[④]和多米尼 400 社会指数。[⑤]为了应对商业公司系统的风险和广泛的影响，ESG 的概念在 2004 年由联合国契约组织联合 20 家金融机构在发布的《关怀者胜》（*Who Cares Wins*）的倡议书中提出，并逐渐成为投资者应对挑战的一大策略。[⑥]

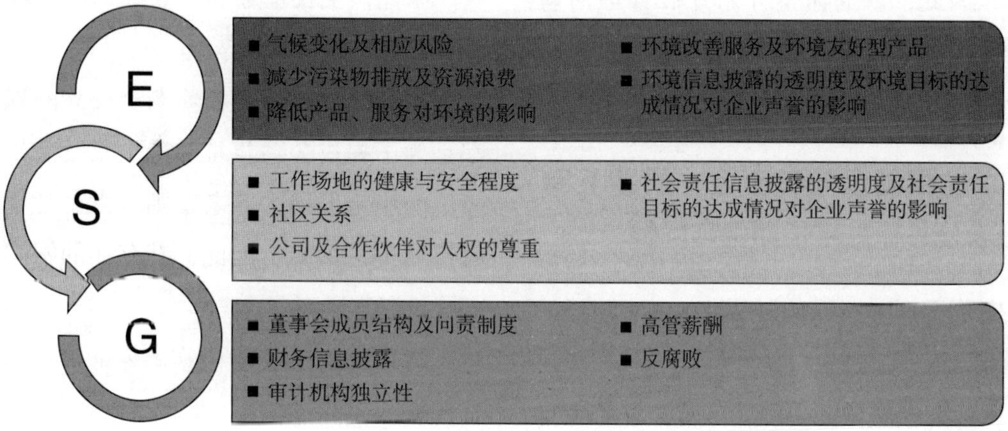

图 2 《关怀者胜》（*Who Cares Wins*）提出的 ESG 相关议题

（资料来源：UNGC，中金公司研究部）

第二，ESG 投资被视作应对变局的可能手段并被广泛应用，主要是因为其满足了投资者两方面的期待。一方面，ESG 考量公司作为主体对外部社会和环境造成的影响，并可能通过投资来减轻负面影响、加强正面影响；另一方面，ESG 强调非财务因素对公司财务表现和投资价值的影响，也满足了纯粹的财务投资者的长期利益。[⑦]全球最大的养老金日本政府养老金

① 友成企业家乡村发展基金会 . 习近平总书记提“世界已进入新的动荡变革期”，深意何在？[EB/OL]https://mp.weixin.qq.com/s/pwRC0jQzc8-ktIBOqqi4Aw.

② Fulton M, Kahn B, Sharples C. Sustainable investing: Establishing long-term value and performance[J]. Available at SSRN 2222740, 2012.

③ 社会价值投资联盟 . 可持续发展金融简史—追求义利并举，方能基业长青 [EB/OL].https://www.casvi.org/h-nd-284.html.

④ Gittell R, Magnusson M, Merenda M. The sustainable business case book[M]. Saylor Foundation, 2012.

⑤ 新浪财经 . 社会责任指数多米尼 400 持续战胜美国市场 [EB/OL].https://finance.sina.com.cn/stock/t/20100324/01427619217.shtml.

⑥ The Global Compact. Who cares wins [EB/OL].https://d306pr3pise04h.cloudfront.net/docs/issues_doc%2FFinancial_markets%2Fwho_cares_who_wins.pdf.

⑦ UNPRI. Principles for Responsible Investment [EB/OL].https://www.unpri.org/download?ac=10968.

投资基金（GPIF）称："GPIF将继续评估我们的ESG活动是否具有改善金融市场的可持续性和风险调整后的回报的预期效果，并希望以此来验证其长期效果。"①同时，具有养老金和主权基金双重性质的挪威主权养老金基金（NBIM）指出："我们进行负责任投资的动机是在适度的风险下获得尽可能高的回报。公司的活动对其周围的社会和环境有相当大的影响。随着时间的推移，这可能会影响其盈利能力，从而影响基金的回报。"②韩国国家退休金（NPS）也提出："作为一个负责任的投资者，新退休金计划坚持其受托责任，为缴款人和受益人的最佳利益行事。因此，新退休金计划开展管理活动，如负责任的投资和行使股东权力，以实现长期稳定的回报最大化。"③

三、主权基金与养老金：借助ESG投资追求公共福祉与长期稳定回报

在变革里探寻路径的过程中，主权基金与（公共）养老金成了ESG投资的前沿实践者，与其作为巨量资产所有者的创立目的、市场导向、资金来源、投资风格息息相关。

IMF认为主权基金具备以下四个特征：负责管理政府金融资产；主要从事海外投资；投资追求更高的长期收益而非短期无风险；通常与国家外汇相互依存。④1953年科威特投资署的成立，标志着现代主权基金的出现。主权基金代表着国家意志，对一国经济发展具有稳定国内经济、分散对国内资源依赖的风险、获取较高收益的作用。⑤

现代养老金制度则起源于德国。德国于1889年出台的社会养老保险制度，为退休工人提供生活来源，以缓解资本主义社会尖锐的劳资矛盾。德国的养老金制度取得了预期的效果，从而被许多国家效仿。⑥当前，养老金体系面临着老龄化加剧、老年人不平等加剧、灵活就业人群增多、经济增长率较低等多方面的风险，在开源节流之外还必须要提高现有投资的收益率。⑦

因此，主权基金和养老金践行ESG投资主要出于以下三点原因。

第一，主权基金和养老金设立的根本目的都是为了提供公共福祉——主权基金聚焦整体经济的稳定发展，养老金则为大量老年人提供可持续生活保障。因此，其存在的根本目的与ESG投资不谋而合。

第二，主权基金和养老金都体量巨大，具有普遍所有者的特征。普遍所有者投资于广泛标的，其投资回报反映了整个资本市场的表现，⑧因此整体经济的可持续发展对其有利。近年来全球经济发展的低迷也加强了转向ESG投资的急迫性。

第三，主权基金和养老金长期存续，因此追求长期的低风险回报，这正与ESG降低风险、

① GPIF. ESG report 2020 [EB/OL].https://www.gpif.go.jp/en/investment/GPIF_ESGREPORT_FY2020.pdf.

② Norges Bank. Responsibles investment [EB/OL]. https://www.nbim.no/en/the-fund/responsible-investment/.

③ NPS. RI Acticities [EB/OL].https://fund.nps.or.kr/jsppage/fund/mcs_e/mcs_e_06_02.jsp.

④ Johnson S. The Rise of Sovereign Wealth Funds[J]. Finance & Development, 2007, 57.

⑤ 关雪凌，刘西．全球主权财富基金：现状、原因与影响[J]. 中国人民大学学报，2008(05):72-79.

⑥ 郑功成．中国养老金：制度变革、问题清单与高质量发展[J]. 社会保障评论，2020,4(01):3-18.

⑦ 中国证券投资基金业协会．2019年全球养老金发展概览——OECD和G20国家[EB/OL]. https://www.amac.org.cn/researchstatistics/publication/cbwxhsy/202001/P020200107425713364036.pdf.

⑧ UNPRI. Universal ownership: Why environmental externalities matter to institutional investors [EB/OL].https://www.unepfi.org/fileadmin/documents/universal_ownership.pdf.

提升长期回报的特性相一致。因为主权基金、养老金具有提高投资收益率的需求，在其逐步增大股权投资比例的过程中，ESG 投资成了重要选择，特别是 ESG 被动指数投资。

因此，不管是从创立目的、市场导向还是从投资风格而言，ESG 投资都与主权基金和养老金高度契合。这种契合让它们在全球挑战加剧的背景下，较早地投向了 ESG 投资的怀抱。例如，荷兰养老金 ABP、加州公务员退休基金 CalPERS 和加拿大养老基金投资公司 CPPIB 都是负责任投资原则 UN PRI 的创始成员。UN PRI 是联合国支持的推动 ESG 投资的重要第三方组织，发布了大量关于 ESG 投资的原则、工具和投资方法论。这三家养老金在 PRI 的早期建设中发挥了重要作用，并持续完善其自身的 ESG 投资实践，再参与到 PRI 对 ESG 投资的全球推广中。

四、中国破局与展望：ESG 助力高质量发展和全球负责任参与

中国当前正在经历转型期，迈入高质量发展新阶段；而在动荡的国际局势中，中国也强调在人类命运共同体中扮演负责任的大国形象。这些内外的转变对主权基金和养老金参与 ESG 投资提出了进一步要求，我们也看到了积极的实践步伐。

2021 年 11 月，中国主权基金中投公司发布的《可持续投资政策》，强调从四个方面推进可持续投资，包括积极把握可持续主题投资机遇、投资全流程嵌入 ESG 考量、不断优化负面清单机制、密切交流合作等。[①]2022 年 6 月，财政部等四部门发布了《社会保险基金预算绩效管理办法》，其中第九条指出，社保基金的“效益指标主要包括经济效益、社会效益、可持续发展、满意度等方面”。这与 ESG 的投资理念高度一致。

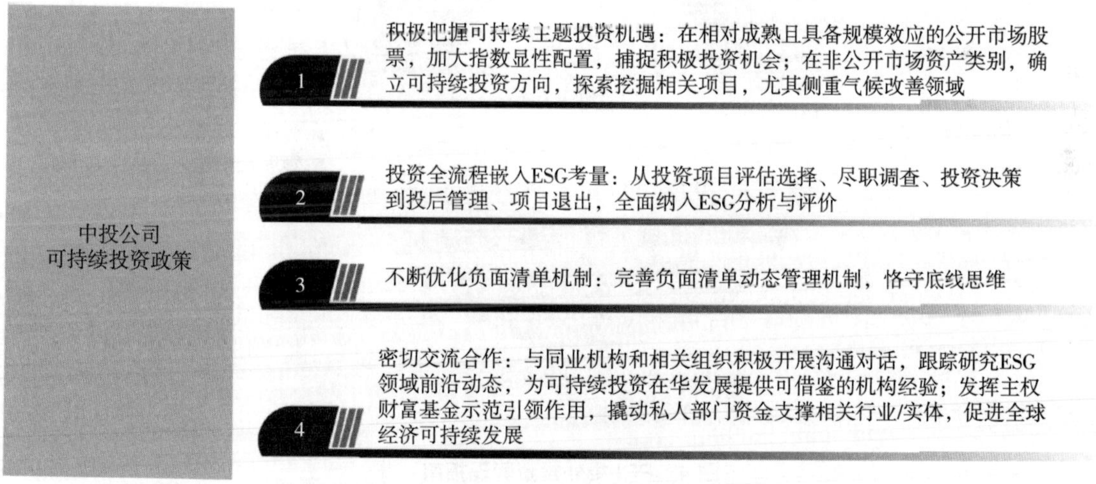

图 3　中投公司《可持续投资政策》四大执行角度

（资料来源：中投公司，中金公司研究部）

综合全球主权基金和养老金的 ESG 投资实践，为了使得国内主权基金和养老金进一步发挥巨量资产所有者的市场影响力，我们提出如下三点建议：

第一，积极参与公司治理：通过公开投票、在股东会议上表达观点、公司沟通等形式推动

① 中投公司．可持续投资政策 [EB/OL].http://www.china-inv.cn/china_inv/Media/2021-11/1002006/files/2549fd339cf54e159d8fc7c335f0d349.pdf.

公司提高ESG表现，实质性促进可持续发展。PRI指出，投资者可以通过投票和参与两种形式与公司就ESG议题展开沟通。

表1 PRI尽责管理建议

与发行人就ESG问题进行交流（积极所有权或尽责管理）	
投资者可以通过以下工具施加影响力：参与和投票（两个使用最广泛的工具）、决议/提案、董事会任职、提供商监督/谈判、助力研究和公共对话，以及诉讼	
参与	投票
投资者与当前或潜在的投资对象/发行人进行交流，从而完善某个ESG问题的实践，改变现实世界的可持续性结果，或者改进公开披露。参与的对象也可以是非发行人，比如政策制定者或标准制定者	对管理层/股东决议行使投票权（以及提交决议），从而对相关事项正式表示赞同（或反对）

资料来源：PRI，中金公司研究部。

第二，完善委外投资制度：设立明确标准规范资产管理者的ESG投资行为，并通过定期考核贯彻落实。此外，在ESG投资中可考虑设立更长的业绩评估周期，以契合ESG投资带来长期回报的特性。PRI也发布了可作为参考的ESG委外投资管理指南。

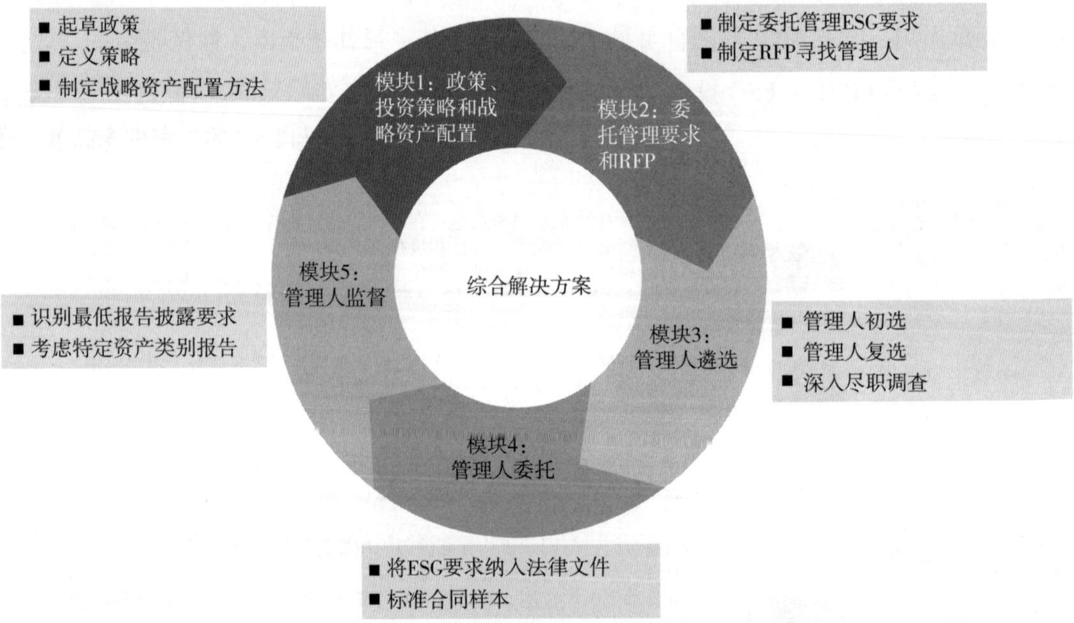

图4 PRI委外投资管理指南

（资料来源：PRI，中金公司研究部）

第三，促进交流与协作：在积极参与公共政策制定、发布联合倡议、知识生产和利用等过程中，全方位、多维度推动ESG投资的发展。例如，2019年9月联合国召集成立了净零资产所有者联盟，这一联盟与另外两个联盟——净零资产管理者联盟和净零银行业联盟将相互配合，就企业达成净零二氧化碳排放所需要的帮助在战略和技术支持上互相协调，从而实现在2050年前实现其自身和所涉及资产的净零排放的目标。

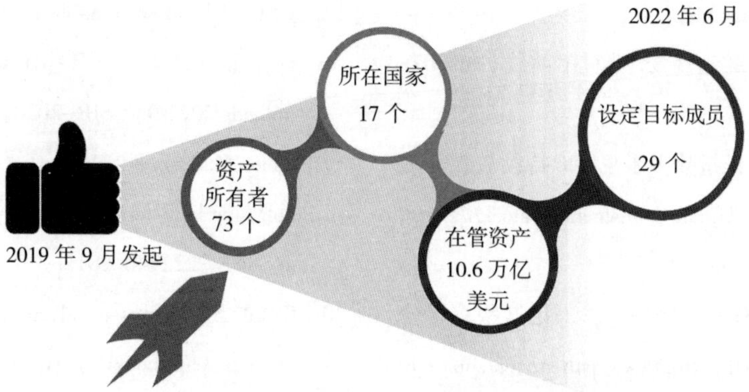

图 5　2022 年 6 月净零资产所有者联盟签署方情况

（资料来源：Eccles 等，2017；中金公司研究部）

五、小结：资产所有者 ESG 投资前沿趋势

ESG 投资，是投资者在世界百年变局中应对多元风险的大势所趋，也是投资者用资本促进全球可持续发展的共同选择。而资产所有者，尤其是以主权基金和养老金为代表的巨量资产所有者，因其提供公共福祉的创立目的、资产巨大的普遍所有者市场导向、长期存续低风险的投资风格，成了早期入局、有力推进的 ESG 投资支持者，并通过其直接和间接的影响力推动各国的资本市场向拥抱 ESG 投资的方向转型。

中国在人类命运共同体中的重要作用和高质量发展阶段的新要求，都推动了中国主权基金中投公司和社保基金等走向了 ESG 投资的前沿。在下一阶段，为了推动资产所有者的 ESG 投资实践在经济效益和可持续影响两方面的双重实质性，资产所有者可考虑更积极地参与公司治理、完善 ESG 委外投资制度并促进多种形式的交流与协作。

（作者单位：中国国际金融股份有限公司研究部）

参考文献

[1] 戴利研，李震．全球主权财富基金的发展现状与投资策略转变 [J]. 辽宁大学学报（哲学社会科学版），2017,45(03):64–72.

[2] 中国证券投资基金业协会．2019 年全球养老金发展概览— OECD 和 G20 国家 [EB/OL]. https://www.amac.org.cn/researchstatistics/publication/cbwxhsy/202001/P020200107425713364036.pdf.

[3] 中国证券投资基金业协会．养老金开展 ESG 投资的国内实践及国际经验借鉴 [EB/OL].https://www.amac.org.cn/researchstatistics/publication/cbwxhsy/202104/P020210408393271659428.pdf.

[4] 中金公司研究部．ESG 投资系列（1）：ESG 的兴起、现状与展望 [EB/OL]. https://www.research.cicc.com/zh_CN/report?id=1074187&entrance_source=empty.

[5] 社会价值投资联盟．可持续发展金融简史 – 追求义利并举，方能基业长青 [EB/OL].https://www.casvi.org/h-nd-284.html.

[6] 中国证券报 · 中证网．社保基金会再启境外投资管理人选聘 [EB/OL]. https://www.cs.com.cn/tzjj/jjdt/202009/t20200902_6091168.html.

[7] 金融界．动荡中的反思：全球资产管理巨头重申 ESG 投资承诺 [EB/OL].http://m.jrj.com.cn/rss/sohu/

2020/3/20/29069595.shtml.

[8] 王文. 世界进入新的动荡变革期[J]. 前线,2022(07):30–32.

[9] 新浪财经. 社会责任指数多米尼400持续战胜美国市场[EB/OL].https://finance.sina.com.cn/stock/t/20100324/01427619217.shtml.

[10] 求是网. 百年未有之大变局，总书记这些重要论述振聋发聩[EB/OL].http://www.qstheory.cn/zhuanqu/2021–08/27/c_1127801606.htm.

[11] 零壹财经. 全球掀起ESG投资浪潮，中国正加速扩容[EB/OL].https://www.01caijing.com/article/32634 0.htm.

[12] 汤春华,张亚蕾,张雪晴,成爽. 养老金开展ESG投资的国内实践及国际经验借鉴[J]. 金融纵横,2020(09):52–58.

[13] 关雪凌,刘西. 全球主权财富基金：现状、原因与影响[J]. 中国人民大学学报,2008(05):72–79.

[14] 郑功成. 中国养老金：制度变革、问题清单与高质量发展[J]. 社会保障评论,2020,4(01):3–18.

[15] 友成企业家乡村发展基金会. 习近平总书记提“世界已进入新的动荡变革期”，深意何在？[EB/OL].https://mp.weixin.qq.com/s/pwRC0jQzc8–ktIBOqqi4Aw.

[16] 中投公司. 可持续投资政策[EB/OL]. http://www.china–inv.cn/china_inv/Media/2021–11/1002006/files/2549fd339cf54e159d8fc7e335f0d349.pdf.

[17] GPIF. ESG report 2020 [EB/OL]. https://www.gpif.go.jp/en/investment/GPIF_ESGREPORT_FY2020.pdf.

[18] GSIA. Global sustainable investment review 2020 [EB/OL]. http://www.gsi–alliance.org/wp–content/uploads/2021/08/GSIR–20201.pdf.

[19] Fulton M, Kahn B, Sharples C. Sustainable investing: Establishing long–term value and performance[J]. Available at SSRN 2222740, 2012.

[20] Gittell R, Magnusson M, Merenda M. The sustainable business case book[M]. Saylor Foundation, 2012.

[21] Johnson S. The Rise of Sovereign Wealth Funds[J]. Finance & Development, 2007, 57.

[22] The Global Compact. Who cares wins [EB/OL].https://d306pr3pise04h.cloudfront.net/docs/issues_doc%2 FFinancial_markets%2Fwho_cares_who_wins.pdf.

[23] UNPRI. Universal ownership: Why environmental externalities matter to institutional investors [EB/OL].https://www.unepfi.org/fileadmin/documents/universal_ownership.pdf.

[24] UNPRI. Signatory Update [EB/OL].https://www.unpri.org/download?ac=17608.

[25] UNPRI. Principles for Responsible Investment [EB/OL].https://www.unpri.org/download?ac=10968.

[26] Norges Bank. Responsibles investment [EB/OL]. https://www.nbim.no/en/the–fund/responsible–investment/.

[27] NPS. RI Acticities [EB/OL].https://fund.nps.or.kr/jsppage/fund/mcs_e/mcs_e_06_02.jsp.

ESG 在我国固定收益投资领域应用的有效性及难点分析

漆雨烟

摘　要：“碳达峰”“碳中和”目标为我国ESG投资带来了巨大的战略发展机遇，该理念受到越来越多国内市场机构的关注，相比在权益市场的运用，ESG理念在固定收益投资领域的应用仍处于初级阶段。本文分析了ESG理念在我国固定收益投资领域中的应用现状，然后基于中债ESG评价体系对ESG投资在债券市场的有效性进行了验证，最后归纳了当前在固定收益投资领域发展ESG投资的难点并提出了有效建议。

关键词：ESG　固定收益投资　有效性　ESG 评价体系

一、ESG 理念

ESG是英文Environmental（环境）、Social（社会）和Governance（公司治理）的首字母，是一种关注企业环境、社会、治理绩效而非财务绩效的投资理念和企业评价标准。与关注企业盈利能力及财务状况的传统指标相比，ESG评价着眼于从非财务角度考察企业价值与社会价值，从而寻求稳健的长期回报。

ESG投资是指投资者在投资决策过程中，把环境、社会和公司治理因素与传统财务因素同时纳入考虑的一种以可持续发展为目标的投资理念（任晴、杨健健，2022），投资者基于ESG评价对企业进行分析筛选，在实现自身投资价值、降低投资风险的同时履行社会责任。

二、ESG 在我国固定收益投资领域的应用现状

虽然ESG投资理念在海外金融市场上已有数十年的发展历史，但近年来才在我国兴起。随着我国“碳达峰”“碳中和”政策目标的提出和持续推进，ESG逐渐受到投资者青睐。就现状而言，由于各类资产定价估值和投资逻辑上的差异，ESG在国内市场发展整体呈现“权益强，固收弱”的局面。债券市场参与者虽然对ESG投资理念形成了一定的认知，也逐步应用于实践，但整体上仍处于布局初期。

从发行端看，ESG和绿色主题债券发行规模持续增加。根据2022年7月4日气候债券倡议组织（CBI）与中央国债登记结算有限责任公司中债研发中心联合发布的《中国绿色债券市场报告2021》的数据，截至2021年底，中国绿色债券累计发行量约为1.3万亿元，跃升至全球第二位；发行量较上一年增加约2863亿元，同比增长186%，领先于其他主要市场。尽管增速惊人，但贴标绿色债券在中国总体债券市场中的占比只有约1%，仍有巨大的增长空间。

从投资端看，我国ESG固定收益类投资产品起步较晚，目前以ESG固定收益理财产品和

ESG债券基金为主。

在理财方面，近年来商业银行陆续推出了较多的ESG主题理财产品，成了国内固定收益领域投资ESG的一大亮点。自2019年4月华夏银行发行了第一只ESG主题理财产品后，ESG理财产品发行逐渐升温，根据中国理财年报统计，截至2021年底，我国商业银行及其理财子公司存续ESG主题理财产品153只，存续余额达962亿元，同比增长超1.83倍。据普益标准统计，截至2022年6月，以ESG或绿色为主题的理财产品达174款，其中119款为固定收益类理财产品，占比最高。固定收益类的ESG理财产品重点投资标的为绿色债券、绿色ABS和ESG评分较高企业所发行的债权类资产，有效覆盖了节能环保、生态保护和清洁能源等领域。从机构参与度来看，多家银行理财机构积极布局发行ESG主题理财产品，这些机构主要包括华夏理财、农银理财、中银理财、建信理财、苏州农商行等。其中，苏州农商行还联合中央财经大学绿色金融国际研究院编制发布了“中证中财—苏农长三角ESG债券指数”和“中证中财—苏农苏州绿色发展指数”，通过发行ESG主题理财产品将指数与实践应用相结合，引导支持可持续投资。

在基金方面，近年各类金融机构加速发行ESG基金产品，以ESG投资理念为主题的基金呈持续增长态势。据Wind统计，截至2022年9月末，市场上存续的ESG基金产品共171只，净值总规模达2475亿元，其中环境主题基金产品规模占比最大，达65.67%。与全市场公募基金总规模相比，ESG基金规模仍有较大发展空间。然而，由于绿色债券兴起较晚、信息披露等原因，ESG债券基金的发展相对缓慢，目前仅存续7只，合计规模约为105亿元，存在一定的“重股轻债”现象。不过，考虑到许多上市公司也是债券发行人，部分股票投资者同时也参与债券投资，未来权益市场的ESG投资理念也将逐步渗透到固定收益投资领域。

三、ESG投资在我国固定收益领域的有效性检验

尽管目前ESG在我国固定收益投资领域的应用还较为有限，但为了更好地探究未来ESG投资策略在债券市场中的可实践性，本文参考刘璐（2021）基于中债ESG评价体系分析ESG投资的研究方法，对我国债券市场各类信用评级的债券分别进行ESG超额收益及风险的测算，进而检验债券市场ESG投资策略是否有效。

（一）ESG评价体系选择说明

不同于A股上市公司公开披露数据较多，相当一部分非上市的发债企业ESG信息获取渠道十分有限，一定程度上造成了债券市场ESG数据的缺乏和评价体系的不完备。自2019年起，境内高校、研究机构、评级公司、指数公司等各类机构开始陆续研究发布覆盖境内上市公司、区域发债主体的ESG评价体系、ESG指数产品（司盛华、赵怡，2021），直到2020年10月，中债金融估值中心有限公司（以下简称中债估值中心）试发布了自主搭建的中债ESG评价体系和相关数据库，才较全面地覆盖了国内债券市场公募信用债发行主体的ESG信息。

中债ESG评价体系在借鉴国际主流ESG研究框架的基础上，较好地结合了我国国情和债券市场特点，同时兼顾了各类发债行业的差异，运用金融科技手段整合了大量非结构化数据和另类数据，实现了对全市场发债主体的ESG信息的采集分析。该评价体系由160余个指标、39个评价因素、14个评价维度逐级加权得出，

评价结果包括ESG评价综合得分，E、S、G评价分项得分和形成分项得分的14个维度得分，是当前债券市场中较为专业和完善的ESG评价标准，因此，本文将基于中债ESG评价结果进行数据检验。

（二）数据处理及分组统计

中债ESG评价体系覆盖了市场上约4000家发债主体，但考虑到近年来信用违约事件频发，当前债市主流投资机构投资信用债时普遍偏好中高等级标的，为了使测算结果更贴近实际情况，本文将剔除中债ESG评级体系原始数据里无评级和低评级（包括主体评级BB–、BB、BBB+、A–、A、A+、AA–）发债主体的数据。此外，本文还剔除了数据缺失和提前还本的债券数据。

在对数据分组时，为了降低债券主体信用等级差异对债券投资收益及风险的测算结果的干扰，本文将分别对AAA、AA+和AA的发债主体进行检验。在同一主体信用等级中，本文按照发行人的ESG评分从高到低排序，然后将发行人数量三等分，得出具体分组情况如表1所示。

表1　各信用等级发债主体基于中债ESG评分的分组统计

ESG分组	发行人数量	债券数量	ESG总评分	E评价	S评价	G评价
AAAESG高	345	3685	6.74	7.23	6.01	6.81
AAAESG中	345	2688	5.34	5.29	3.53	6.46
AAAESG低	345	2416	4.63	4.08	2.78	6.17
AA+ESG高	324	1399	5.75	6.22	3.74	6.49
AA+ESG中	324	1386	5.00	5.09	2.62	6.29
AA+ESG低	324	972	3.98	3.60	1.81	5.85
AAESG高	309	754	5.24	5.46	2.59	6.56
AAESG中	309	606	4.38	4.02	1.81	6.11
AAESG低	309	605	3.98	3.51	1.71	5.89

注：表中各组的ESG总评分和E、S、G单项评价得分取组内均值得出。

资料来源：中债估值，Wind。

（三）ESG各组合的投资收益和风险测算结果

根据上文分组，本文对不同组合的投资收益和风险指标进行测算，并基于实证结果讨论ESG的超额收益和超额风险特征。

为了使检验结果有较优的时效性，本文选定2022年1月4日（2022年首个交易日）至2022年9月30日作为观察区间，以组内债券投资收益率的均值作为组合投资收益的衡量指标，以组内债券投资收益率的方差作为组合投资风险的衡量指标。其中债券投资收益率通过交易日t与交易日t–n的中债日间估价全价之差除以交易日t–n的中债日间估价全价计算得出（刘璐，2021）。

经测算，ESG各组合区间投资收益率和投资风险情况分别如图1、图2所示。

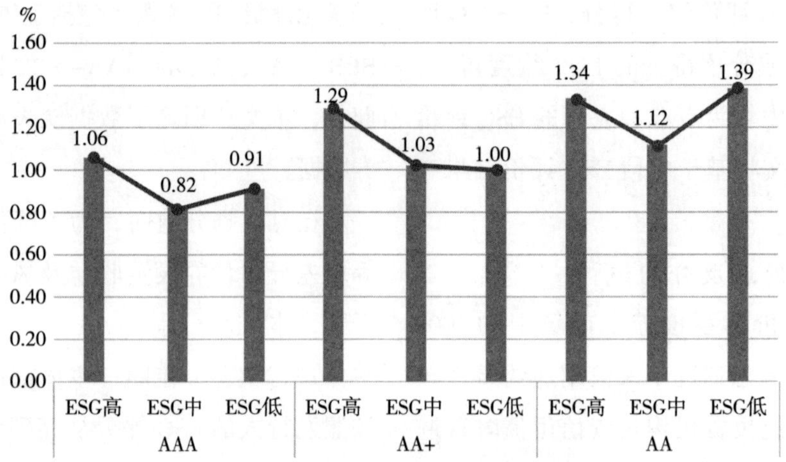

图 1　ESG 各组合区间投资收益率

（资料来源：中债估值，Wind）

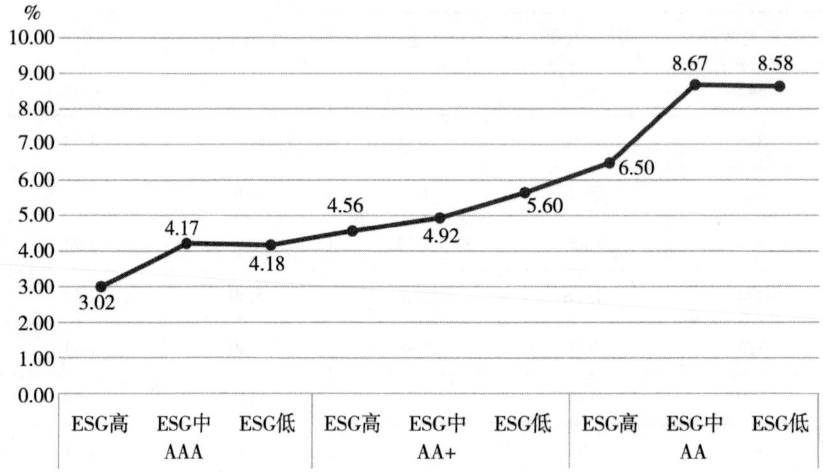

图 2　ESG 各组合投资风险情况

（资料来源：中债估值，Wind）

从 2022 年前三季度的市场表现来看，AAA 信用主体里 ESG 高分组的投资收益最高（1.06%），投资风险最低（3.02%）；AA+ 信用主体里 ESG 高分组的投资收益最高（1.29%），投资风险最低（4.56%）；AA 信用主体里 ESG 低分组的投资收益最高（1.39%），ESG 高分组投资风险最低（6.50%）。

图 1 显示相同信用评级的发债主体中，中高信用等级（AAA、AA+）的发行人债券的投资收益与 ESG 评分正相关，即 ESG 评分较高的发行人债券投资收益较高；低信用等级（AA）发行人里债券投资收益较高的企业 ESG 评分反而偏低。图 2 显示在同一信用评级下，发债企业的 ESG 评分和投资该主体发行债券的风险呈负相关，ESG 评分越高的发债主体，其投资风险越小。

此外，从图 3 可以看出，发债主体的 ESG 评分情况和主体信用评级也有一定的相关性：随着发债主体信用资质的下沉，其 ESG 总评分和各单项评分也都出现明显的下降趋势。

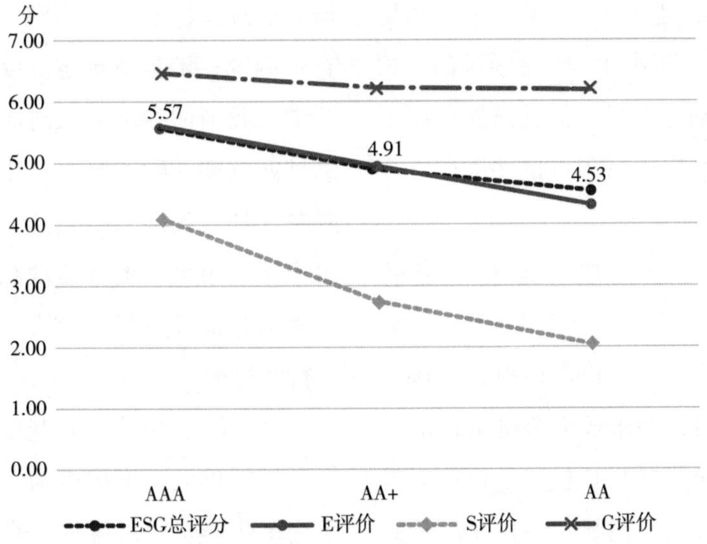

图 3　不同信用评级发债主体的 ESG 平均得分情况

（资料来源：中债估值，Wind）

（四）有效性验证的结论

基于以上实证数据，本文对于 ESG 投资在债券市场有效性的检验可以得出以下三个结论：

一是中高等级信用债发行主体得到了债券市场对 ESG 信息的投资正反馈。从样本结果来看，AAA、AA+ 等级里 ESG 评分较高的债券发行人可以获得比同等级其他主体更高的超额收益和更低的超额风险。该结论从投资逻辑和风控视角来分析也是相吻合的，因为 ESG 高评分意味着发债主体有着较良好的公司治理水平和更强的可持续发展能力，带来投资溢价的概率更大；同时，该类公司通常也有着高于平均水平的风险控制能力，能较好抵御负面冲击，从而为债券投资人提供保护。

二是低等级信用债发行主体的 ESG 高评分有助于降低投资风险，但在投资超额收益的贡献上没有可比优势。笔者认为，造成该差异的原因可能是由于 AA 信用债的发行人本身就属于市场中整体信用资质显著偏弱的群体，大部分 AA 企业在财务管理和日常经营中存在一定瑕疵，因此 AA 信用债较高的投资收益更多的是对信用风险的补偿溢价，ESG 信息对超额收益的影响就相对弱化了。不过，从样本数量来说，本文所统计的 AA 发债主体的债券数量（1965 只）远小于 AAA 和 AA+ 信用债数量（分别为 8789 只和 3757 只），可能对统计结果的显著性也产生了影响，有待后续进一步研究验证。

三是 ESG 评价可对发债企业的信用资质形成补充，更好地对债券违约进行预警。上文数据显示，信用等级较低的主体 ESG 整体得分也较低，并且据市场数据统计，发生信用违约的债券主体通常 ESG 表现也较差，因此 ESG 评价可有效辅助债券投资人分析防范投资中的信用风险（刘璐，2021）。

综合来看，在固定收益领域的投资实践中融入 ESG 理念具备有效性，可以帮助债券投资人提升超额收益、规避超额风险。

四、国内债券市场运用 ESG 理念投资的主要难点

尽管 ESG 理念在我国固定收益投资领域已有一定的应用发展，同时 ESG 评分在债券市场

投资中的有效性也得到了一定的验证，但相比国际成熟市场来看，我国固定收益领域的ESG发展还面临市场驱动力不足、信息披露制度不完善和相关评价体系应用有限等诸多障碍，未来还有较大的提升空间。

（一）机构应用ESG理念经营投资的驱动力不足

对于债券投资人而言，ESG在固收领域的应用还处于起步阶段，并未成为金融机构的重要业务类别。大部分参与ESG投资的机构对其理念的认识和执行都较为浅显，不仅无法较好地披露反映执行效果的数据，还存在因追求短期利益而把ESG作为“噱头”的“漂绿”行为。究其原因，是因为相比权益投资，ESG固定收益投资存在天然弱势，比如难以公开获取发债主体的可持续性信息、难以直接参与公司决策等，这使得债券投资机构缺乏有效信息去分析ESG给固定收益投资组合带来的超额收益，继而也造成了推进ESG投资内生动力的不足。

对于债券发行人而言，尽管已有部分政策出台鼓励企业绿色化经营，也有一些税收优惠支持企业发行绿色金融产品，但当前国内债券市场ESG相关债券的发行仍主要靠投资人驱动。ESG理念强调的是长期价值投资，企业只有先付出一定成本去履行环保和社会责任，才有可能在未来获得长期可持续的投资回报。从发行人经营管理层面来说，企业追求短期确定性的盈利和实践ESG之间存在一定摩擦，因此，发行人自发地遵循ESG理念开展经营活动的主观能动性较弱。

（二）ESG信息披露制度不完善，债券发行人信息披露意愿不强

在信息披露制度方面，海外成熟市场基本要求上市公司必须披露ESG信息，部分指标遵循“不披露即解释”原则，对债券发行人则未有强制统一的披露规定，仅对贴标债券有一定要求。我国债券市场也同样缺少完善的ESG信息披露框架，除了对重点排污单位有特定的披露要求外，我国ESG信息披露的监管政策主要集中于上市公司的环境信息披露要求，因此对于大部分债券发行人而言，没有可以遵循的统一行业标准。

由于缺乏相关框架制度，目前我国的ESG信息披露仍以自愿披露为主，在非强制的前提下许多债券发行人披露ESG信息的主观意愿较弱，一部分企业认为该举措将额外增加企业成本，另一部分企业则将信息披露的渠道作为企业正面信息宣传的窗口，选择性地“报喜不报忧”。现阶段债券发行人较少发布直接以ESG命名的信息披露报告，而且由于国内ESG相关评分数据回溯时间较短，因此企业公开披露的ESG数据定性描述较多，量化指标缺失。据中债估值中心统计，2019年期间仅有604家企业披露了当年社会责任报告，占全部债券发行人的比例仅为12.6%（牛玉锐，2021）；在已披露相关信息的发行人中，超过30%的发行人存在披露不及时、可比性差、披露的负面指标和定量指标少等问题。

（三）固定收益领域的ESG评价体系和数据库的应用推广有待提升

尽管国际上已有不少ESG评级机构提出了国际化的标准评判体系，但因为未深入了解中国市场的投资特性，指标因子的设定存在区域化差异，“生搬硬套”应用在国内ESG投资上的效果并不理想。而自2019年以来，国内的ESG评价服务主要集中于权益市场，各评级服务机构收集信息披露质量较好的上市公司的ESG数据后，经过整合分析对上市公司进行ESG评级

并提供给权益投资者。相比之下，市场认可度较高的债券发行人 ESG 数据库与评价分析工具则较为缺乏。究其原因，股票投资需要重点关注企业未来发展空间，对股票的定价也主要基于企业盈利能力、企业资产价值等指标，因此 ESG 理念中反映的公司治理水平会受到相关投资者的关注；而债券投资主要侧重于企业现金流的充足性和稳定性，债券估值较大程度上还要受到无风险利率、基本面、资金流动性等宏观因素影响，发债主体的 ESG 信息对于债券价格影响程度并不直观（肖思瑶、李昕，2022）。因此，受投资端不同需求的影响，ESG 债券评价体系发展相对滞后。

这一现象直到 2020 年 10 月中债估值中心自主搭建了中债 ESG 评价体系和相关数据库后才有所改善。中债 ESG 评价体系首次完成了对中国债券市场全部公募信用债发行主体的 ESG 评价，填补了固收投资领域 ESG 评级的空白。不过从应用程度上来说，目前市场上采纳订阅该评价体系和数据库的机构仅有 50 余家，在全市场中的占比较低，未来的应用推广之路还比较漫长。

五、未来国内固定收益领域推进 ESG 投资的相关建议

针对目前 ESG 在我国固定收益投资领域应用中面临的问题，笔者给出相关建议如下。

（一）监管部门完善对机构参与 ESG 实践的激励措施，加强 ESG 投资者教育

为了较好地改善机构应用 ESG 经营投资动力不足的现象，政府监管部门可积极发挥引导作用，推出基于 ESG 因素的系统性激励政策，鼓励、支持机构参与 ESG 实践：比如对符合条件的债券发行人在清洁生产与节能改造、生态保护、社区贡献等方面给予专项补贴或税收减免优惠；对持有 ESG 高评分企业发行债券或绿色主题债券的债券投资人予以补贴、调低相关资产的风险计提或流动性管理要求，间接促进 ESG 相关债券的需求，进而压降 ESG 高评分企业的债券融资成本（牛玉锐，2021）。

此外，由于部分债券投资机构存在对 ESG 投资理念认识不足、ESG 投研分析能力较差的情况，监管部门应加强投资者相关教育，指导投资机构探索构建银行间市场的 ESG 投资框架，将 ESG 理念与投资目标设定、资管产品设计、投资风险管理相融合，更好地推进 ESG 投资理念在债券市场层面的落实。

（二）建立规范完善的信息披露制度，提高信息披露质量

为了更好地规范金融机构 ESG 信息披露行为，监管部门已先后发布了《关于推动银行业和保险业高质量发展的指导意见》《金融机构环境信息披露指南》等文件。以此为契机，政府监管部门应尽早主导完善 ESG 信息披露制度，明确统一的 ESG 信息披露标准，规范细化信息披露指标。更进一步来看，企业在自愿披露的情况下可能会存在一些披露内容上的偏好和误导，未来还可借鉴上市公司相关实践经验，将信息披露上升为制度要求，推动企业由自愿披露向强制披露过渡，敦促企业定时、定量地披露 ESG 信息（牛玉锐，2021），达到可持续性信息披露要求。

随着未来 ESG 投资在固定收益投资领域应用逐渐深入，披露的 ESG 信息将成为 ESG 评价体系及相关产品建立和运作的基础，数据的真实性、透明度和规范性对企业 ESG 评价的准确度有直接影响（司盛华、赵怡，2021），因此，提高信息披露质量也至关重要。一方面，

可将债券发行人的ESG信息披露质量纳入配套激励的考核要求；另一方面，也应提高债券投资人对ESG信息披露的标准，对ESG因素在投资决策中的具体运用情况进行披露，强调定量指标和负面指标的披露，从而引导市场提升ESG资源的配置效率，提高市场透明度（王磊，2022），防止“漂绿”情况的出现。

（三）积极推动固定收益投资领域ESG评价体系和数据库的广泛应用

国际上实践较多的ESG债券投资策略如正面筛选、负面剔除、ESG整合等，都需要完善的ESG评价体系和数据库作为辅助的决策依据。“工欲善其事，必先利其器。”为了国内投资机构未来能更好地在固定收益投资领域实践ESG理念，债券ESG评价数据库的推广应用是前提条件。

一方面，鼓励第三方认证机构建设ESG评价数据库。虽然市场上已陆续有研究机构如中债估值中心等发布债券ESG评价体系，但要想进一步提高ESG投研框架的应用度，未来还应大力推动更多专业的第三方ESG评估认证机构对发债企业的ESG表现进行评分，紧扣我国国情建立更多本土化的ESG第三方评价数据库（王磊，2022）。此外，还需规范ESG主题债券评估认证标准，避免ESG标签的滥用，引导投资资金切实流入可持续发展领域。我国已经发布了绿色债券的评议规则，但在社会责任和公司治理等维度仍未有科学量化的指标，有待探索测算合理的度量和权重（任晴、杨健健，2022）。

另一方面，提高投资机构对ESG评价结果的运用。鼓励债券投资人在基本面研究、量化筛选、指数投资、信用分析等多方面应用ESG评价结果，正面引导债券发行人加强ESG信息披露。

总而言之，随着不断在境内债券市场推动发展ESG投资理念，我国将逐步实现发债主体信息披露、市场科学评价、投资人提高风险收益比的良性市场循环，促进社会的可持续发展，实现“碳中和”目标。

（作者单位：江苏苏州农村商业银行股份有限公司）

参考文献

［1］牛玉锐．中国债券市场ESG实践[J].中国金融，2021（7）：66-67.

［2］刘璐．我国债券市场ESG投资实践有效性研究[J].债券，2021（10）：61-70.

［3］司盛华，赵怡.ESG指数投资策略在债券市场的应用[J].债券，2021（2）：35-39.

［4］王磊．我国金融机构的ESG责任投资实践、问题与对策[J].海南金融，2022（7）：31-37.

［5］肖思瑶，李昕．国外ESG投资理念在固定收益领域的实践[J].金融市场研究，2022（3）：8-19.

［6］曹敬晨，赵怡．债券市场ESG评价体系构建与应用[J].金融纵横，2021（8）：34-40.

［7］任晴，杨健健.ESG固定收益投资的境内外实践[J].中国金融，2022（5）：69-70.

［8］郑裕耕，方微，吴俣霖.ESG债券的价格特征及商业银行相关业务建议[J].债券，2022（6）：32-39.

［9］腾景大数据研究院课题组，张承惠.ESG在中国资本市场的应用实践[J].多层次资本市场研究，2022（1）：101-113.

［10］王凯，李婷婷.ESG基金发展现状、问题与展望[J].财会月刊，2022（6）：147-154.

［11］臧宁宁.ESG投资的超额收益分析与中国ESG投资建议[J].清华金融评论，2022（1）：81-84.

［12］乔永远，孔祥，吕爽.ESG策略在资管产品中的应用

[J]. 中国外汇，2021（18）：68-70.

[13] 陈雪花 .ESG 产品：银行理财“新蓝海”[J]. 中国外汇，2021（18）：71-73.

[14] 齐琳 .ESG 投资指数比较研究——以信用债指数分析为例 [J]. 科技资讯，2021，19（24）：99-102.

[15] 杨新兰 . 以 ESG 投资策略推动资管业转型 [J]. 中国金融，2020（23）：53-54.

[16] 王超群，张超，曹敬晨 .ESG 在固定收益投资领域的应用研究 [J]. 金融纵横，2020（11）：27-33.

[17] 金融投资机构经营环境和策略课题组，闫伊铭，苏靖皓，杨振琦，田晓林 .ESG 投资理念及应用前景展望 [J]. 中国经济报告，2020（1）：68-76.

[18] 苑志宏 .ESG 投资策略在银行资管业务中的应用 [J]. 中国银行业，2019（10）：83-84.

[19] 广发证券 . 揭秘外资 ESG 策略因子——资本开放对 A 股的影响 [R]，2019.

[20] 中证指数 . ESG 投资价值与 ESG 指数投资 [R]，2020b.

推出 ESG 披露标准迫在眉睫：国内外现状与建设建议

孙忠娟 卢 燃

摘 要： 近年来，如何提升企业的核心价值、推动企业和社会的可持续、协同发展成为产学研三界共同关注的重要议题。本文基于以上背景，探讨了出台 ESG 披露标准的迫切性和重要意义，对国际和国内 ESG 披露标准现状进行了分析，并为推动我国尽早形成完整的 ESG 披露标准框架提出了建设性的建议。

关键词： ESG 可持续发展 披露标准

近年来，环境、社会和公司治理（Environmental、Social、Governance，ESG）披露标准在世界范围内应用越来越广泛，但其在我国的缺位已成为限制贸易发展的一大短板。2020 年 8 月，瑞士良好棉花发展协会（BCI）采用与 ESG 披露标准相关的全球棉花可持续标准给我国新疆棉花扣上"强迫劳动"的帽子，无限期暂停新疆地区"良好棉花"认证①。由于我国没有相关的标准和认证体系，难以证伪这一论断，导致我国贸易利益受损。2022 年 3 月，美国海关和边境保护局（CBP）以李宁公司的供应链"涉及朝鲜劳工"为由宣称该部门将在所有美国入境口岸扣押李宁公司的货物。尽管李宁集团具备完善的公司治理体系，但由于缺乏 ESG 方面相关信息的规范披露，致使其进出口业务受到美国的长臂管辖和单边制裁②。

1987 年，世界环境与发展委员会关于人类未来的报告《我们的共同未来》发布，可持续发展理论正式诞生。遵循可持续发展理念的指引，国际上一些发达经济体逐渐建立起了较为成熟的 ESG 披露标准体系，并且正在努力尝试构建全球统一的 ESG 披露标准体系。目前主流的 ESG 披露标准主要包括 GRI、ISO 26000、SASB、CDP 和 IIRC 等。其中，GRI 标准是全球应用最广泛的标准，联合国可持续证券交易所（SSE）倡议官网显示，截至 2021 年 12 月 1 日，全球各证券交易所 ESG 信息披露指引中引用的 GRI 标准占比已达到 95%。近年来，各个标准日趋完善并逐步走向整合统一以推动现有 ESG 报告框架的一致发展。2020 年 11 月，SASB 和 IIRC 宣布将在 2021 年年中合并为价值报告基金会（VRF）；2021 年 11 月，国际财务报告

① 中国国际电视台官方微博@CGTN. BCI 官网下架"抵制新疆棉花"声明 [EB/OL].https://m.weibo.cn/3173633817/4626189140888380.

② U.S. Customs and Border Protection. CBP Enforces Countering America' s Adversaries Through Sanctions Act Against Li-Ning Sporting Goods[EB/OL].https://www.cbp.gov/newsroom/national-media-release/cbp-enforces-countering-america-s-adversaries-through-sanctions-act.

准则（IFRS）基金会在COP26大会上宣布将在2022年6月之前完成对气候信息披露标准委员会（CDSB）和价值报告基金会（VRF）的整合。这些标准的整合将大大提升ESG标准的规范性和适用性，进一步推动全球ESG生态的可持续发展。

反观我国，自改革开放以来，我国经济实现高速增长，但背后却付出了高昂的社会与环境成本：荒漠化面积不断扩大、空气质量下降、水污染严重……高速发展伴随的这一系列严重问题对我国经济的可持续发展提出了重大挑战。政府监管部门、企业和民众等逐渐意识到ESG协同发展的重要性。然而，目前我国缺乏规范的ESG披露标准，相关信息披露质量也是参差不齐，甚至出现一些伪ESG行为，如“漂绿”行为。可见，出台切实可行的ESG标准对我国规范公司运作、推动商业经济和生态社会的可持续发展迫在眉睫，势在必行。

一、ESG 披露标准的重大意义

ESG披露标准不仅是我国经济社会转型升级的重要保障，更是我国积极响应国际发展趋势、提高国际地位的重要手段。具体来说，我国出台ESG披露标准的现实意义主要有以下三点：

第一，ESG披露标准是推动我国经济高质量发展的基础工具。ESG披露标准作为一种面向未来、可持续发展的信息披露工具，要求企业向公众披露生态环境保护、社会责任履行、公司治理水平等信息，接受公众的监督，这与推动我国经济高质量发展不谋而合。ESG标准不仅能为企业在环境、社会和治理方面提供行动指引，还能为企业在这三方面的行为表现提供评价方法和评价指标，为企业践行高质量发展提供必要的基础工具。

第二，ESG披露标准是促进我国经济向可持续发展转型的有力抓手。ESG标准要求企业不仅着眼于经济指标、利润指标，还要重点关注温室气体排放、污染管控、资源的可再生等问题，呼吁企业履行环保职责，将绿色发展理念融入企业战略中去。因此，出台ESG披露标准，并通过ESG披露标准引导企业在经营过程中践行ESG理念，有助于国家2030年前碳达峰、2060年前碳中和的“双碳”战略目标的实现，进而推动我国经济社会和商业生态的绿色低碳、可持续发展。

第三，ESG标准有助于我国更好地融入国际经济体系，参与全球经济治理。目前，各大经济体都在如火如荼地发展ESG披露标准，接受ESG披露标准的要求、自愿披露ESG信息的企业越来越多。ESG披露标准的长期缺位将会限制我国企业加入国际可持续发展的快车道，甚至会影响我国在国际上的话语权。因此，我国有必要在ESG方面加大关注力度，对标国际评价标准，加强引导符合我国当前发展阶段的企业可持续发展。这不仅有利于提升我国企业的综合实力，更好地参与国际市场竞争，还有利于实现联合国可持续发展的共同目标，为提升人类福祉贡献力量。

二、国内外 ESG 披露标准的巨大差距

（一）国际ESG披露标准现状

近年来，国际上一些发达经济体如欧盟、美国、日本、加拿大等开始对企业的社会角色进行重新定位，推动企业从股东利润最大化的逐利个体向可持续社会共益的合作伙伴转变。经过不断的推广、修订，国际上ESG体系已逐渐发展成熟，并产生了许多基于可持续发展理念的披露标准，当前较为流行的有GRI、ISO 26000、SASB、

CDP 和 IIRC 等五个标准。

以上五个主流标准各有特点，适用情况也不尽相同。GRI 标准的报告框架以模块化结构呈现，包括经济、环境和社会三大议题指标，内容清晰易懂，是全球使用最广泛的标准；ISO 26000 指标更为详细，涵盖了 7 个核心议题，但由于指标过于细化，其对中小企业的适用性较差，更不适合作为 PE 企业投资的指导框架；SASB 标准则是更加精准的一套指标，以不同的行业为基准制定了一系列 ESG 披露准则，包含五个议题，这一标准更加符合当下主流评级机构的体系；CDP 标准是一套专注于气候、水和森林等与环境相关的信息的披露体系，由于其侧重于环境指标，因此更适合于工业企业，不太适用于资产管理行业；IIRC 的指标相对于以上标准来说则较为宽泛，仅给出了指导性意见。以上五个主流标准体系的具体比较如表 1 所示。

表 1　国际 ESG 披露标准主要内容体系比较

标准	GRI 标准	ISO 26000 标准	SASB 标准	CDP 标准	IIRC 标准
成立时间	1997 年	2010 年	2011 年	2000 年	2010 年
发起组织	全球报告倡议组织（GRI）	国际标准化组织（ISO）	可持续发展会计准则委员会（SASB）	全球环境信息研究中心（CDP）	国际综合报告委员会（IIRC）
目标	编制一套可信可靠的全球共享的可持续发展报告框架，供任何规模、行业及地区组织使用	开发适用于包含政府的所有社会组织的“社会责任”国际标准化组织指南标准	通过与当前的金融监管体系合作，制定与传播企业可持续性会计准则	通过制定统一的“碳信息”披露框架，反映气候变化给企业带来的“碳成本”、风险、机遇以及“碳交易”等信息	创建可持续性会计框架，重新考虑衡量绩效标准，通过展示长期和广泛的决策后果来满足投资者的信息需求
核心议题	经济、环境、社会	组织治理、人权、劳工实践、环境、公平运行实践、社区参与、发展、消费者问题	环境、治理社会资本、人力资本、商业模式、领导力、创新	气候变化问卷、森林问卷、水安全问卷	财务资本、制造资本、人力资本、关系资本、智力资本、自然资本、社会
披露机制	机构推广 自愿执行	企业或组织 自主申请执行	自愿执行	自愿执行	自愿执行

资料来源：作者根据相关资料整理。

（二）国内 ESG 披露标准现状

目前，我国 ESG 披露标准的发展尚处于起步阶段。环境、社会和公司治理方面的标准单线发展，尚不统一且发展失衡，只在环境方面有强制性的标准，而在社会和公司治理方面大多是一些推荐性、自愿性的要求。

环境维度的信息披露标准文件以披露环境会计信息为主，在我国发展较早且较为成熟。1989 年，我国首次出台了《中华人民共和国环境保护法》，自此，国家大力重视环保问题并相继出台了一系列环境方面的披露标准。由国家环境保护局起草的国家标准 GB 16297—1996（大气污染物综合排放标准）和 GB 8978—1996（污水综合排放标准）分别于 1997 年和 1998 年开始实施。2021 年 12 月 11 日，生态环境部印发了《企业环境信息依法披露管理办法》（以下简称《管理办法》）并于 2022 年 2 月 8 日开始施行。以上两项标准及《管理办法》均为强制性标准，为我国优化生态环境质量提供了强有力的保障。我国环境方面的主要披露标准如表 2 所示。

表 2　国内关于环境方面的披露标准主要内容体系

所属范畴	E- 环境		
标准	GB 16297—1996（大气污染物综合排放标准）	GB 8978—1996（污水综合排放标准）	《企业环境信息依法披露管理办法》
发布时间	1996 年	1996 年	2021 年
发起组织	国家环境保护局	国家环境保护局	生态环境部
目标	控制污染物的排放量，使空气质量达到环境质量标准，排入大气中的污染物数量或浓度达到所规定的限制标准	保护水质量，保障人体健康，维护生态平衡，促进国民经济和城乡建设的发展	规范企业环境信息依法披露活动，加强监督
主要内容	规定了 33 种大气污染物的排放限值，其指标体系为最高允许排放浓度、最高允许排放速率和无组织排放监控浓度限值	按照污水排放去向，分年限规定 69 种水污染物最高允许排放浓度及部分行业最高允许排水量	管理办法分为六章，共三十三条，规定了企业环境信息依法披露的主体、内容和时限、监督管理、罚则等内容
披露机制	相关公司强制执行	相关公司强制执行	相关公司强制执行

资料来源：作者根据相关资料整理。

社会维度的信息披露标准文件以披露社会责任信息为主。2015 年，国家首份社会责任披露标准 GB/T 36000—2015《社会责任指南》由国家质量监督检验检疫总局和国家标准化管理委员会通过借鉴 ISO 26000：2010《社会责任指南》重新起草而成，这一标准为组织社会责任活动提供相关建议，但不包含“要求”标准。2020 年国家市场监督管理总局和国家标准化管理委员会正式发布并实施的 GB/T 39604—2020《社会责任管理体系　要求及使用指南》包含“要求”标准，可用于认证目的，适用于任何规模、类型和活动的组织。我国关于社会方面的主要披露标准如表 3 所示。

表 3　国内关于社会方面的披露标准主要内容体系

所属范畴	S- 社会	
标准	GB/T 36000—2015《社会责任指南》	GB/T 39604—2020《社会责任管理体系　要求及使用指南》
发布时间	2015 年	2020 年
发布组织	国家质量监督检验检疫总局、国家标准化管理委员会	国家市场监督管理总局、国家标准化管理委员会
目标	帮助组织在遵守法律法规和基本道德规范的基础上实现更高的组织社会价值，最大限度地致力于可持续发展	使组织能够通过防止和控制不良影响、促进有益影响以及主动改进其社会责任绩效来更好地履行其社会责任，从而成为对社会更负责任的组织
主要内容	七大核心主题：组织治理、人权、劳工实践、环境、公平运行实践、消费者问题以及社区参与和发展	基于“策划—实施—检查—改进（PDCA）”的概念，将 PDCA 概念融入一个新框架中。规定了社会责任管理体系要求，并给出其使用指南
披露机制	自愿执行	自愿执行

资料来源：作者根据相关资料整理。

治理维度的信息披露标准文件以披露公司治理信息为主，虽已有 20 年的发展历程，但仍未形成规范统一的标准。2002 年，中国证券监督管理委员会和国家经济贸易委员会共同推出了我国第一部公司治理准则——《上市公司治理准则》，首次明确规定了上市公司需要披露的“治理”内容，为我国公司治理的健康发展提供了一个良好的基础。随着国内外形势的转变，中国证券监督管理委员会围绕新时代主题和ESG披露框架于2018年对这一准则进行了修订，除治理责任外，还倡导履行环境及社会责任。此外，2021年香港联合交易所修订的《企业管治守则》加强了上市公司对于企业文化、董事会组建、企业管治、环境、社会及治理等方面的管理意识与深度思考，有利于优化资本市场环境。我国关于治理方面的主要披露标准如表4所示。

表4 国内关于治理方面的披露标准主要内容体系

所属范畴	G- 治理	
标准	《上市公司治理准则》	《企业管治守则》
发布时间	2002年	2005年
发布组织	中国证券监督管理委员会	香港联合交易所
目标	推动上市公司建立和完善现代企业制度，规范其运作，促进我国证券市场健康发展	推动香港上市公司改变董事会组建思维，提升董事会独立性，并推进公司更新董事会成员组合及继任规划，以全面提升公司董事会成员的多元化水平及企业管治水平
主要内容	阐明了我国上市公司治理的基本原则，投资者权利保护的实现方式，以及上市公司董事、监事、经理等高级管理人员所应当遵循的基本的行为准则和职业道德等	主要包括：（1）守则条文；（2）建议最佳实践。守则条文和建议最佳实践共同规定了发行人在公司治理及信息披露方面的具体要求
披露机制	上市公司强制执行	上市公司强制执行

资料来源：作者根据相关资料整理。

三、建设我国ESG披露标准的建议

本文立足中国当前经济高质量转型的新发展理念，借鉴ESG标准的国际经验，基于国内ESG相关标准的现状，建议尽快推出切实可行的中国ESG披露标准。

第一，尽快制定并出台规范统一的ESG披露标准。ESG的披露标准应该包含披露原则、指标体系、披露要求与应用等方面的内容。首先，立足我国当前发展国情，确保ESG披露标准引导中国经济和社会的可持续发展：在环境方面要契合绿色发展理念，在社会方面要契合协调、共享发展理念，在治理方面要与创新发展理念保持一致。其次，对标国际成熟的ESG披露标准，在披露标准的内容制定方面要尽量与国际标准对标，提高ESG披露标准的兼容性。最后，要细化披露标准在环境、社会和治理方面的披露指标，通过具体详细而不是泛泛而谈的披露指标，切实引导企业贯彻落实可持续发展理念。

第二，ESG披露标准落实到微观企业层面。企业作为社会经济单位的基础，践行ESG披露标准不仅能够带动我国经济高质量发展，实现经济社会发展的全面绿色转型，还能帮助我国更好地融入国际经济体系，参与全球经济治理。首先，提高我国企业参与ESG披露的积极性，积极动员上市龙头公司发挥先进模范作用，带动其他企业共同参与ESG披露；其次，逐步提高披露要求，从“自愿披露”转向“不遵守就解释”或是“强制披露”，逐步提升企业的ESG披露率，使ESG披露标准成为我国可持续发展的强有力根基；最后，建立明确的赏罚机制，对披露表现优良的企业予以奖励，对应该进行披露却未进行披露以及披露表现不佳的企业予以不同程度的惩罚，加强企业对 ESG 披露标准的执行力。

第三，行业协会、国际组织和学术机构等第三方主体积极参与 ESG 披露标准的制定。行业协会、国际组织和学术机构这类第三方主体不是 ESG 披露标准的直接目标对象，它们的建议和要求更具客观性，且学术机构的参与能够为 ESG 披露标准打造坚实的理论基础，加速助推 ESG 披露标准的落地与发展。首先，行业协会、国际组织和学术机构等积极探索国内外 ESG 的发展动向，实时跟进发展新趋势；其次，鼓励第三方主体之间积极分享在 ESG 领域探索的优秀成果，通过共享和交流不断丰富完善 ESG 披露标准的内容，推进标准的实施与落地；最后，鼓励第三方主体积极参与 ESG 披露标准的评审与修订环节，在指标设置、行业适用性、评分准则等方面建言献策，提升 ESG 披露标准规范化、标准化、科学化。

第四，建立 ESG 生态体系。构建 ESG 生态体系有利于提升全民的可持续发展意识，通过生态体系的网络联动效应深入推进我国的 ESG 发展。首先，打造集企业、投资者、标准制定与监管机构、第三方服务与研究机构、倡议组织等多元利益相关者的 ESG 生态体系；其次，做好 ESG 生态体系的顶层设计，建立由领导层、管理层、执行层和监督层构成的组织体系；再次，明确 ESG 生态体系各个组成部分的主要职责，保障 ESG 披露标准的执行效率和效果；最后，在各生态主体之间建立一个联动机制，形成自运转模式，最终实现 ESG 生态体系的可持续发展。

（作者单位：首都经济贸易大学中国 ESG 研究院）

参考文献

［1］冯佳林，李花倩，孙忠娟．国内外 ESG 信息披露标准比较及其对中国的启示 [J]. 当代经理人，2020（3）：57–64.

［2］王凯，张志伟．国内外 ESG 评级现状、比较及展望 [J]. 财会月刊，2022（2）：137–143.

［3］黄世忠 .ESG 报告的“漂绿”与反“漂绿”[J]. 财会月刊，2022（1）：3–11.

［4］唐晓萌，柳学信．ESG 在中国的发展及建议 [J]. 当代经理人，2020（3）：3–7.

［5］陈宁，孙飞．国内外 ESG 体系发展比较和我国构建 ESG 体系的建议 [J]. 发展研究，2019（3）：59–64.

［6］张燏婧．探求 ESG 投资超额回报的源泉 [J]. 中国资管，2022（1）：65–71.

雪球产品运作机理及市场影响解析

王兆宇　赵文荣　史　周　赵乃乐

摘　要：雪球产品由于其较高的票息收益和仅承担尾部风险的特征，在近两年得到了市场的广泛关注。雪球产品是典型的结构化产品，底层收益由券商以场外合约的形式提供。雪球产品的发展，可能带来资产管理行业和场外衍生品市场的新变化。本文从雪球产品的架构、收益来源及行业发展等角度，详细梳理了雪球这类创新产品的投资脉络及对市场的影响。

关键词：雪球产品　结构设计　定价模型　场外期权　风险管理

一、雪球产品解析

（一）雪球产品发展：适应市场需求，关注度逐渐提升

雪球产品关注度、产品数量均有较大程度提升。雪球产品作为一种结构化产品，较早就有在国内市场发行。同时，雪球产品在海外也广泛存在，在欧洲市场上被称为Autocallable Barrier Reverse Convertibles。雪球结构产品被认为是境外财富管理市场近20年来十分成功也十分重要的产品。在中国市场中，此类包含敲入敲出的产品，在敲入敲出界限之中，持有期限越长，显著的票息收益将如滚雪球一般越滚越大，因而得名“雪球结构”（Snowball）。从Wind终端中查找可比的私募发行产品（券商资管计划、基金子公司产品、私募产品等），可以看到名称中带有“雪球”字样的产品发行数量不断增加。

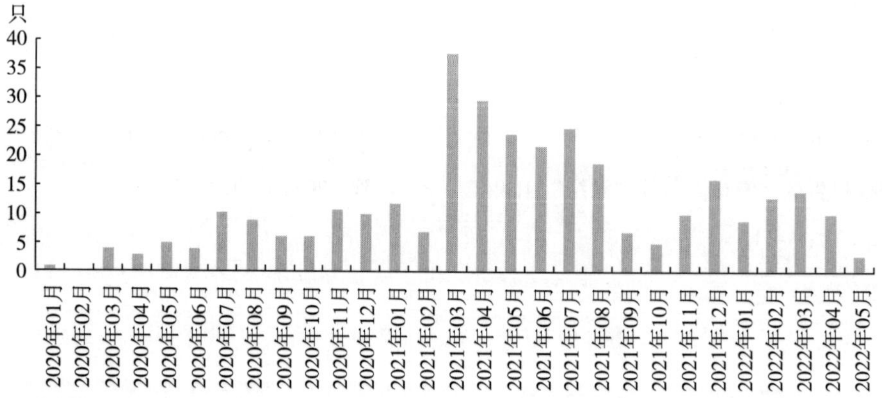

注：2022年5月数据截至2022年5月20日。

图1　名称含有“雪球”的可比产品的月度发行数量

（资料来源：Wind，中信证券研究部；数据来自Wind终端券商资管、收益凭证、基金子公司产品、私募产品等）

（二）雪球产品构建方式：多为无杠杆　的以场外衍生品作为持仓的私募发行产品

1. 雪球产品具有公式性收益的特征

雪球产品虽然不具有标准化的结构，但国内市场的结构逐渐形成统一。这里以最为常见的产品结构举例，该结构是一个带有自动敲入和敲出特点的收益结构，这类独特的收益结构通过内嵌一系列期权组合实现收益的兑付，其本质是投资者卖出带有一系列触发条款的认沽/看跌期权并获得期权费作为收益来源。

我们以表1中展示的要素为例，描述雪球产品可实现的收益结构（后文定价及希腊字母计算等举例如无特别提及，均为表1中产品要素）。

表1　典型雪球结构示例

挂钩标的	中证500指数	
存续期限	1年	
敲出观察频率	每月	
敲入观察频率	每日	
敲入界限	75%	
敲出界限	100%	
敲出票息	15%（年化）	
红利票息	15%（年化）	
投资本金	100万元	
产品回报	敲出	100%本金+敲出票息
	敲入	Min（期末价格/期初价格，100%）
	未敲出且未敲入	100%本金+红利票息

资料来源：中信证券研究部；产品要素根据理论模型测算及调整，但并非实际产品。

其中，敲出观察是指观察挂钩标的价格在观察日是否超过敲出界限，如果超过敲出界限，则投资者获得敲出票息，产品提前结束。一般敲出观察频率为每月观察。敲入观察则是指观察挂钩标的价格在观察日是否低于敲入界限，如果低于敲入界限，则产品收益给付转为指数涨跌。一般敲入观察频率为每日观察。在敲入状态下，依然会观察敲出。下文举例描述可能的收益场景。

假设投入本金100万元人民币，此产品会产生如下四种不同的收益情景：

（1）情景一：不触发敲入也不触发敲出。

存续期内中证500指数既没有触发敲入也没有触发敲出，换言之，指数的波动一直保持在75%~100%。1年到期后，投资收益为15万元。

（2）情景二：在某时刻触发敲出条款。

假设中证500指数在3个月后涨幅超过了100%，触发了敲出，则产品会提前结束，按照15%的年化收益率结算，投资收益为100×15%×3/12=3.75万元。

（3）情景三：指数大跌，触发敲入，未触发敲出。

如果中证500指数跌幅超过了30%，则触发了敲入，收益率转为指数亏损程度（若指数未出现亏损且未敲出，则投资者收益为0）。假设到期后中证500总跌幅为15%，那本金就会亏损15%，为–15万元。

（4）情景四：指数大跌后大涨，先敲入后敲出。

如果中证500指数跌幅超过了25%，发生了敲入，但指数又在存续期内涨回了100%，在到期日触发了敲出。这种先敲入后敲出的情况，依然会按照 15%，也即敲出票息去结算收益率，最终投资者获得收益 15 万元。

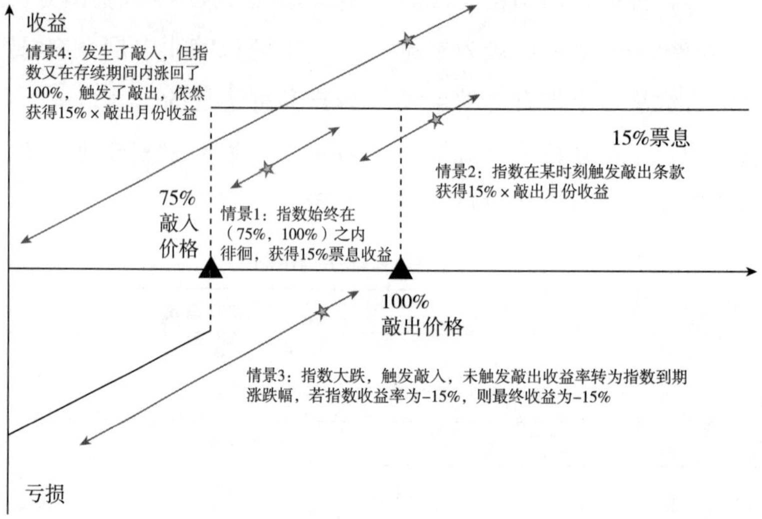

图 2　典型雪球产品收益结构及不同情景下收益

（资料来源：中信证券研究部；产品要素根据理论模型测算，接近真实市场报价，但并非实际产品）

2. 了解合理定价，是雪球产品投资的基础

（1）雪球产品是以内嵌奇异期权组合的方式实现收益。

同时，卖出期权的结构使得投资者产生较高的期权费收入。因此，票息收入实际上是卖出奇异期权收到的期权费用。但投资者并非投资银行，并非期权对手方，考虑产品为一个整体可能在定价上会更加简单。因此，我们建议可以考虑将雪球产品作为一个整体，以传统的现金流贴现方式实现对雪球产品的定价。雪球产品和线性产品的差别是，其定价需要模拟多条路径，最后求贴现后的均值。

（2）雪球结构产品定价计算过程。

股票（指数）收益为依据无套利原理假设在风险中性空间下均值为 $\mu+1/2\sigma^2$、方差为 σ^2 的正态分布。由于股指期货有基差的存在，这里将 μ 替换为基差 D。

首先生成 N（文中计算均为 N=10000）条按一年 252 个交易日计算的每日股票（指数）价格序列。之后，按照敲入和敲出的频率和界限判断序列上的敲入敲出点（文中以 21 个交易日为一个月计算，真实情况下可用日历日计算），将 N 条路径分为三个类别，分别为：

①【发生过敲出】敲出日价格 > 敲出界限，记录敲出月份（不影响收益计算，因此该场景不需要考虑是否敲入）。

②【敲入未敲出】敲入日价格 < 敲入界限，且敲入点后敲出日不存在股票（指数）价格 > 敲出界限。

③【无敲入及敲出】不存在任何敲入日价格 < 敲入界限和任何敲出日价格 > 敲出界限。

再分别计算三个场景下的股票路径收益：

类别①【发生过敲出】：收益率 = 票息 × 敲出月份；

类别②【敲入未敲出】收益率 = 期末价格 / 期初价格；

类别③【无敲入及敲出】收益 = 票息收益。

最后，每条路径的收益使用无风险利率贴现计算均值即为雪球产品理论价格。

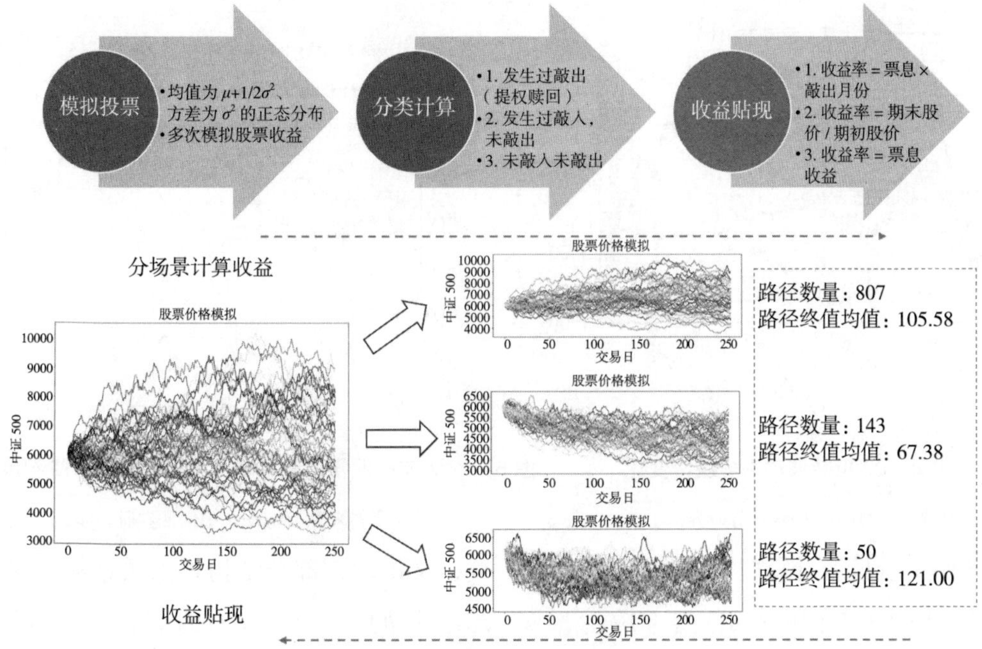

图 3　雪球产品定价流程

（资料来源：中信证券研究部）

3. 雪球产品规模增长背景：波动率、基差及融券市场的变化值得注意

（1）雪球产品的优势不仅来源于灵活的结构，更来源于高票息易敲出的投资吸引力。

图 4 展示了中证 500 指数历史波动率及价格变化。中证 500 指数的短期波动率在 2020 年初快速上升后又立即下降，且在 7 月再次上升，之后波动率从高点回到 20% 左右并在一段时间内保持稳定。恰恰在这段区间中，中证 500 指数的价格在区间震荡，没有发生明显的变化，同时，估值水平也处于合理的位置，投资者对于指数没有太明确的方向。而在这段区间内，雪球结构的报价呈现出 20% 左右的年化票息收益，并且由于市场的反复震荡，很容易提前敲出。因此，这段时间区间也是雪球产品规模快速增长的区间。

我们按照上文的定价模型反算票息。在实际投资过程中，雪球产品无法通过二级市场交易，要素报价基本上以百分比形式呈现。因此，定价时可以假设产品净值（或理解为票面价值为 100），反算产品要素。影响定价的要素除产品本身结构要素外，产品价格的主要市场要素为波动率及利率，此外还应考虑股票本身的分红。按照滚动一年期的波动率计算，则 2020 年初以来，波动率维持在 25% 左右。同时，IC 的基差贴水在 2020 年 2 月以来一直维持在年化 -10% 左右。因此，在此阶段发行的一年期雪球产品，券商多以 20%~25% 之间的波动率作为产品发行的参数，并假设在中证 500 的收益中包含一定的基差收益。而自 2021 年以来，短期和长期的波动率均开始出现明显下行，伴随基差也相应收敛。

值得注意的是，以中证 500ETF（510500.SH）为代表的跟踪指数的 ETF 融券余额不断上升，显示 ETF 的融券需求增加。利用 ETF 作为现货对冲，额外的融券收益也可以作为现货的收益来源，加入定价模型的分红项中。

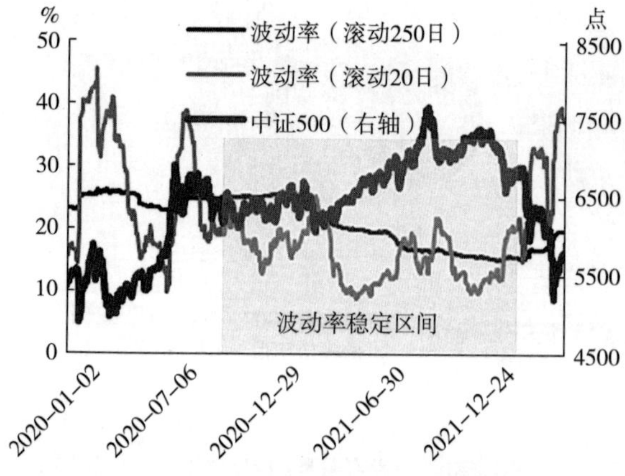

图 4　中证 500 指数波动率与股价变化

（资料来源：Wind，中信证券研究部）

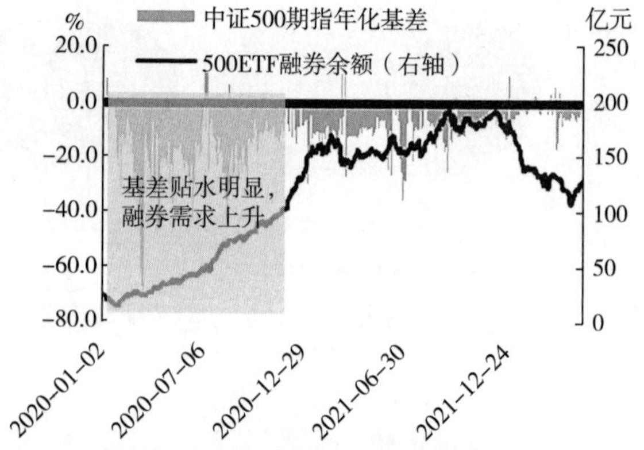

图 5　中证 500 股指期货基差及中证 500ETF 融券余额变化

（资料来源：Wind，中信证券研究部）

（2）按照定价模型计算，雪球产品 2020 年下半年保持一段较长时间的稳定高票息收益。

这里假设以过去一年的波动率 –3%（预留一定下降空间）、过去一个月的 IC 的主力合约平均年化贴水（减去分红影响）作为定价的市场要素，计算上文举例的雪球结构合理的票息水平。从结果中可以看到，自 2020 年 7 月、8 月开始，连续数月中证 500 的波动率水平处于 20% 以上，且这段时间 IC 基差较为稳定。因此，文中举例部分结构理论票息每月的理论雪球结构票息在 15% 左右的水平维持。而自 2021 年 3 月以来，指数波动率出现明显的下行趋势，同时 IC 基差也逐步收敛。雪球结构的理论票息也随之下降，如果按照同样的报价方式报价，雪球产品的吸引力在 2022 年的新发产品中会明显低于上年下半年的产品报价，这与我们观察到的产品情况相吻合。

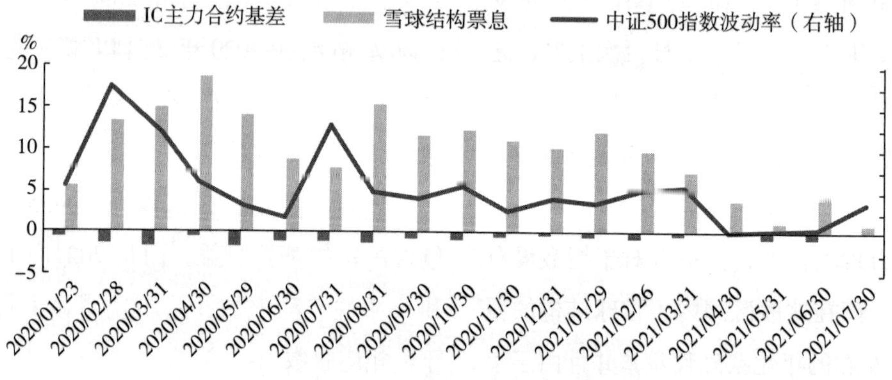

图 6　中证 500 挂钩雪球产品每月理论报价变化

（资料来源：Wind，中信证券研究部）

4. 雪球产品优势

（1）相比传统组合提供更高票息收益。

雪球结构收益分布和股票收益分布存在明显区别，适合不同投资需求。雪球产品可以提供明显高于债券利率的票息报价。股票资产可能获得高收益，但收益分布接近于正态分布（图 7），风险与收益均等，获得高收益的概率不高。雪球产品在未达到敲入的障碍时，均可获得稳定的年化票息，但由于敲出条件的存在，大部分收益也集中在5%之内。但负收益只出现在尾部（图8中灰色柱状图）。除正收益外，只存在小概率尾部风险。如果将投资期限对齐，假设敲出后重新将资金投入进相同条款的雪球结构，则集中高收益概率大幅上升，但相应尾部风险也有所上升（图8中黑色柱状图）。因此，雪球产品牺牲了尾部的高收益，承担一定尾部风险，提供了大概率高于债券收益的高票息收益，适合投资于不发生大涨大跌的行情下的标的。

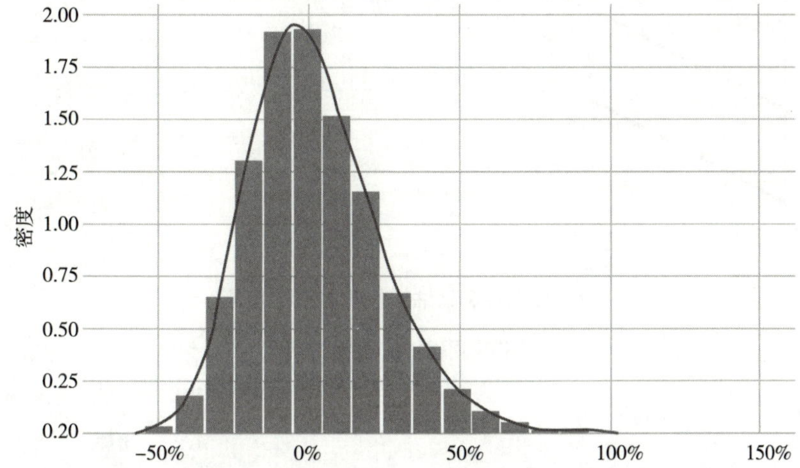

图7　模拟中证500一年期收益分布

（资料来源：Wind，中信证券研究部）

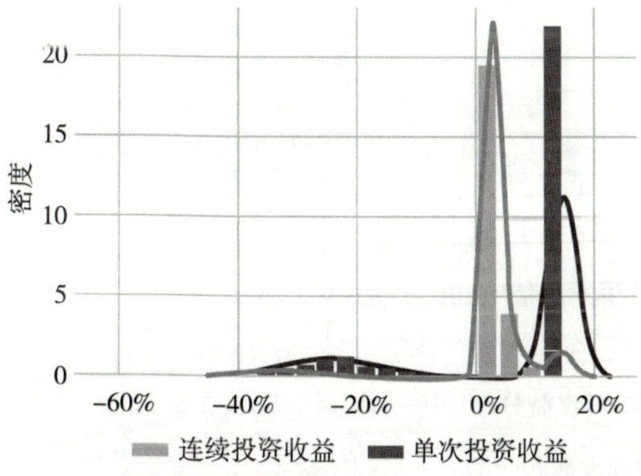

图8　模拟雪球结构收益部分（包含再投资）

（资料来源：Wind，中信证券研究部）

（2）相比备兑认沽策略锁定长期收益，暴露尾部风险。

相比卖出认沽/看跌期权策略，雪球结构票息（权利金收益）更高，主要暴露尾部风险。从定价上看，与雪球期权举例相同要素（标的，到期日、行权价、波动率、无风险利率等）的一年期欧式认沽/看跌期权的价格要低于雪球结构提供的票息价格。看起来相对高一些的票息收益，是将卖出奇异认沽/看跌期权获得的“无条件期权费”做了二次加工，买入了一些认购/看涨的二值期权，使得票息在达成一些条件（通常是触发敲出）时才能获得，无条件的期权费变为满足条件时才能获得的票息提高了票息获得的数值。在认沽期权的收益分布上，虽然大部分收益分布在高票息固定收益上，但负收益分布较为稳定。雪球结构的负收益则更多集中在尾部。在出现亏损时，雪球结构承担的损失幅度在尾部比一般的卖出期权策略更多。这也可以理解为雪球结构的敲入障碍是期权卖方的退出机制，香草认沽/看跌期权的卖方始终具有行权的义务，因此，无论市场如何变化，始终会有权利金收益，在下跌时的亏损幅度会低于指数的下跌幅度。

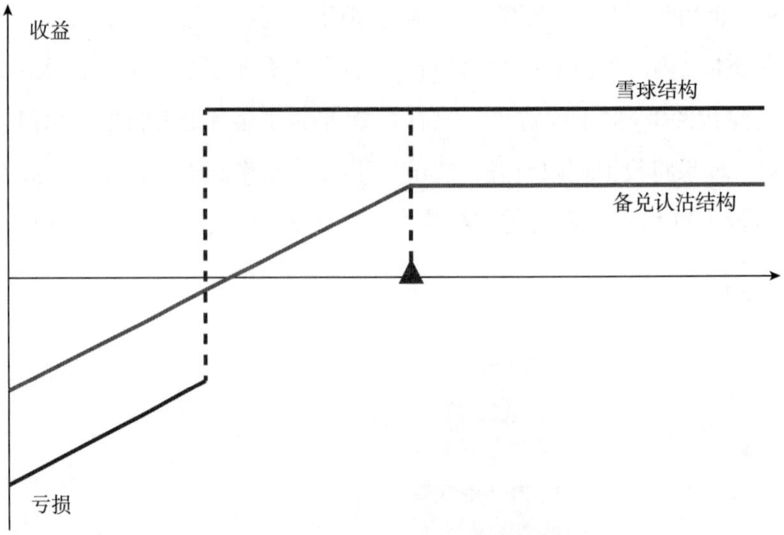

图 9　雪球和认沽期权收益结构差异

（资料来源：中信证券研究部）

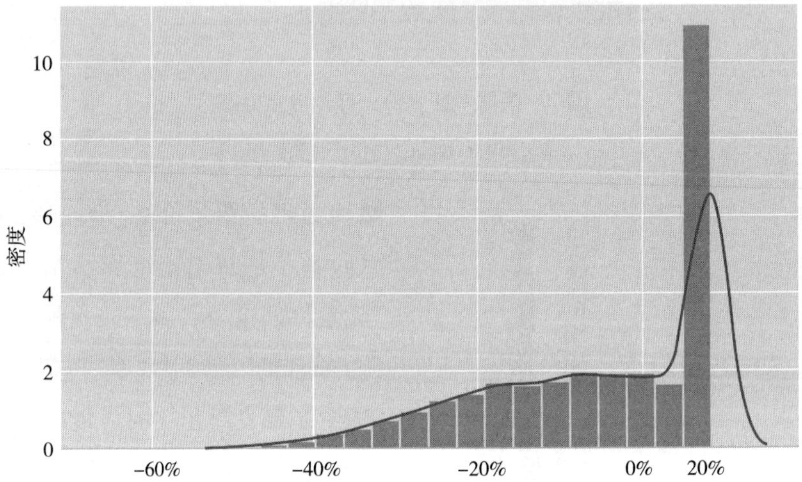

图 10　一年期卖出认沽期权收益分布

（资料来源：中信证券研究部）

二、雪球结构底层实现方式及场外期权业务

（一）场外期权市场：雪球产品的管理和核心工具

现阶段雪球产品大多是资管产品类架构。如我们在报告《另类策略与结构化产品系列之二——结构化产品概况及投资特征》（2021-7-29）中所提及的，区别于结构化票据和结构化存款的形式，现阶段国内雪球产品多以资管产品的形式存在。资管产品是一项独立资产，不依赖于发行人的信用状况。结构化产品以资管产品的形式发行，投资者购买资管产品，并从产品中获得独立收益。该产品的一小部分投资于场外衍生工具，以获得上行敞口。

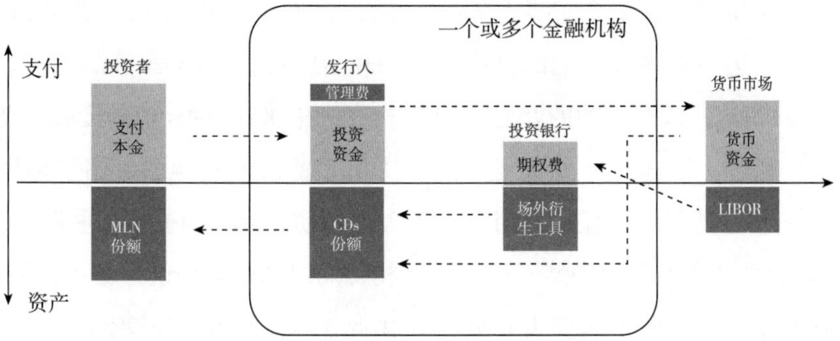

图 11　单位信托结构化产品关系

（资料来源：SPR，中信证券研究部）

这里的场外衍生工具，实际上就是国内资产管理机构与券商签订的场外协议。场外协议以收益凭证及场外期权两种形式发行。由于部门之间的"防火墙"，国内券商资管部门不会与该券商自身签订场外协议，而在海外，投行与发行商可能是同一家金融机构。

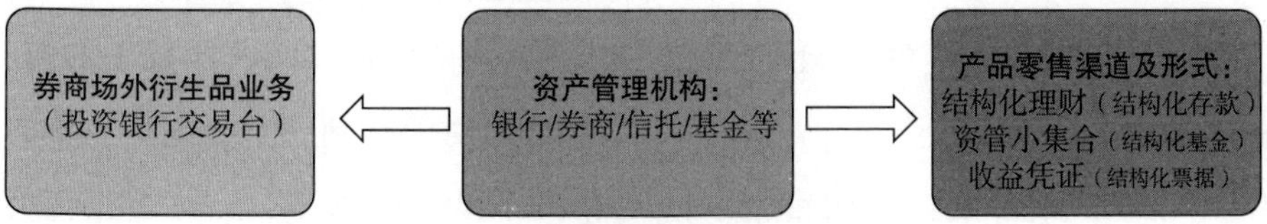

图 12　国内结构化产品发行形式及各机构关系

（资料来源：中信证券研究部）

（二）场外期权的管理：以动态与静态复制相结合方式实现风险中性

动态对冲是指卖出期权的一方使用不断调整组合 Delta 的方式，实现期权结构的动态复制。客户达成雪球结构期权交易后，证券公司以自有资金在二级市场交易挂钩标的进行风险对冲，回避挂钩标的价格变动产生的方向性风险，证券公司将基于专业的量化模型计算风险敞口，通过动态对冲的方式始终保持风险中性。

在期初雪球结构期权交易达成时，证券公司将根据量化模型给出的风险敞口，建仓买入相当于名义本金规模一部分的挂钩标的资产。若标的资产价格不断上涨，证券公司将逐步卖出所持有的标的资产、降低仓位；当产品敲出时，证券公司将清仓所持有的标的资产。若挂钩标的资产价格不断下跌，在发生敲入事件之前，证券公司将逐步买入标的资产、增加仓位；发生敲入事件后，证券公司已将全部产品资金买入标的资产，持有 100% 的标的资产仓位。证券公司在上涨周期中不断卖出挂钩标的资产、在下跌周期中不断买入标的资产，通过低买高卖，证券公司将赚取标的资产价格波动收益。证券公司在对冲活动中赚取的价格波动收益减去证券公司约定支付的票息收益，差额部分（若有）即为证券公司的最终对冲收益。证券公司在对冲雪球结构期权时呈现低买高卖、高对冲持仓比例和低换手率的行为特征。

静态期权复制有时也会用于奇异期权的管理。John.Hull 的《期权、期货及其他衍生品》提到：静态期权复制（Static Option Replication）的对冲方式，目的是寻求市场上交易活跃的产品组合来近似复制特种期权。静态对冲的基本原理是：如果两个交易组合在某个边界上的价值相同，那么它们在边界的内部点上的价值也相同。与Delta对冲相比，该类对冲的好处在于不需要经常对它做调整。静态对冲可应用的范围广泛，在对期权进行复制的过程中，用户可以自由选择匹配价格的边界与期权类型。

而在实际对冲操作中，由于期权头寸数量多，各种要素及期限等各有不同，券商交易台以动态、静态复制的方法作为理论基础，都会配置更为系统的交易方式。下文中的举例仅是为便于理解对冲逻辑，在实际交易中，考虑交易效率和组合对冲，不会通过单一合约单独交易对冲风险。

（三）雪球结构的对冲操作：核心是以正向Gamma提供收益来源

相对于香草期权，雪球期权结构希腊字母变化具有更复杂的变化。期权的希腊字母用来描述期权组合的风险暴露程度。期权的Delta值代表单位标的资产价格变化带来的期权价值的变化，这里使用雪球产品价值计算［交易商会给出雪球结构及雪球产品的估值，如中证500指数从6000点变为6001点，雪球产品票面价值从100元变为100.003元。由于数量级不同，我们这里进行归一化处理，Delta值乘以（6000/100）］。Gamma值则代表单位标的资产价格变动带来的Delta值的变化。期权的买方和卖方会暴露反向对等的希腊字母风险。对雪球结构的投资，期权的投资方主要关注雪球的收益结构，期权结构的提供方更关注期权结构的风险。因此，本文所指的希腊字母，为券商面临的期权风险。利用蒙特卡罗模拟定价差值法计算出的Delta及Gamma的变化大致如图13所示（图13为示意图，希腊字母变化的斜率不一定准确）。

可以看出，在标的价格发行时的价格（或敲出价格）区间内，Delta绝对值随着指数价格下降而不断上升，同时拥有Gamma（Delta变化速度不断增加）。而在接近（未到）敲出点时，Delta绝对值达到一个极值点，转而随着标的价格的下跌而减少，Gamma由正转负。当产品敲入后，Delta值逐渐变为1左右（和指数同涨同跌）。因此，对于雪球结构的对手方券商而言，标的价格处于或低于敲出价格的一段区间是理想的对冲区间；而越接近敲出点时，则Delta的对冲难度会加大。在标的价格显著高于敲出价格时，Delta变为0，即可将对冲仓位保持空仓的状态。

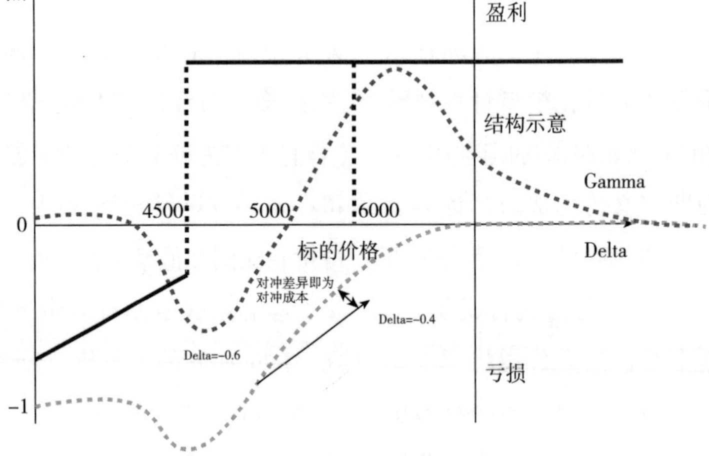

图13　雪球结构希腊字母及对冲收益来源

（资料来源：中信证券研究部）

雪球结构处于Gamma显著的标的价格区间，是主要的对冲收益来源。雪球结构发行后大部分时间标的价格处于敲出价附近的一段区间内。假设使用IC合约进行Delta对冲，大部分时间的对冲操作是在市场下跌时，Delta绝对值增加，这时原有IC头寸产生了更少的下跌损失，之后动态调整IC合约成新的头寸，继续保持Delta风险中性；若市场再度上涨，Gamma使得Delta绝对值再次减少，同样，原有的IC头寸产生了更多的上涨收益，而后再将IC减仓至新的Delta头寸。以2020年7月31日发行的雪球产品为例，由于中证500指数在1个月内超过了期初的点位，在2020年8月1日敲出提前结束。用定价模型计算每日的Delta值以进行动态对冲的操作实现了2.1%的收益（指数收益1.3%），给出1.25%（15%/12）的收益及其他对冲成本之后，券商依然有留存收益。

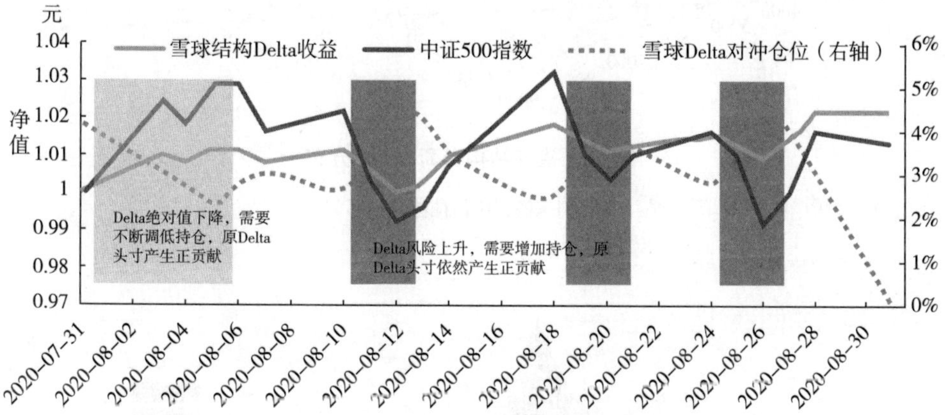

图14 单一雪球结构对冲收益

（资料来源：Wind，中信证券研究部）

雪球结构的Delta值和Gamma值在敲入点附近时存在跳升，是风险的主要控制区间。如上文提到，从雪球结构的Delta及Gamma的特征上看，Delta绝对值在临近敲入点附近时达到最大，之后会随着标的价格的不断上升而下降，在敲入点附近，变化速度最高；在标的价格逐渐上升超过敲出点较多时，Delta变为0，在标的价格低于敲入点后，Delta逐渐趋近于–1。而从时间上看，Delta值的低点和Gamma值的高点在临近到期时会相应放大。[①]

① 希腊字母的计算由于选择的步长、路径数量、Barrier Shift等因素的影响存在较大抖动，实际应用上存在很大优化空间，但不影响结论。

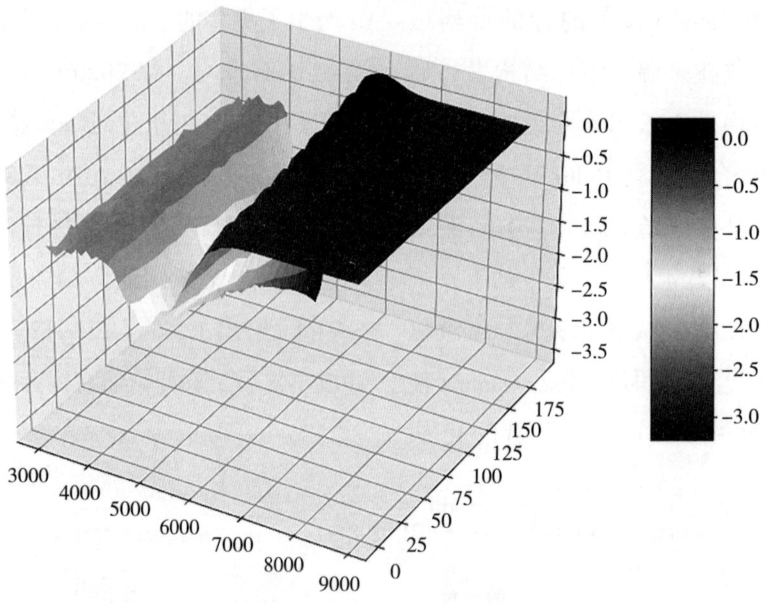

图 15　雪球结构券商 Delta 分布

（资料来源：中信证券研究部）

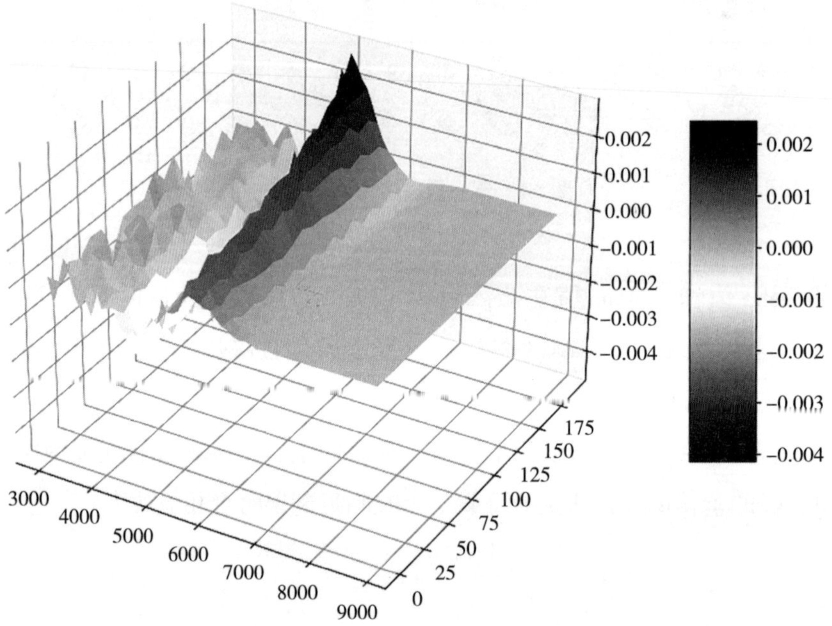

图 16　雪球结构券商 Gamma 分布

（资料来源：中信证券研究部）

（四）对冲行为的影响：并非无风险的业务模式，但对冲头寸对市场的影响非常有限

衍生品的希腊字母可以相加，券商对冲的是整个资产池的资产。上文提到的雪球结构对冲操作仅仅是理论展示，现实存在的对冲环境会更加复杂。（1）在动态对冲中，需要考虑对冲成本、各种参数的合理调整，同时，考虑到交易的效率，在计算希腊字母时，精度和计算速度都会纳入交易时的考量。（2）不同的期权

对手方合约，甚至不同的雪球结构，都会有不同的希腊字母曲面，不同期权合约的相同希腊字母可以相加。因此，对冲交易台面临的是相互轧差之后的风险头寸，如果相同标的和相同结构产品数量过多，则对冲的压力会增大。（3）除主要的Delta、Gamma风险外，其他及高阶希腊字母的取值也会随着衍生品头寸的不断增加，数量级逐渐扩大。因此，券商对于衍生品的对冲操作是一个系统性的工作，对交易计算、清算系统和衍生品业务的风险管理均具有较高的要求。

雪球结构在主要风险点附近存在短期风险，长期的风险在于波动率的变化。假设某家券商仅有雪球结构的衍生品头寸且具有一定规模，并且大部分结构在同一时点发行且结构相对类似，则当雪球结构在敲入点附近时，此时券商暴露的Delta较大，且变化幅度较大，进行对冲的成本也相应较高；则在这类主要风险点附近，券商的对冲操作存在一定难度。在理想对冲区间，券商暴露的Gamma相对显著，是Gamma收益主要的来源区间，然而如果波动率下降，市场波动逐渐减小，市场波动率低于隐含波动率，则对冲频率减小，Gamma收益可能会低于Theta成本，对冲操作提供出的收益也可能无法满足应付的票息。相比于传统的市场涨跌判断，对于波动率、利率等市场因素的判断，会对券商衍生品业务的对冲收益起到重要的影响。

（五）场外衍生品业务：券商资本金业务转型的主要依托工具

资本金业务CR10的券商，大部分为对冲头寸。我们观察2020年上市券商中自营收入（投资净收益—公允价值变动净收益）最高的CR10。CR10券商在持有高额金融资产的同时，也同时具有较大规模的衍生品头寸，这可以理解为，在手的可交易金融资产（主要是股票资产）目的是为了对冲衍生品的风险，并且从中获得波动价差的收益。相较于2019年年报，CR10券商在可交易金融资产增加的同时，持有权益型衍生工具的头寸更大幅度地增加，可以理解为大部分持仓目的是为了对冲的需要。同时，在若干券商的年报中也提到，衍生品业务的大幅上升，带来可交易金融资产的增加。

雪球结构的对冲，并非仅仅是单一的结构对冲，只是券商资本金业务版图的一个部分。券商是证券交易客户的主要交易对手，基础业务就是面临客户的交易撮合和风险对冲。券商业务的不断发展，催生出更多的特定对象产品设计、定价等服务。券商的业务越多，对手方就会越多，可以发挥更优的配置效率。

以衍生品合约作为载体，衍生品业务在单纯的股票资本利得收益与息差收益的基础上，更好地发挥券商的交易能力，提供波动价差的收益。融资能力强、衍生品交易能力强的券商，会在场外衍生品的发展中持续受益。

如图17中所示，自营业务收入CR10的券商的衍生品头寸的增加，不仅没有带来高风险的经营，还令2020年全年自营收益没有因为第一季度的下跌出现大幅波动，而是保持相对稳定。

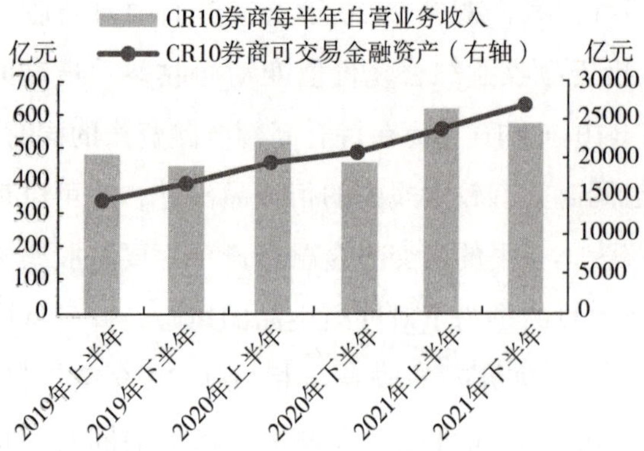

图 17　自营收入 CR10 券商自营收入及资产变化情况

（资料来源：Wind，中信证券研究部）

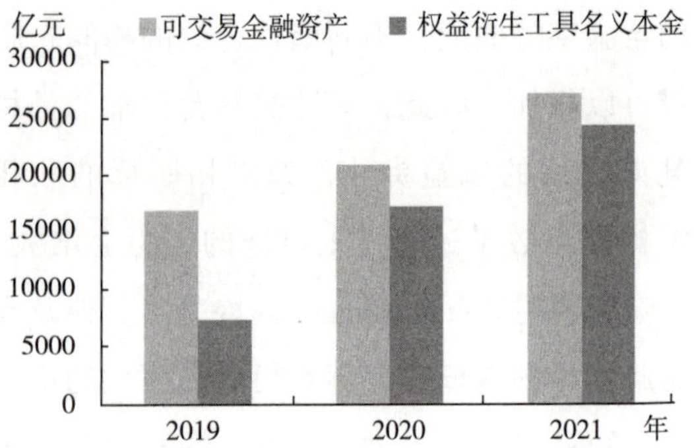

图 18　自营收入 CR10 券商交易性金融资产及权益衍生品头寸

（资料来源：Wind，中信证券研究部）

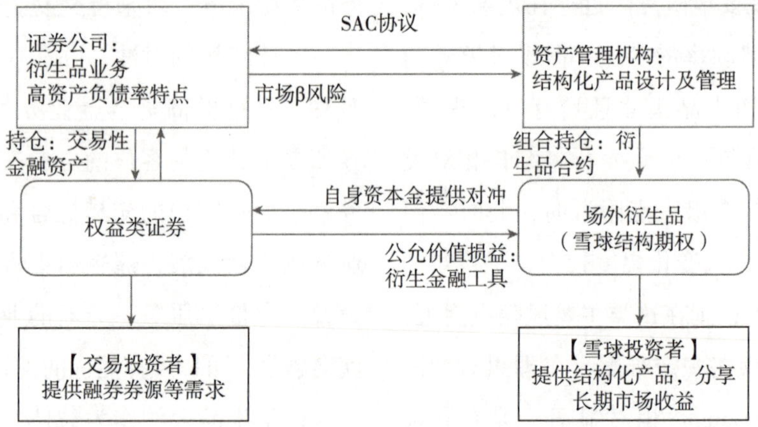

图 19　衍生品在自营业务中具有对冲风险的作用

（资料来源：中信证券研究部）

三、雪球结构的风险管理：背后是券商业务模式的转型

（一）场外业务管理规则：监管不断趋于完善

2020 年 9 月 25 日，中国证券业协会发布并实施了《证券公司场外期权业务管理办法》（以下简称《管理办法》）。《管理办法》在《关于进一步加强证券公司场外期权业务监管的通知》《关于进一步加强证券公司场外期权业务自律管理的通知》两份文件的基础上，结合了近两年各一级、二级期权交易商的实践经验，完善、细化了业务标准与执行流程，为场外期权业务未来的发展奠定了坚实的基础。

新的管理办法放宽了二级交易商的准入门槛，首次提出允许 B 类 BBB 级券商申请二级交易商资质；明确了二级交易商如展业一年情况良好、未有重大风险事件的，可以申请一级交易商，这意味着允许 A 类 A 级的证券交易商可以申请一级交易商。由于证券公司交易商资质与分类评级挂钩，一旦评级变动会直接影响交易商资质，所以对交易商资质也应当采取动态持续管理。

新的办法也承袭了对投资者适当性管理的严格要求。伴随监管部门近年“降杠杆、去通道”的要求，《管理办法》也要求交易商对于金融产品类交易对手，必须核实该产品是否为通道产品。这一方面是为了做好客户身份识别、查验客户的真实交易需求，另一方面也是为了穿透到底层了解真实的风险状况，避免场外期权业务沦为单纯为客户加杠杆的工具。

2021年12月3日，中国证券业协会制定发布《证券公司收益互换业务管理办法》（以下简称《管理办法》）。中国证券业协会提到，“自2012年试点以来，证券公司收益互换业务稳步发展，市场需求逐步扩大，在服务实体经济、服务投资者资产配置和风险管理需求、提升证券公司专业服务能力等方面发挥了积极作用。与此同时，随着业务发展，也出现了一些新情况、新问题，原有制度规则已明显不适应业务发展需要。为此，协会组织制定了《管理办法》，从交易商管理、投资者适当性管理、交易标的及合约管理、保证金管理、风险控制、禁止行为、数据报送及监测监控、自律管理等八个方面对收益互换业务提出了规范要求，旨在推动证券公司提升专业服务能力和合规风控水平，促进证券公司收益互换业务健康发展。”

《证券公司收益互换业务管理办法》和相关文件最重要的两点影响是，挂钩私募净值被禁止，以及融资型收益互换受到保证金相关规定的限制。该办法第十七条明确指出，收益互换业务不得挂钩私募基金及资管计划等私募产品、场外衍生品，证监会认可的情形除外。这两点影响很好地避免了收益互换再次沦为一些机构的变相杠杆工具。对证券公司而言，管理办法的规范很好地避免了行业内收益互换业务的不规范竞争。规范的监管条文，让未来衍生品业务明确了发展方向，避免了对创新型业务由于某些机构的不规范操作而导致“一刀切”的状况发生。

表2 《证券公司收益互换业务管理办法》协会发布要点及对应条款一览

序号	新规要点	中国证券业协会描述	对应代表条款
1	严格交易商管理	明确证券公司开展收益互换业务应当具备场外期权交易商资质，并使用专用对冲账户开展对冲交易。	第八条 证监会认可的场外期权一级交易商或协会备案的场外期权二级交易商，可以开展收益互换业务。未获得交易商资质的证券公司，只能与交易商开展基于自营目的的收益互换交易，不得与客户开展收益互换交易。交易商资质管理和动态调整，适用《证券公司场外期权业务管理办法》有关规定。
			第十一条 证券公司应当使用交易所专用对冲账户按规定开展挂钩股票、股票指数等权益类收益互换对冲交易。
2	提高投资者适当性要求	明确交易对手方应当具有资产配置、风险管理的真实需求，符合《证券期货投资者适当性管理办法》规定的专业机构投资者标准；产品参与收益互换的，应当为合规设立的非结构化产品，穿透后的委托人中，单一投资者在产品中权益超过20%的，应当符合专业投资者标准。	第三条 证券公司应以服务实体经济、服务客户资产配置和风险管理需求为导向，坚持公平、诚信、稳健的原则，合规、审慎开展收益互换业务。
			第十二条 收益互换的交易对手方，应当具有资产配置、风险管理的真实需求，符合《证券期货投资者适当性管理办法》规定的专业机构投资者标准。
			第十四条 证券公司开展收益互换业务应当充分尽职调查，采取要求交易对手方提供证明材料、查询公开信息等必要措施，对交易对手方的真实身份、是否符合适当性要求、是否具有真实需求、是否为依法取得或募集的资金、是否符合反洗钱的有关规定、是否符合产品合同约定的投资范围等进行核实。

续表

序号	新规要点	中国证券业协会描述	对应代表条款
3	加强挂钩标的管理	明确挂钩标的应当具备公允的市场定价、良好的流动性，不得挂钩私募基金及资管计划等私募产品、场外衍生品；证券公司应当建立挂钩标的白名单制度和穿透核查机制。	第十七条 收益互换业务挂钩标的应当具备公允的市场定价、良好的流动性，包括但不限于股票、股票指数、大宗商品等。收益互换业务不得挂钩私募基金及资管计划等私募产品、场外衍生品，证监会认可的情形除外。
			第十九条 证券公司应当结合自身业务定位和风险管理能力，建立挂钩标的白名单制度，从严、动态管理挂钩标的。 证券公司不得新增和展期被交易所实行风险警示或进入退市程序的股票为挂钩标的的收益互换交易。
4	强化风险控制	证券公司应将收益互换业务纳入全面风险管理体系，加强收益互换业务规模和对冲交易持仓集中度控制，完善合规管理，健全对冲交易监控机制。	第二十八条 证券公司应当建立健全合规管理制度，对收益互换业务实施有效的合规管理，管理收益互换业务与其他业务之间的利益冲突，防范内幕交易、操纵市场、利益输送和商业贿赂、洗钱、利用信息优势谋取不正当利益等合规风险。证券公司应当对收益互换宣传推介材料和拟向客户提供的其他文件、资料进行统一审查。
			第二十九条 证券公司应当将收益互换业务纳入全面风险管理体系，对收益互换业务的信用风险、市场风险、流动性风险、操作风险等各类风险进行准确识别、审慎评估、及时应对和全程管理。
			第三十条 证券公司应当建立健全对冲交易监控机制，防止对市场稳定造成影响。
5	明确禁止行为	明确不得不当宣传推介、违规与敏感客户交易、为监管套利等违法违规行为提供便利、变相成为交易对手方交易通道等禁止性要求。	第三十四条 变相成为交易对手方交易通道。证券公司不得向交易对手方出借证券账户，不得直接根据交易对手方指令进行对冲交易，不得依照交易对手方指令使用其保证金。
6	加强业务监测监控和自律管理	细化了交易信息报送和监测监控要求，明确了对各类违规行为的自律惩戒措施。	第八章 数据报送及监测监控，第三十五条至第四十一条。
7	明确过渡期安排	明确在一年过渡期内，证券公司应当自行制订整改计划，有序压缩不符合规定的存量业务规模，过渡期结束后不得存续不符合本办法规定的业务。	第四十七条 本办法过渡期为自发布之日起一年。过渡期内，证券公司不符合本办法第十七条的存量收益互换业务整体规模不得增长，证券公司应当自行制订整改计划，有序压缩不符合规定的存量业务规模。过渡期结束后，证券公司不得存续违反本办法规定的业务；因股票停牌等特殊情况无法了结的，由公司合规部门出具合规意见书并向协会及所属辖区证监局报备后可展期或存续。

资料来源：中国证券业协会官网，中信证券研究部。

（二）券商风控办法：监管部门对衍生品的风险暴露及风控指标具有完备的标准

衍生品业务的对冲头寸将直接影响到券商的资本金风控要求。中国证监会《关于修改部分证券期货规章的决定》中修改了《证券公司风险控制指标管理办法》的若干条款，推出新的《证券公司风险控制指标管理办法》（以下简称《风险管理办法》）。风险指标的计算方法在自2020年6月1日起施行的《证券公司风险控制指标计算标准规定》中有相应的标准要求。其中，第二条规定，“证券公司应当按照中国证券监督管理委员会（以下简称中国证监会）的有关规定，遵循审慎、实质重于形式的原则，计算净资本、风险覆盖率、资本杠杆率、流动性覆盖率、净稳定资金率等各项风险控制指标，编制净资本计算表、风险资本准备计算表、表内外资产总额计算表、流动性覆盖率计算表、净稳定资金率计算表、风险控制指标计算表等监管报表（以下统称风险控制指标监管报表）。”同时，第十七条规定了风险指标的具体要求。

表 3　证券公式风险控制指标计算方法

风险指标	计算公式	风险要求	衍生品相关计算：分子	衍生品相关计算：分母	备注
风险覆盖率	净资本 / 各项风险资本准备之和 ×100%	不得低于100%	净资本：期权保证金 100% 扣减	风险准备：卖出期权按 20% 投资规模计算 已对冲风险：衍生品按 5% 投资规模计算	卖出场外期权投资规模按照该期权在给定压力情形下的最大损失的 5 倍计算，且不低于名义价值的 5‰；给定压力情形为期权标的价格以当前价格为基础上下波动 20%
资本杠杆率	核心净资本 / 表内外资产总额 ×100%	不得低于 8%	—	表外项目：卖出场外期权按 100% 名义本金计算	卖出场外期权期末余额按照该期权在给定压力情形下的最大损失的 5 倍计算，且不低于名义金额的 5‰，给定压力情形为期权标的证券价格以当前价格为基础上下波动 20%。多头与空头不允许净轧差。名义价值是指合约实际参与衍生品交易的名义金额
流动性覆盖率	优质流动性资产 / 未来 30 天现金净流出量 ×100%	不得低于100%	—	未来 30 日现金流出：衍生品金融负债按照 100% 计算 卖出期权按投资规模 20% 计算	卖出期权包括权益类（股票、股指、ETF 期权等）及非权益类（商品期权等）
净稳定资金率	可用稳定资金 / 所需稳定资金 ×100%	不得低于100%	—	所需稳定资金： 衍生金融工具按照 0 计算；卖出期权按照 12% 计算	

资料来源：中国证监会官网，中信证券研究部。

四、雪球产品开发及研究关注点

（一）产品设计角度：发挥产品设计优势，进一步丰富各类结构，满足市场不同阶段需求

阶梯型票息等结构为不同的指数结构提供了补足。现阶段雪球产品以高票息的特点得到市场的认可。在海外市场，此类结构化产品也被归入收益增强型（Yield Enhancement）产品中。因此，从产品创新及改善角度看，应该着重提升指数的票息收益吸引力和增加敲出概率。比较海外市场的产品可以看出，常见的形式阶梯下降（Step-down）敲出观察结构，随着观察日的增加不断降低雪球结构的敲出价格，增加产品敲出的概率，或者从挂钩标的角度出发，很多产品会挂钩数值股票（指数）中表现最差的一只，这样也可以增加票息的吸引力。

（二）产品管理角度：券商的信用等级、风控能力等优势应作为衍生品对手方选择的重要因素

产品管理中不应仅注重收益及报价优势，对手方的风险也应是结构化产品投资经理主动管理的一部分。虽然雪球产品整体不存在太大系统性风险，但期权希腊字母的风险积累可能会造成期权提供方的亏损及雪球票息的吸引力下降。因此，对手方的判断也应成为产品提供商的重要投资依据。风控能力较强、具有资本金优势的券商，长期可能会给出更加合理的且持续的报价。

（三）产品投资角度：产品投资人也应从定价角度选择报价更为合理的产品

产品投资人应以定价来判断场外合约的投资是否合理。报价过高或过低的场外期权合约均可能存在不同程度的风险。过高的场外报价，可能由于对手方更为乐观地预估了市场波动率的变化，极易造成对手方波动率风险过高，造成场外合约的潜在风险。过低的场外报价，可能很难体现出产品收益的优势，令投资者承担更高的风险而获得了更差的投资体验。

（四）风险控制及监管规范角度：市场标准有待进一步规范

市场有待进一步规范。结构化产品没有统一的形式监管，而风险评级多数依照发行商本身内部风险评级规定，缺乏统一标准。同时，结构化产品面临发行商的信用风险，对发行商也并没有关于结构化产品的相应信用评级。

（作者单位：中信证券股份有限公司）

基于宏观因子的资产配置策略研究

林晓明

摘　要：宏观经济环境是一个国家、地区或产业的整体经济运行环境，经济环境的变化通常会对投资活动有很大的影响，宏观因子方法使我们可以对不同的外部因素进行定量分析，拓宽了宏观资产的配置思路，在资产配置中具有较大应用潜力。本文通过对宏观因子资产配置策略的研究，阐述了宏观因子体系的构建方法，并通过策略的实践对宏观因子资产配置策略的有效性进行了验证。

关键词：宏观因子　增长　通胀　信用　货币　投资策略

一、宏观因子的构建思路和方法

宏观经济环境是一个国家、地区或产业的整体经济运行环境，经济环境的变化通常会对投资活动产生很大的影响，对宏观经济的成功预测可以带来引人注目的投资业绩，这就是为什么投资人和企业管理者会对宏观经济环境进行分析和预测，并进行投资决策。宏观经济分析师使用不同的统计和测量方法，对那些对于经济环境有显著影响的外部因素进行评估，包括经济增长、通货膨胀、流动性、人口结构、就业、自然资源、文化、政策和法律等。这些因素通过直接或间接的方式影响商业环境，比如说流动性是经济的重要变量，货币流通影响居民对物品的服务和需求，银行机构的信贷额度、存款额度对企业的经营等影响很大。

宏观因子方法使我们可以对不同的外部因素进行定量分析，拓宽了宏观资产的配置思路，在资产配置中具有较大应用潜力。宏观因子的构建需要解决两个核心问题：一是采用哪些宏观因子；二是如何定量构建宏观因子。关于宏观因子的选取，海外机构的做法如下：

第一，BlackRock（2016）[①] 的宏观因子体系包含股票、通胀、利率、商品、信用、新兴市场六个风险因素；

第二，Goldman Sachs（2012）[②] 的宏观因子体系包括股票、通胀、短期信用、流动性、汇率、新兴市场六个风险因素；

第三，SSGA（2014）[③] 的宏观因子体系主要包括增长、利率、通胀三个风险因素；

第四，PIMCO（2016）[④] 的宏观因子体系主

① Karen Witham. Risk factor investing, revealed[J]. Currents, 2012.

② Kinger Lau, Timothy Moe, Caesar Maasry, etc. Bridging macro to micro: GS top-down stock selection[R]. Goldman Sachs, 2012.

③ Gaurav Mallik. The reformers are the performers[R]. State Street Global Advisors, 2014.

④ Geraldine Sundstrom. Altitude adjustment: investing during a period of lower returns and higher volatility[R]. Pacific Investment Management Company, 2016.

要包括股票、利率、信用、汇率四个风险因素。

可以看到，不同机构选取的宏观因子维度大同小异，充分参考海外成熟做法后，我们最终基于增长、通胀、信用、货币四个风险维度构建了宏观因子体系。

关于宏观因子的构建，由于国内资本市场仍处于发展阶段，可选资产的维度和国外市场相比较少，直接照搬海外机构的因子构建思路存在一定的适用性问题，我们使用下面的因子构建流程：（1）针对目标宏观风险，筛选合适的代理指标进行刻画，这个代理指标既可以是宏观经济指标，也可以是金融资产价格；（2）如果使用的代理指标不止一个，则对每个指标分别进行标准化调整量纲后再进行合成，这样可以确保合成因子中各个单项指标贡献的风险是相同的。

华泰证券研究所金融工程组在前期已发布多篇有关宏观因子的研究报告，在《行业全景画像：宏观因子视角》（2020-03-26）① 中构建了一套宏观因子体系，并从多个维度实证分析了其与金融资产的关系；在《行业配置策略：宏观因子视角》（2020-08-04）② 中把前期的宏观因子体系加以改进，移植到动态配置场景；在《行业配置策略：投资时钟视角》（2021-07-06）③ 中构建多维度定量体系评估宏观指标间的领先滞后关系，筛选领先指标构建了增长、通胀、信用、货币四因子体系；在《宏观因子指数回顾、改进与应用》（2022-02-12）④ 中对四个宏观因子代理指标进行了优化，完善了信用和货币因子的构建细节，改进了通胀代理指标的预处理流程。

二、宏观因子体系简介：增长、通胀、信用、货币

（一）增长因子

对于增长维度，应用广泛、代表性较高的指标应该是 GDP 同比增速，但是该指标公布频率较低（季度），适用性不强。我们根据国内生产总值的构成，选出更多细项指标重新进行合成，可以更准确地刻画经济增长。

GDP 按支出法可以分解为投资、消费、净出口，其中投资对应 GDP 构成中的资本形成总额，一般采用固定资产投资完成额（月度）作近似替代，最重要的三个细项是基建投资、房地产投资、制造业投资；消费对应 GDP 构成中的最终消费支出，一般采用社会消费品零售总额（月度）做近似替代，而汽车销量、挖掘机销量、房地产销售等细项指标也受到广泛关注；净出口对应 GDP 构成中的货物和服务净出口，一般采用海关总署公布的进口、出口系列指标进行刻画。一般而言，增长因子和股票资产的关联最为紧密，当增长因子上行时，企业盈利回暖，带动股价上行，反之则反是。

2009 年至今共有 5 轮周期。2014 年到 2016 年处于下行区间，在 2015 年 6 月的股票市场异常波动时期低配股票，随后在 2016 年和 2017 年增长上行，提高了股票仓位。2020 年初，由于新冠肺炎疫情暴发，工业生产大幅减缓，增长因子快速下行；自 2020 年 3 月开始，工业生产逐步反弹回升，增长因子也转为上行，提高股票仓位，持续到 2021 年初。从 2021 年 4 月到 2022 年 6 月，增长因子处于下行区间。当前

① 林晓明，李聪，刘志成，等 . 行业全景画像：宏观因子视角 [R]. 华泰证券研究所金融工程组，2020.
② 林晓明，李聪，王佳星 . 行业全景画像：风格因子视角 [R]. 华泰证券研究所金融工程组，2020.
③ 林晓明，李聪，徐特 . 行业配置策略：投资时钟视角 [R]. 华泰证券研究所金融工程组，2021.
④ 林晓明，徐特 . 宏观因子指数回顾、改进与应用 [R]. 华泰证券研究所金融工程组，2022.

增长因子处于底部反弹阶段，预计到2023年第一季度，增长因子将逐步确立明显的上行趋势。

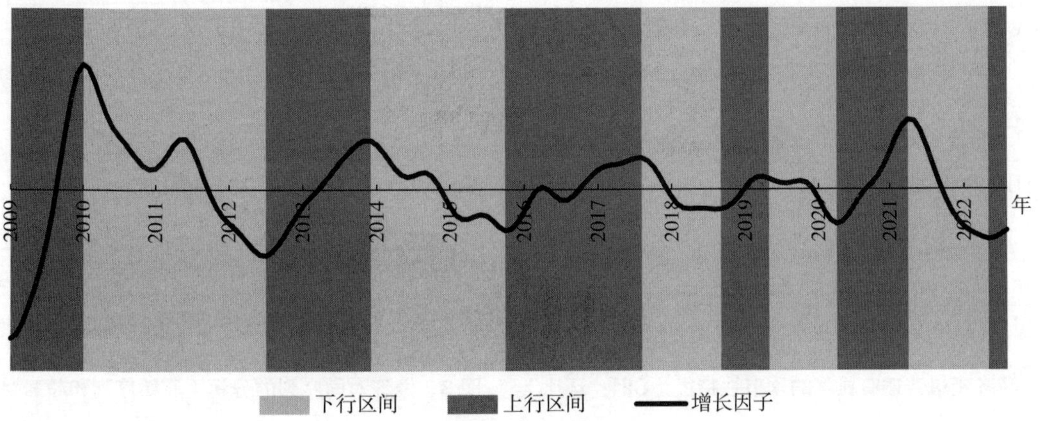

图1　增长因子和上行、下行区间划分

（资料来源：Wind，华泰研究）

大部分增长因子的代理指标都有明显的长期趋势或季节性特征，在进行因子合成前需要去掉这些成分，在经济研究领域通常使用X-11方法去掉序列中的季节变动要素和不规则要素，再用HP滤波分离序列的趋势要素，最终提取序列中的循环要素。下文中的通胀、信用、货币因子中的代理指标也使用相似的方式进行预处理。

经济通常会反复经历扩张期和收缩期，这种衰退和复苏不断重复出现的模式被称为经济周期。不同的宏观因素也存在周期性，以经济增长为例，在危机时期，政府通过扩张手段，刺激投资和消费，抑制生产下降，减少失业率；在高涨阶段，通过紧缩手段，在宏观上限制投资和消费的增长，不使生产增长过快、经济增长过热。

由于科学技术的进步和产业结构的变化，经济周期波动逐渐变得比较平缓，很难检测出古典周期（Classical Cycle），即经济在“绝对水平”本身上下的波动。为了测量经济的波动，经济学家在20世纪60年代末提出了增长周期（Growth Cycle）的概念，即剔除宏观经济变量的趋势，只研究其循环要素的变化。经济变量的波动性是其提供预测能力的来源，一个波动率太小的变量很难提供显著清晰的预测观点。提取经济变量的循环项研究经济活动，使经济变量的波动变得更加容易观测。

为了及时、准确地把握经济周期波动，我们采用月度数据来进行分析和预测，对于每个经济指标的月度时间序列来说，都包含着四种变动要素：长期趋势要素（Trend）、循环要素（Cycle）、季节变动要素（Seasonal）和不规则要素（Irregular）。经济变量的循环项的波动特征依赖于经济时间序列的分解结果，不同成分要素的分离是影响经济变量波动特征的关键步骤。很多经济时间序列的季节变动的特征非常明显，分离季节变动要素可以简单地通过计算同比增速或移动平均的方式完成，目前公认的一种较好方法是美国人口普查局（Bureau of Census）开发的一系列季节调整程序，每个版本都以X再加上序号表示。我们用X-11方法把季节变动要素和不规则要素从序列中分离出去，再通过HP滤波提取剩余成分中的循环要素。

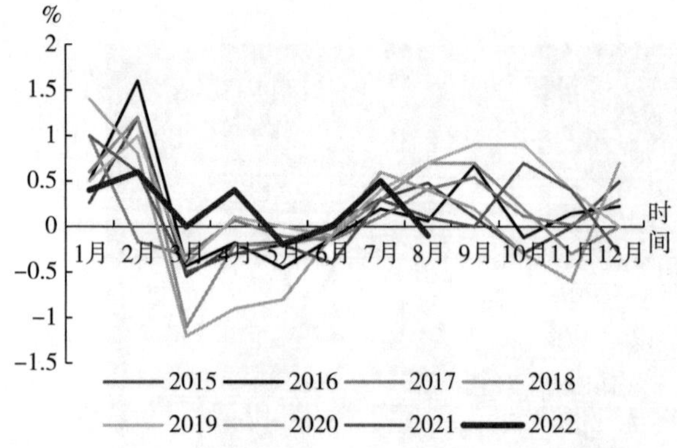

图2 经济变量普遍有显著的季节性特征（CPI：环比）

（资料来源：Wind，华泰研究）

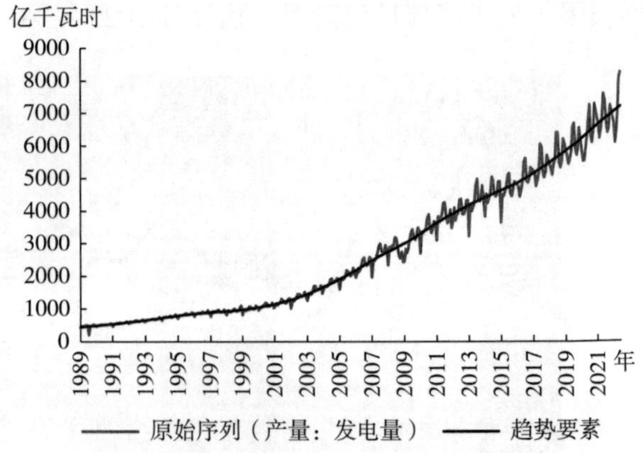

图3 经济时间序列的分解（原始序列和趋势要素）

（资料来源：Wind，华泰研究）

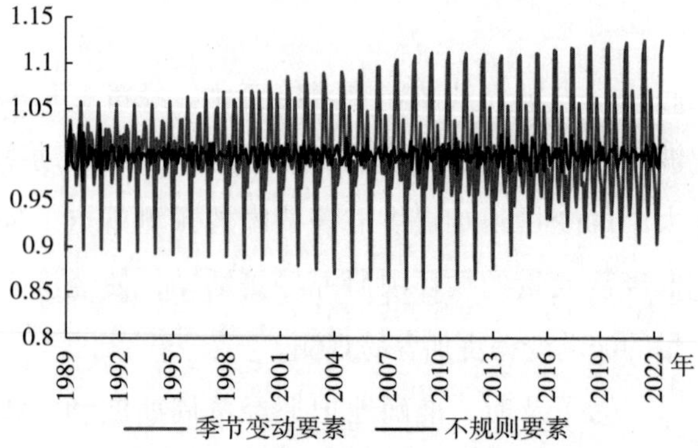

图4 经济时间序列的分解（季节变动和不规则要素）

（资料来源：Wind，华泰研究）

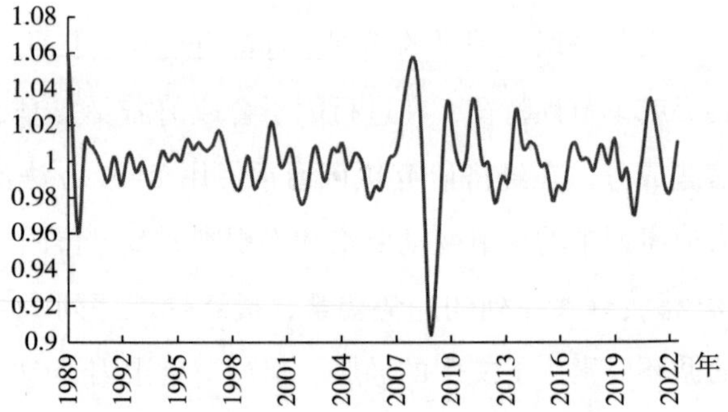

图5 经济时间序列的分解（循环要素）

（资料来源：Wind，华泰研究）

（二）通胀因子

对于通胀维度，应用广泛、代表性较强的指标是CPI同比增速和PPI同比增速，但是在2010年至今的区间内，CPI大部分都是窄幅震荡，方向性较弱，对投资的指导意义有限，因此，我们考虑将通胀因子资产化，即通过构建资产组合的方式来复现通胀因子的走势。具体而言，我们从生活资料端、生产资料端两个维度，选中了原油、钢铁等代理指标，此外，部分资产使用海外市场的价格，刻画全球通胀的影响。通胀因子一般对商品资产的解释程度相对较高。

2009年至今共有4轮周期，上行区间分别为2009年1月到2010年2月、2012年6月到2014年5月、2015年9月到2016年12月、2020年4月到2021年4月，下行区间分别为2010年3月到2012年5月、2014年6月到2015年8月、2017年1月到2020年3月、2021年5月至今。当前通胀因子处于下行区间，预计会持续到2023年第一季度或第二季度。

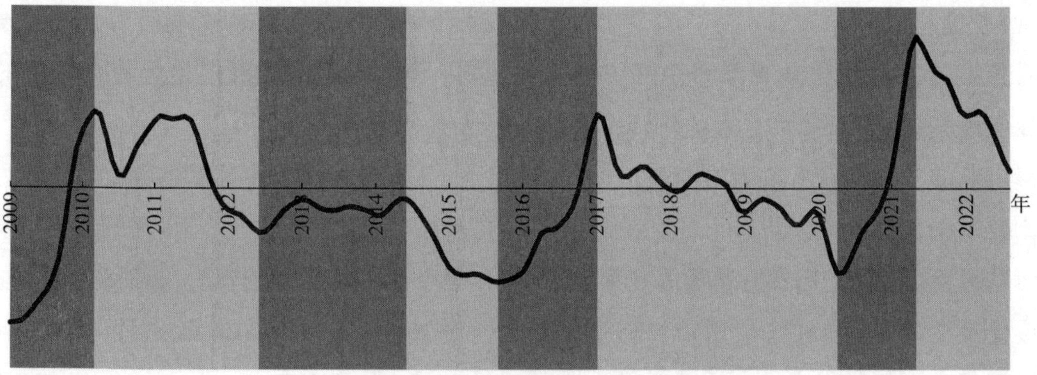

下行区间　上行区间　通胀因子

图 6　通胀因子和上行、下行区间划分

（资料来源：Wind，华泰研究）

（三）信用因子

流动性可以分为宏观流动性和微观流动性，分别对应信用和货币两个维度。其中宏观流动性的主要指标有市场较为关注的社融增速、信贷增速和货币供应量（M_0、M_1、M_2）增速等。社融代表了实体经济从银行和信托等非银金融机构获取的贷款，而货币供应主要是银行在信用扩张中创造出的存款。当经济上行、银行贷款无法满足实体经济融资需要的时候，会有更多人去高息借贷，贷款需求的增加代表着经济动力的强劲。货币供应代表人们手中持有的现金，经济下行时为了刺激经济，会提高货币供应量，导致货币贬值。

一般来说，股票市场的资金来源主要是企业、个人、非银金融机构投资者和境外机构等，银行则受限于资金约束、政策约束，不能参与到股票市场中。因此，股票市场的流动性主要来自宏观流动性，从历史上看，信用因子对股票资产的解释程度相对较高，信用因子上行时，贷款需求增加，企业经营活动增加，股价有更强的上行动力。

从 2009 年至今共有 4 轮周期。2018 年 12 月开始一直到 2020 年 11 月，信用因子一直处于扩张状态，随后到 2021 年 11 月信用持续收缩。从 2021 年 12 月开始，信用因子触底反弹，预计 2022 年全年信用都表现为扩张状态。

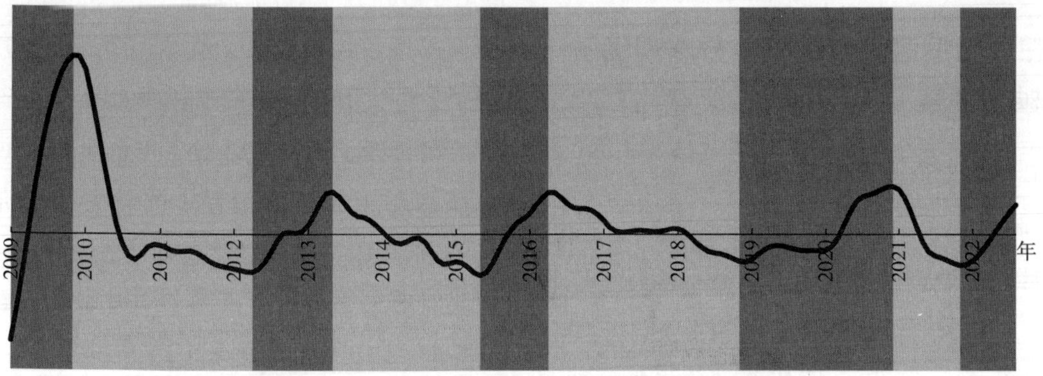

下行区间　上行区间　信用因了

图 7　信用因子和上行、下行区间划分

（资料来源：Wind，华泰研究）

（四）货币因子

债券市场流动性和微观流动性密切相关，市场参与者主要是以银行为代表的机构投资者，个人、企业的参与度较低。国内利率指标体系相对比较复杂，主要关注货币市场利率和债券市场利率两类指标，它们都有连续的日频数据，而且接受度比较高。其中，货币市场利率主要刻画短期资产面松紧程度，包括银行间质押回购利率和同业拆借利率，而债券市场利率主要刻画发债实体的融资成本，多以相同时点相似债券的到期收益率为基础确定，比如不同久期的国债到期收益率指标，短久期的国债到期收益率主要刻画流动性松紧程度，长久期的国债到期收益率主要刻画基本面的景气程度。货币因子对债券资产价格走势有比较强的解释能力。

从2009年至今共有5轮周期，货币因子和债券价格有较强的关联性。国内的债券市场从2010年至今有三次下跌的行情，分别发生在2013年6月到2013年12月、2016年12月到2018年2月、2020年6月到2020年9月，货币因子在这三个时间区间内几乎都处于下行状态。货币因子主要使用利率指标构建，刻画微观流动性，债券价格下跌时，通常流动性环境都处于较差的状态，因此，货币因子对债券市场的解释能力比较稳定。

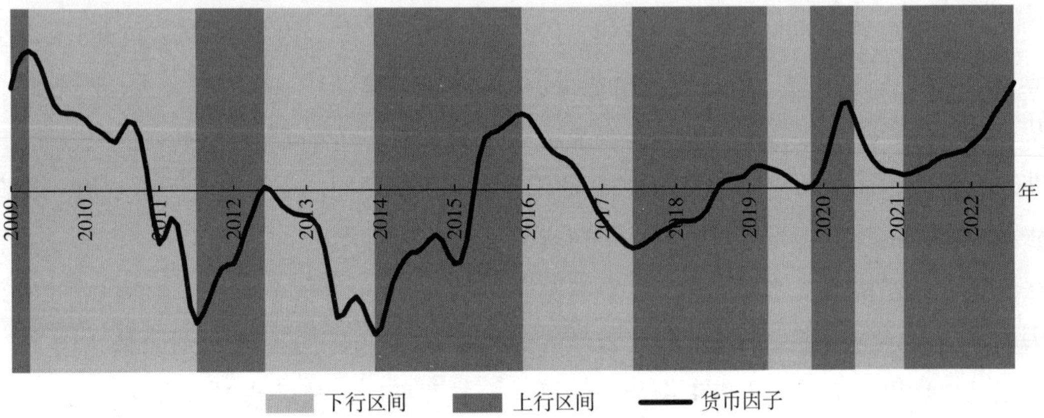

图8　货币因了和上行、下行区间划分

（资料来源：Wind，华泰研究）

三、根据区间收益率划分宏观因子—资产映射关系

根据前文介绍的增长、通胀、信用、货币因子划分宏观状态，分别统计不同因子上行、下行时期各个资产的波动率调整后的月平均收益率，考察宏观因子—资产映射关系。本文分别以沪深300、中债—国债总净价指数、Wind全商品指数代表股票、债券、商品资产，各个因子上行、下行时期资产表现如图9至图16所示。增长因子上行利好股票（企业盈利回暖）；通胀因子上行利好商品（供需失衡，价格扩张）；信用因子主要对股票有显著区分度，信用扩张时股票上行；货币因子主要对债券有显著区分度，货币宽松时债券上行。

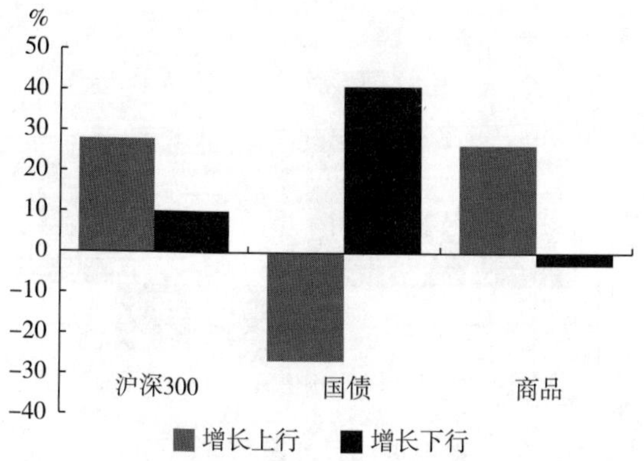

图 9　增长因子月平均收益率统计（2009.01—2022.09）

（资料来源：Wind，华泰研究）

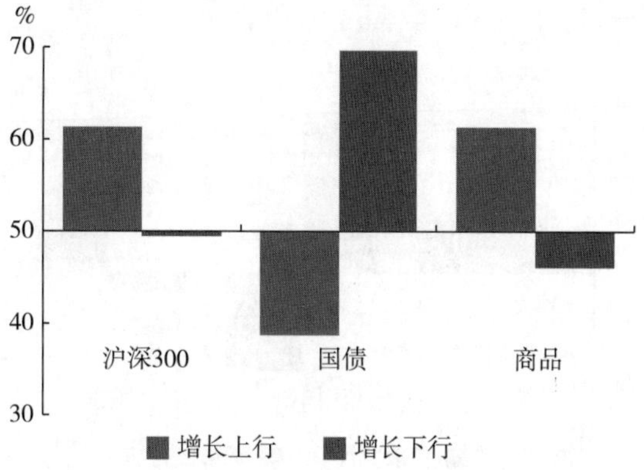

图 10　增长因子月度胜率统计（2009.01—2022.09）

（资料来源：Wind，华泰研究）

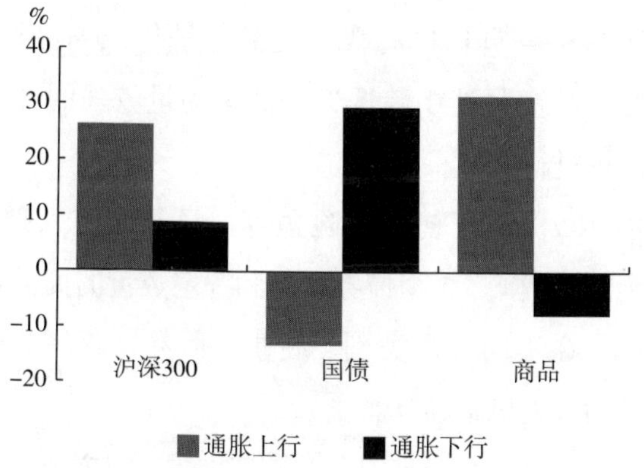

图 11　通胀因子月平均收益率统计（2009.01—2022.09）

（资料来源：Wind，华泰研究）

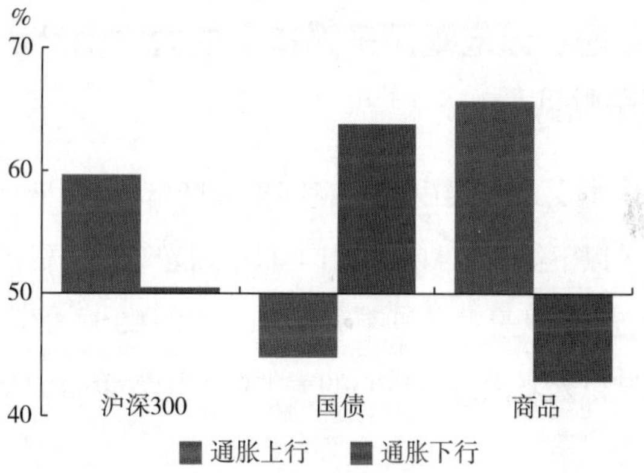

图 12　增长因子月度胜率统计（2009.01—2022.09）

（资料来源：Wind，华泰研究）

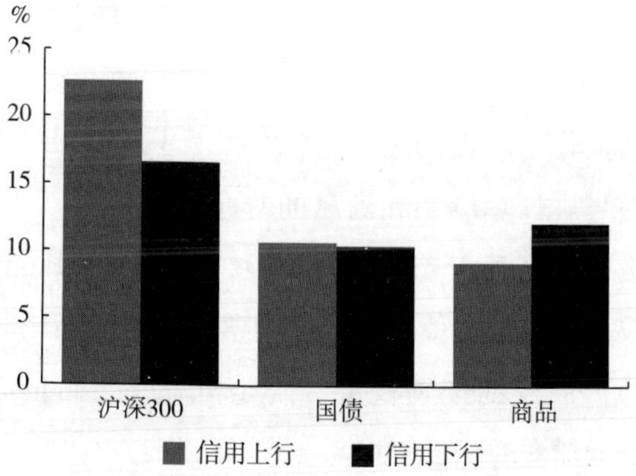

图 13　信用因子月平均收益率统计（2009.01—2022.09）

（资料来源：Wind，华泰研究）

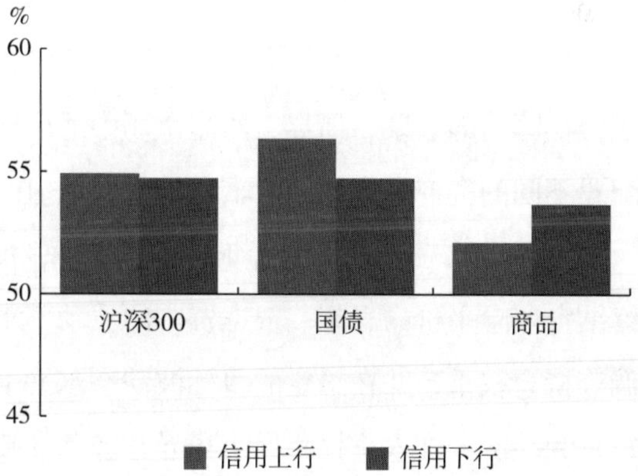

图 14　信用因子月度胜率统计（2009.01—2022.09）

（资料来源：Wind，华泰研究）

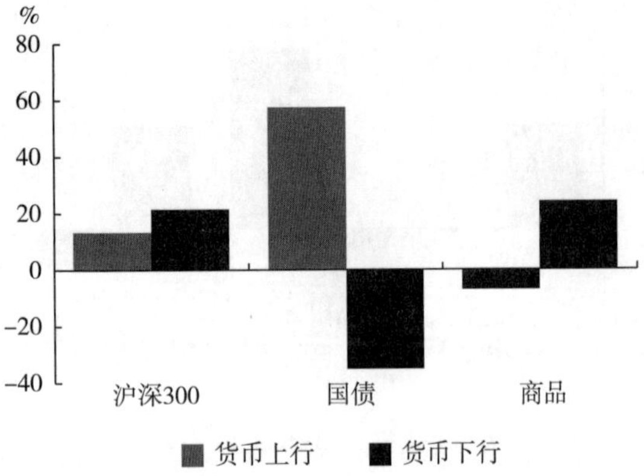

图 15　货币因子月平均收益率统计（2009.01—2022.09）

（资料来源：Wind，华泰研究）

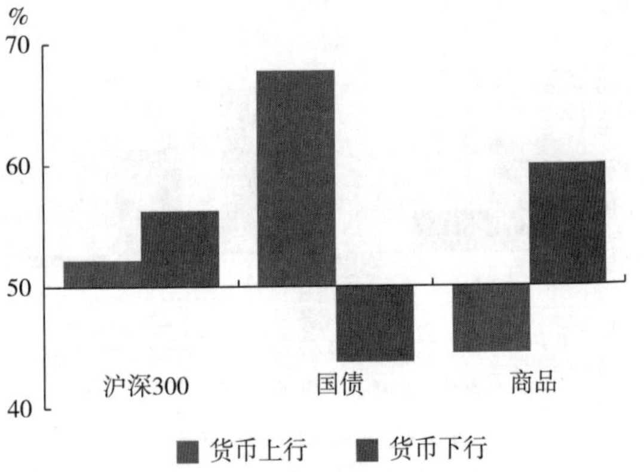

图 16　货币因子月度胜率统计（2009.01—2022.09）

（资料来源：Wind，华泰研究）

四、以宏观因子为核心的大类资产配置策略实践

本文以华泰中国宏观因子资产配置 C1 型策略（以下简称 HACRO–C1）和中国宏观因子资产配置 C2 型策略（以下简称 HACRO–C2）为例，测试以宏观因子为核心的大类资产配置策略的有效性。

（一）HACRO–C1 策略

1. 策略介绍

该策略以宏观因子研究（包括增长、通胀、信用、货币四个维度）为核心，在不同的经济状态下，在国内的股票、债券、商品市场中适应性地配置不同的资产组合，同时辅以动量、估值两层风控手段，在资产行情较差时规避市场风险，最终结合风险平价的思想，根据资产的波动率水平调节持仓权重，并在给定的目标波动率水平下进行日频检测，加入止损降低市场异常波动导致的下跌风险，获取长期稳健的投资回报。

2. HACRO–C1 策略计算流程

（1）确定底层资产：股票资产选择沪深 300，债券资产选择中国 10 年期国债，商品资产从贵金属、工业金属、黑色系、化工品、农产品中各自选择有代表性的品种构成商品池，每月从商品池中筛选近期截面动量较强的部分品种进行配置。

（2）设定初始风险预算：每月固定入选 1 个股票资产、1 个债券资产和一定数量的商品资产，在不同资产类别（股票、债券、商品）中平均分配风险预算。

（3）计算宏观因子的预算乘数：根据前文的宏观因子—资产映射关系确定对资产的观点，宏观因子可以对资产发出看多或看空信号，对宏观因子看多 / 看空的资产，调高 / 调低预算乘数。

（4）计算动量和估值的预算乘数：动量和估值作为辅助的风险控制环节，只会发出看空信号。计算股票和商品的时序动量信号，如果确认资产处于趋势下行阶段，那么降低其配置权重。根据估值指标，在股票相对债券高估时，降低股票的配置权重，债券相对股票高估时，降低债券的配置权重。

（5）合成最终风险预算：综合初始风险预算以及宏观因子、动量、估值的预算乘数合成最终的风险预算。

（6）计算调仓权重：结合风险平价的思想，根据资产近期的波动率水平调整持仓权重，降低波动率较高的资产仓位，提高波动率较低的资产仓位，实现风险的均衡分配。

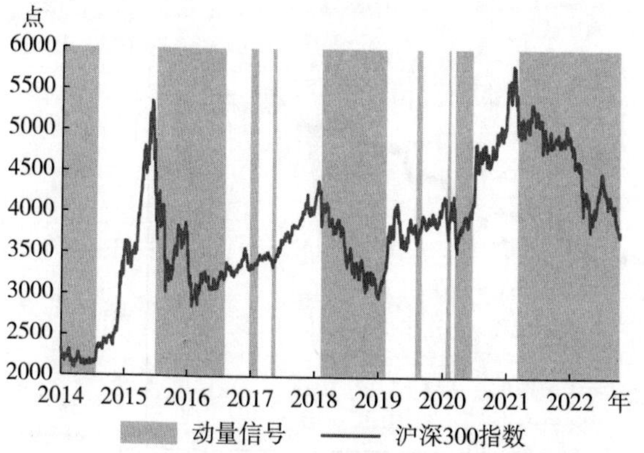

图 17　动量信号确认资产下行降低其预算乘数

（资料来源：Wind，华泰研究）

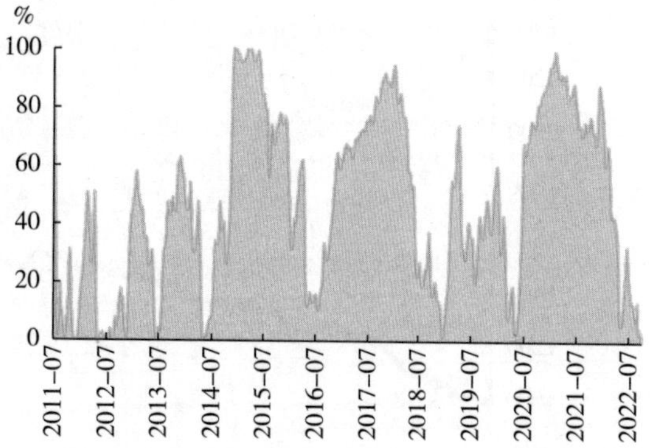

图 18　根据估值指标调节股票和债券的预算乘数

（资料来源：Wind，华泰研究）

3. 策略表现

HACRO-C1 的基日为 2014 年 1 月 2 日，在 5% 的目标波动率水平下，回测年化收益率为 9.10%，夏普比率为 1.79，最大回撤为 5.22%。

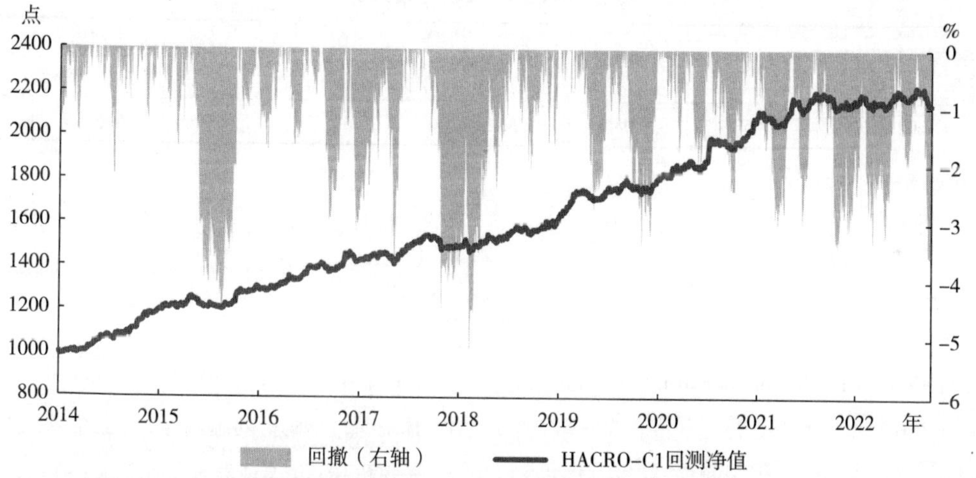

图 19　动量信号确认资产下行降低其预算乘数

（资料来源：Wind，华泰研究）

表 1　HACRO-C1 业绩评价

开始日期	结束日期	累计收益率	年化收益率	年化波动率	夏普比率	最大回撤	最大回撤发生日	月度胜率
2014/1/2	2022/10/11	114.80%	9.10%	5.09%	1.79	-5.22%	2018/2/9	64.15%

资料来源：Wind，华泰研究。

（二）HACRO-C2 策略

1. 策略简介

华泰中国宏观因子资产配置 C2 型策略（以下简称 HACRO-C2）在 HACRO-C1 的基础上，去掉了底层的商品资产，只在国内股票、债券市场中进行配置。

2. 策略表现

HACRO-C2 的基日为 2014 年 1 月 2 日，在

5%的目标波动率水平下，回测年化收益率为 9.08%，夏普比率为 1.76，最大回撤为 5.59%。

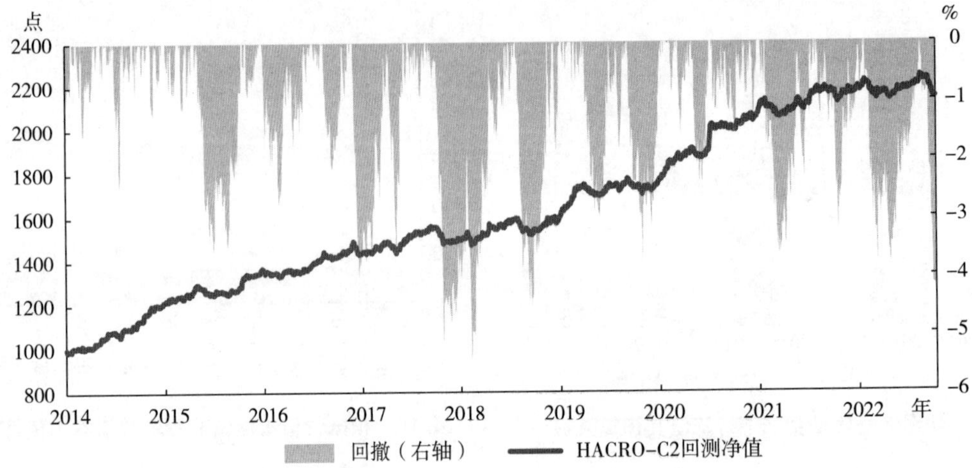

图 20 HACRO-C2 回测净值

（资料来源：Wind，华泰研究）

表 2 HACRO-C2 业绩评价

开始日期	结束日期	累计收益率	年化收益率	年化波动率	夏普比率	最大回撤	最大回撤发生日	月度胜率
2014/1/2	2022/10/11	114.53%	9.08%	5.15%	1.76	-5.59%	2018/2/9	71.70%

资料来源：Wind，华泰研究。

（作者单位：华泰证券股份有限公司研究所）

参考文献

[1] Karen Witham. Risk factor investing, revealed[J]. Currents, 2012.

[2] Kinger Lau, Timothy Moe, Caesar Maasry, etc. Bridging macro to micro: GS top-down stock selection[R]. Goldman Sachs, 2012.

[3] Gaurav Mallik. The reformers are the performers[R]. State Street Global Advisors, 2014.

[4] Geraldine Sundstrom. Altitude adjustment: investing during a period of lower returns and higher volatility[R]. Pacific Investment Management Company, 2016.

[5] 林晓明，李聪，刘志成等. 行业全景画像：宏观因子视角 [R]. 华泰证券研究所金融工程组，2020.

[6] 林晓明，李聪，王佳星. 行业全景画像：风格因子视角 [R]. 华泰证券研究所金融工程组，2020.

[7] 林晓明，李聪，徐特. 行业配置策略：投资时钟视角 [R]. 华泰证券研究所金融工程组，2021.

[8] 林晓明，徐特. 宏观因子指数回顾、改进与应用 [R]. 华泰证券研究所金融工程组，2022.

我国公募养老 FOF 发展展望

李政君

摘　要：随着个人养老金时代的到来，我国公募养老 FOF 将迎来重大发展机遇。本文通过中美两国养老金市场特点、主导机构、投资标的等方面的对比研究，提出了我国公募养老 FOF 的发展路径。

关键词：公募养老 FOF　机构　投资标的　发展路径

一、我国公募养老 FOF 将迎来重大发展机遇

当前我国养老体系以第一支柱、第二支柱为主，第三支柱正处于起步阶段。截至 2020 年末，中国养老金第一支柱——公共养老金，积累基金约 5.8 万亿元，占比为 61.7%，处于中国养老金三支柱中的绝对主导地位；第二支柱——职业养老金约 3.6 万亿元，占比为 38.3%，发展滞后；第三支柱——个人养老金存在严重不足[①]。随着中国人口老龄化加速，养老第一、第二支柱压力逐渐增大，第三支柱个人养老金的发展需求十分迫切。

2018 年，人力资源社会保障部、财政部同国家发展改革委、国家税务总局、人民银行、银监会、证监会、保监会成立工作领导小组，启动建立养老保险第三支柱工作。同年，第一批养老目标 FOF 成立，当年公募养老目标 FOF 达 12 只（不同份额合并计算），规模合计为 41.07 亿元。经过四年发展，公募养老目标 FOF 产品已有 170 只（不同份额合并计算），合计规模达 1058.14 亿元，公募养老 FOF 日渐成熟。

2022 年 4 月 21 日，国务院办公厅发布了《关于推动个人养老金发展的意见》（以下简称《意见》），明确了个人养老金的参加范围、制度模式、缴费水平、投资和领取等事项，中国养老保险踏出了新的关键一步。随着个人养老金时代的到来，公募基金可以充分发挥自身普惠金融、投研能力的优势，为中国人的养老钱袋子提供进一步保障。

美国是世界上拥有最庞大的养老金体系的国家之一，其养老三个支柱分别为：第一支柱主要为联邦社保基金，近年来美国养老体系对于第一支柱依赖程度逐渐降低。第二支柱主要为职业养老金，分为收益确定型（DB）和供款确定型（DC），以 401（K）和 403（B）为代表，第二支柱占美国养老体系的比重在 50%

① 李侠．我国第三支柱养老保险发展探析 [J]. 金融纵横，2021（2）.

以上。第三支柱为个人养老储蓄计划，近年来占比已接近40%，主要组成部分为个人退休金（IRAs）。

美国个人退休金IRAs始于1974年的《雇员退休收入保障法》（ERISA）。据ICI统计，截至2021年底，IRAs估计总规模达13.9万亿美元，占美国养老资产总规模的35.35%，其中，约44.63%流入公募市场。参考美国养老第三支柱发展情况，我国个人养老金发展空间很大，公募养老FOF在此过程中将迎来重大发展机遇。

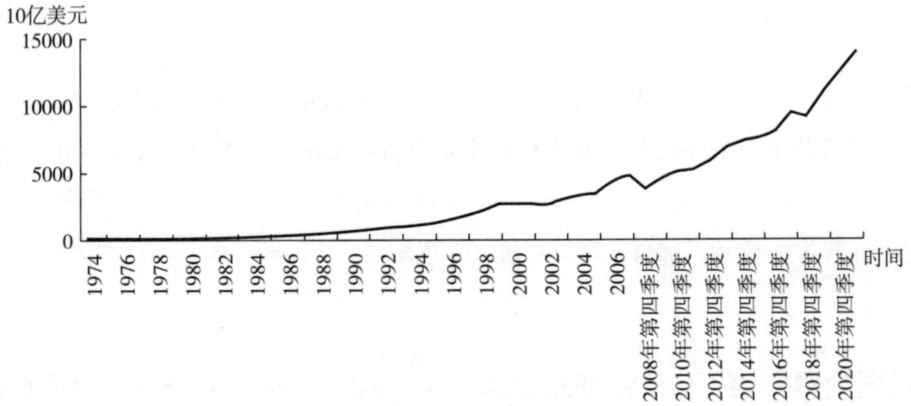

图1　IRAs总规模增长

二、从成熟市场经验看我国公募养老FOF的发展路径

美国养老金第二支柱主力401（K）和第三支柱主力IRAs很相似，为鼓励养老储蓄两种账户均提供一定额度的税务优惠或递延，两种账户在特定前提下可以实现互通，所投资的资产均不收取资本利得税。两者的主要区别一是401（K）通常有雇主贡献部分，但常见的IRAs均为个人全额承担。二是401（K）的可选投资范围一般为账户运营商提供的10~20种资产，资产为生命周期基金（如目标日期和目标风险FOF）、平衡基金、货币市场基金等几类产品，而IRAs的可选投资标的则更丰富，普通券商账户可投资产均为IRAs的潜在投资标的，其中甚至包括加密货币等另类资产。三是税务优惠额度有区别，IRAs在2022年的最高限额为6000美元，50岁以上为7000美元，401（K）2022年最高限额为20500美元，50岁以上为27000美元[①]。

美国401（K）和IRAs的蓬勃发展主要是因为美国二级市场投资需缴纳资本利得税，通过401（K）和IRAs账户进行投资所得收益无需缴纳资本利得税；同时，二者都具有较大的税收优惠，美国2021年个人收入中位数为44225美元，IRAs可抵扣6000美元应纳税所得，抵扣比例为13.56%。

根据《意见》中的描述，我国个人养老金账户和美国401（K）以及IRAs均有相似之处，个人养老金的全额个人承担以及税务优惠额度方面和IRAs相似，投资范围方面和401（K）相似。在投资层面上，我国的个人养老金和401（K）更接近，因此，在对公募FOF的影响方面，401（K）的发展历程更值得借鉴。

① IRS. Individual Retirement Arrangements（IRAs）[R/OL]. https：//www.irs.gov/retirement-plans/individual-retirement-arrangements-iras.

401（K）被归于美国养老金第二支柱的DC型养老金，始于1978年美国国会通过的税收法案中的第401（K）条款，该条款允许员工选择通过递延领取部分收入的形式避免对其部分收入征税[①]。美国401（K）从1978年至今共经历了44年的发展。规模也从最开始的900亿美元到现在的7.7万亿美元。规模在44年内增长了近80倍。目前，401（K）约占美国养老金市场19.74%，64%的401（K）资产流向了公募基金。IRAs和401（K）合计占美国全部共同基金份额的47%，占长期基金的54%，占货币市场基金的11%[②]。

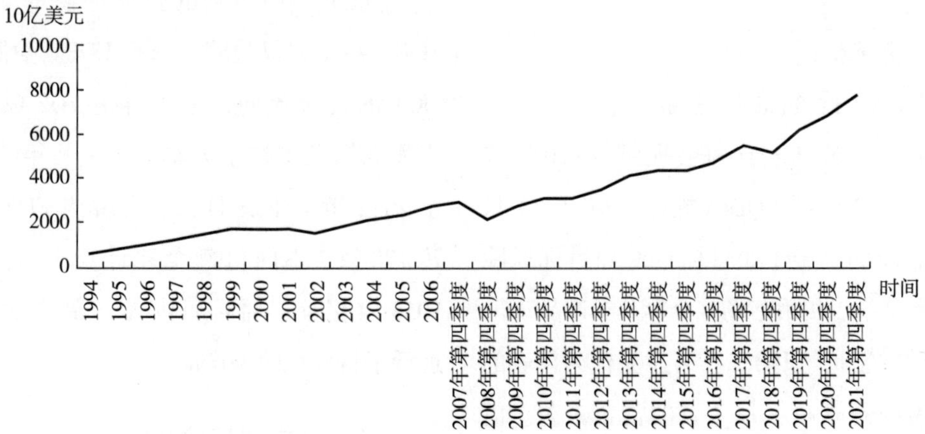

图2　401（K）规模（1994—2021年）

（一）主导机构

1. 401（K）主导机构：富达

美国401（K）行业领军是富达（Fidelity），富达自身定位为综合性服务券商。其养老金方面的管理结构分为四层：第一层为注册制度，负责客户账户的开户工作。第二层为代理平台，除了提供注册账户服务之外，还可以帮助客户设立信托计划来保证资产的安全性，也解决了包括财产的继承性等问题。同时，代理平台也会提供一些税务报表等额外服务。第三层为投资选择，类似于国内的智能投顾或理财顾问服务，向客户推荐资产组合。第四层为分布于美国各个城市的网点，为服务更多客户提供便利。[③]

2. 中国个人养老金主导机构：银行

《意见》中提到，个人养老金将实行个人账户制度，资金账户在符合规定的商业银行指定或开立。在个人养老金时代，银行将扮演重要角色。各家银行在抢占个人养老金这个蓝海的发展路径或许可以参考富达的成功案例，网点多、服务能力强、客户口碑好、基金投顾实力强的银行将脱颖而出。

实际上，公募基金管理人已经在悄然行动了。据统计，托管于中国银行、农业银行、工商银行、建设银行、邮政储蓄银行和交通银行六大商业银行的养老FOF（包括目标风险、目标日期）占市场现存所有养老产品的比重达

① Legal Information Institute. U.S. Code § 401 - Qualified pension，profit-sharing，and stock bonus plans[EB/OL]. Cornell Law School. https：//www.law.cornell.edu/uscode/text/26/401#k.

② ICI. The US Retirement Market，Fourth Quarter 2021[DB/OL]. https：//www.ici.org/statistical-report/ret_21_q4.

③ 李美芩．七国第三支柱个人养老比较研究——养老金深度系列 1[R/OL]. 财通证券，2022：100.

59.65%，相比之下，托管于这六大商业银行的普通FOF则只占45.53%。截至2022年第一季度，FOF规模前四大管理人中有三个为银行系基金公司，分别是交银施罗德（357.3亿元）、浦银安盛（138.8亿元）和民生加银（134.8亿元）。该现象说明银行在公募FOF上拥有天然优势。

（二）投资标的

1. 401（K）投资标的：基金

401（K）的账户运营商会提供10~20种资产作为投资标的。美国QDIA规定，401（K）只能投资生命周期基金（如目标日期和目标风险FOF）、平衡基金、货币市场基金等几类产品①。

根据ICI统计，以第二、第三支柱为代表的养老金是美国公募FOF最主要的资金来源。借鉴美国经验，在养老产品发展初期，目标风险型基金是更容易被投资者理解、接受的，因此，目标风险型基金的规模在初期大于目标日期型基金。

但随着投资者教育的逐渐推进，投资者们开始逐渐意识到在不同年龄区间对于风险的偏好有所不同，选择目标风险型基金意味着需要由投资者持续主动调整资产配置使投资组合更适合自己当前的风险偏好，加之受到2006年美国颁布的养老金投资法案（PPA）影响，由基金公司随着目标日期接近不断调整组合风险敞口的目标日期型产品变得更受青睐。此后目标日期型基金有了大规模发展。截至2021年11月30日，美国目标日期型基金规模达到16894.09亿美元，DC计划［401（K）等］和个人养老账户（IRAs）的资金占比分别为66%和19%，合计占比近9成，而目标风险型基金规模为3723亿美元②。

2. 中国个人养老金投资标的：理财、存款、保险、基金

《意见》中提到的公募基金，大概率是指FOF，甚至仅仅是养老目标FOF。参照美国401（K）的资金流向，未来养老FOF极有可能成为养老第三支柱主力军。经过几年的发展，截至2022年4月28日，公募养老FOF产品数量达170只（不同份额合并计算），合计规模为1058.14亿元，目标日期型产品占比为15.1%，远低于目标风险型产品。

三、未来发展方向

以国外401（K）以及养老FOF发展路径作为参考，加之即将全面启动的个人养老金时代，目标日期FOF的发展空间更大。我国公募养老FOF发展情况和美国养老FOF发展路径相似，美国养老FOF发展初期，目标风险型FOF规模也大于目标日期型FOF，但经过多年的发展后，美国目标日期型FOF规模已为目标风险型FOF的4.5倍。目前国内目标日期型FOF的托管费以及管理费整体比目标风险型FOF稍高，目标日期型产品全市场平均管理费为0.82%，目标风险型平均为0.68%，相差0.14%。

美国FOF发展时间长，且由于美股市场的长牛性质，主动管理型基金相对指数型基

① Employee Benefits Security Administration. Fact Sheet：Default Investment Alternatives Under Participant-Directed Individual Account Plans[EB/OL]. https：//www.dol.gov/agencies/ebsa/about-ebsa/our-activities/resource-center/fact-sheets/default-investment-alternatives-under-participant-directed-individual-account-plans.

② ICI. The US Retirement Market，Fourth Quarter 2021[DB/OL]. https：//www.ici.org/statistical-report/ret_21_q4.

金优势并不突出，基金管理人在管理费上大打价格战。如先锋（Vanguard）[①]旗下的Target Retirement系列产品和富达（Fidelity）[②]旗下的Freedom Index系列产品，费率均在0.12%左右，每个母基金只配置4~6只被动型基金。管理人通过只配置旗下指数型基金的方式降低管理费。

由于目前我国A股市场多数时候呈结构性行情，管理人做Alpha难度相对较低，所以配置主动管理型基金是更适合中国市场情况的管理方式。但并不排除未来以养老金为例的由机构管理的长期资金进入市场后，A股出现波动率降低、主动管理Alpha效果逐渐降低的可能性，届时养老FOF的竞争格局也将发生改变。

短期来看，现存的目标风险型FOF平均规模约为9.26亿元，目标日期FOF则仅为2.16亿元。综合投资者接受程度和发行难度来看，新发持有期较短的目标风险型FOF难度较低。

长期来看，参考成熟市场的发展情况，持有期长的目标日期型FOF更符合个人养老金的设立初衷和投资期限。产品线布局齐全、投研实力强的基金管理人将在长跑中赢得优势。

四、公募基金管理人发展养老FOF的建议

目前，我国个人养老金政策尚待进一步丰富和成熟，但总体来说个人养老金整体利好公募行业，增量资金将给整个市场注入新鲜血液。参考成熟市场个人养老金的发展历程和投资偏好，养老FOF是值得公募基金管理人大力投入发展的下一个风口。为了抢占养老FOF的新风口，公募基金管理人应时刻紧盯政策动态，将有限的资源投入完善产品线布局以及FOF投研上。

由于2022年初至今市场波动较大，投资人风险偏好下降，短期内，持有期短、以稳健为卖点的目标风险型FOF发售难度较低。但从长远角度来看，只有着重布局持有期长、收益能力强的养老目标日期型FOF，同时做好FOF投研工作，才能让一个基金管理人在行业内部取得竞争优势。在目前基金发行难度较大的市场情况下，管理人应当合理选择使用发起式成立，做好风险控制，降低净值波动，为满足未来由主导机构提出的产品准入标准做好充足准备。

同时，基金管理人也应当积极主动丰富产品线，为潜在的FOF价格战做好准备。在销售渠道上将资源多倾向于银行渠道，在政策落地、试点正式开始之后重点关注产品准入指标。

只有做到以上几点，公募基金管理人才能在未来巨大的个人养老金市场中找到抓手，将自身的投研优势、公募基金的普惠性质赋能于中国人的养老钱袋子。

（作者单位：鑫元基金管理有限公司）

① Vanguard：Target Retirement Fund[EB/OL]. https://investor.vanguard.com/investment-products/mutual-funds/target-retirement-funds.

② Fidelity：Fidelity Freedom Index 2065 Fund Investor Class[EB/OL].https://fundresearch.fidelity.com/mutual-funds/summary/315796839.

商业银行理财子公司转型路径探索

——基于资管行业竞争格局的视角

王语嫣

自2018年“资管新规”落地以来，银行理财在去通道、去嵌套、去池化、去刚兑的要求下不断向净值化、标准化的方向探索前行。监管对于资管业务的规范管理催生了理财子公司，未来，理财子公司也必然承接银行理财业务的转型重任。从2019年建信理财正式成立至今，包括3家外资控股的合资理财公司在内已经有25家理财公司正式开业，产品规模稳步增长，截至2021年底，产品存续规模达17.19万亿元，同比增长157.72%，从整个银行理财市场来看，占比高达59.28%，理财子公司已经发展成为银行理财市场的主力军。随着“资管新规”过渡期的结束，“资管新规”及其配套细则的完善基本统一了各类资管机构的监管口径，消除了监管套利空间，银行理财与各类金融机构公平参与资管业务，行业竞争也更为激烈，理财子公司未来发展面临挑战。

一、后资管时代的行业竞争格局

监管套利消失，银行理财和公募基金监管趋同。此前，监管政策在银行与券商、信托等非银金融机构之间差异较大，存在监管套利空间，在利润的驱动下，资管行业中各类通道业务泛滥严重，蕴含大量风险。为了促进资管行业的健康发展，消除监管套利，使各类金融机构能够公平地参与资管业务，一行两会、外汇局等监管部门制定了“资管新规”并逐步完善了相关配套细则。在总体原则方面，银行理财和公募基金均需遵守“资管新规”的规定，具体到估值核算、销售管理、流动性管理等方面，基本消除了银行理财与公募基金的监管差异。监管口径的趋同使银行与非银机构之间的行业壁垒消除，基金、保险、券商等机构纷纷发力，通过完善产品体系、优化行业布局来扩大业务规模，资管行业的竞争愈发激烈。

表1　理财子公司与公募基金监管政策对比

项目	理财子公司	公募基金	备注
总体原则	《关于规范金融机构资产管理业务的指导意见》（“资管新规”）		
	《关于进一步明确规范金融机构资产管理业务指导意见有关事项的通知》及说明		
	《商业银行理财业务监督管理办法》（“理财新规”） 《商业银行理财子公司管理办法》	《证券投资基金法》 《公开募集证券投资基金运作管理办法》	

续表

项目	理财子公司	公募基金	备注
估值核算	《资产管理产品相关会计处理规定（征求意见稿）》		基本拉平监管
	《商业银行理财产品估值指引（征求意见稿）》 《理财产品会计核算指引（试行）》（征求意见稿）	《公开募集证券投资基金会计核算业务指引（征求意见稿）》 《公开募集证券投资基金侧袋机制指引（试行）》 《证券投资基金侧袋机制操作细则（试行）》	
销售	《理财公司理财产品销售管理暂行办法》	《公开募集证券投资基金销售机构监督管理办法》 《公开募集证券投资基金宣传推介材料管理暂行规定》	
货币类	《关于规范现金管理类理财产品管理有关事项的通知》	《货币市场基金监督管理办法》 《公开募集开放式证券投资基金流动性风险管理规定》	基本拉平监管
流动性	《理财公司理财产品流动性风险管理办法》	《公开募集开放式证券投资基金流动性风险管理规定》	基本拉平监管
净资本	《商业银行理财子公司净资本管理办法（试行）》	不适用	公募基金不适用

资料来源：中国人民银行、中国银保监会、中国证监会、国家外汇管理局。

银行理财转型承压，公募基金快速发展。从2004年光大银行推出我国银行业第一只理财产品开始，银行理财因其“刚性兑付”“收益低波动”的特征与居民投资者低风险偏好匹配，得到了快速的发展，而对同时期的公募基金等其他资管产品形成了压制。但自“资管新规”颁布以来，银行理财在“破刚兑”“净值化”的转型压力下增速放缓，而公募基金充分发挥了其在投研能力、管理机制市场化等方面的优势，紧抓居民财富增长和配置方向转型的机遇，获得迅速的发展。2021年底，银行理财产品存续规模突破29万亿元，公募基金规模达到25.56万亿元，若考虑基金专户7.39万亿元和基金公司管理的养老金3.96万亿元，基金管理规模合计36.91万亿元，已超过银行理财的规模。理财净值化转型后公募基金相对优势将更加凸显，银行理财与公募基金的竞争将更加激烈。

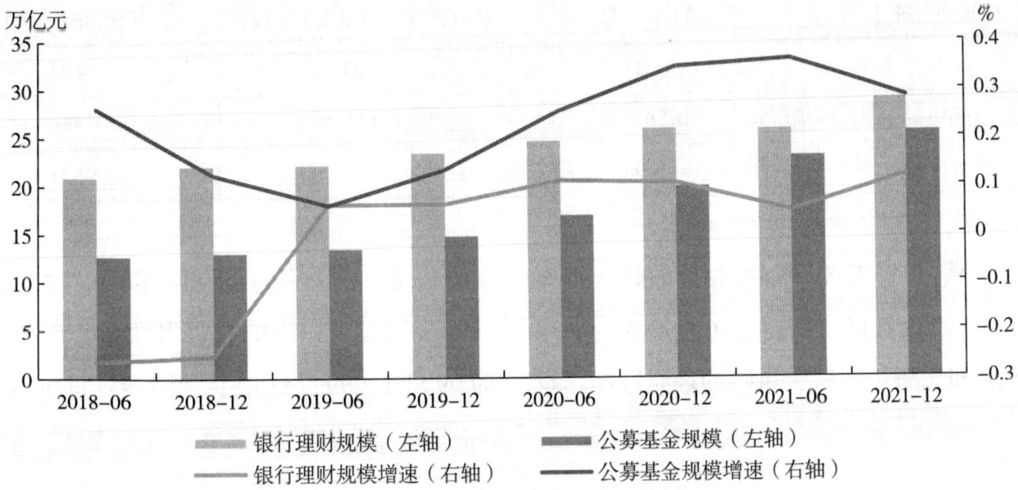

图1　银行理财与公募基金发展趋势对比

（资料来源：Wind）

金融逐步对外开放，外资机构加快布局中国资管市场。在监管制度体系不断完善的过程中，资管行业所处的发展环境逐步规范，居民财富管理需求日益激增蕴含着大量的市场机遇，随着我国金融市场开放进程不断推进，外资机构加快了布局我国资管市场的步伐。2020 年 4 月 1 日，监管正式取消证券公司、基金管理公司外资持股比例限制，同年 8 月，贝莱德基金，也是我国首家外资独资公募基金获准设立，随后富达基金、路博迈基金也分别于 2021 年 8 月、9 月获准设立。在理财公司方面，包括汇华理财、贝莱德建信理财、施罗德交银理财和高盛工银理财等四家外资控股的理财公司已经获批筹建，其中已有 3 家正式开业。未来，外资机构的加入进一步提升了行业竞争度，资管行业将迈入内外资机构同台竞技的新时代，国内各类资管机构面临更为激烈的市场竞争。但同时，外资机构先进的管理经验和丰富的产品体系也将推动国内资管行业更健康发展，激发市场活力。

二、银行理财子公司面临的挑战

自“资管新规”以来，银行理财一直在积极探索转型之路，在过渡期内，监管仍给予银行理财业务一定的整改空间，随着过渡期的结束，理财子公司将真正直面监管要求持续转型。

盈利模式由资金池下的价差模式转变为收取管理费用的中收模式。转型后的银行理财的盈利模式已经改写，此前为价差模式，即通过资金池的运作模式赚取整体收益和负债成本的价差。“资管新规”后成立的理财子公司，按照“资管新规”“理财新规”等一系列规定的要求，要做到理财产品单独管理、单独建账、单独核算，资金池模式无法延续，盈利模式变为单纯赚取管理费用的中收模式，管理规模是理财盈利的关键。转型后理财与公募基金监管趋同，但是相比于投研能力、市场化程度明显更高的公募基金，短期内银行理财并不具备规模优势。

理财市场以个人投资者为主，客户偏好低风险，注重高流动性。个人投资者仍是银行理财市场的主力军。截至 2021 年底，银行理财产品个人投资者数量为 8067.23 万人，占比为 99.23%，新增 3919.13 万人，同比增长 94.48%。

表 2　理财投资者类型分布

投资者类别	投资者数量（万个）	投资者数量占比（%）	同比增速（%）
个人	8067.23	99.23	94.48
机构	62.67	0.77	300
合计	8129.90	100	95.31

资料来源：《中国银行业理财市场年度报告（2021 年）》。

银行理财投资者风险偏好相对较低，截至 2021 年底，投资者仍主要持有风险等级为一级（低）风险和二级（中低）风险的理财产品，投资者数量占比分别为 40.90% 和 49.14%，持有风险等级三级及以下的投资者数量（金额）占比为 99.81%（99.64%），低风险偏好特质明显。

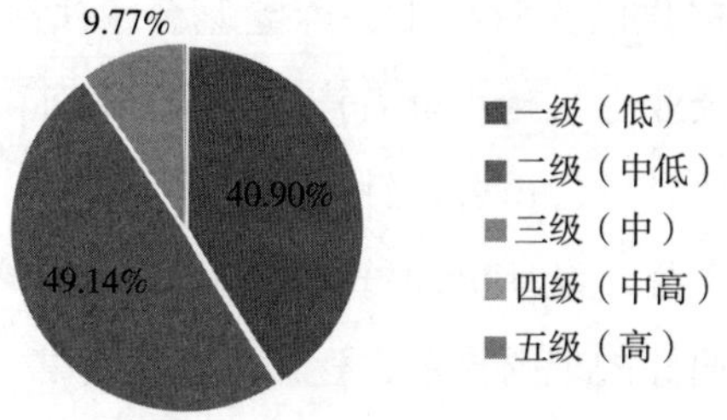

图 2　投资产品偏好类型分布（持有数量占比）①

（资料来源：《中国银行业理财市场年度报告》（2021 年））

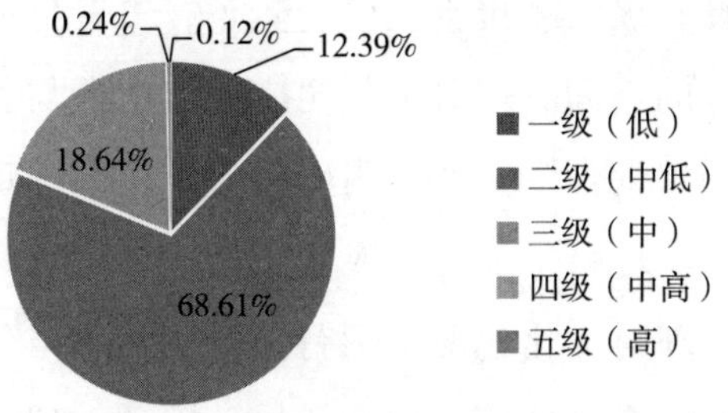

图 3　投资产品偏好类型分布（持有金额占比）

（资料来源：《中国银行业理财市场年度报告》（2021 上））

高流动性仍是银行理财客户的主要理财需求之一，T+0 理财产品受众较广。截至 2021 年底，持有 T+0 产品投资者数量占比为 54.23%，较上年同期增加 16 个百分点，最受投资者青睐。但 T+0 平均持有金额小于中长期限产品，期限为 1 年以上产品的投资者平均持有金额约为 T+0 产品的 2 倍。

明确净值化、开放化的转型方向，账户管理难度增强。截至 2021 年底，理财公司存续理财产品存续规模达到 17.19 万亿元，理财子公司新发产品均为净值化类型。从运作模式来看，2021 年底，理财子公司开放式理财产品存续规模为 13.94 万亿元，占比为 81.09%，开放式产品规模高于封闭式产品。传统的理财投资者多为个人投资者，投资者风险偏好普遍偏低，对投资产品的低波动性存在“极度偏好”。此前，银行理财最大的优势就是通过信用下沉，拉长久期，以资金池的运作模式实现刚性兑付，匹配投资者偏好的低波动且相对较高收益模式，规模不断扩大。“资管新规”过渡期结束后，传统理财产品的“收益高—波动小—流动性高”以及“收益高—开放申赎—规模大”便成了理财子公司面临的“不可能三角”难题，理财账户管理难度大幅提升。

培育“投资文化”，经营理念的转变仍需时间。作为独立运营、自负盈亏的法人主体，理财子公司与母行在业务合作中表现为甲乙方关系，业务运作具有一定独立性。截至目前，除外商合资理财子公司外，其他国有行、股份行、城商行的理财子公司均是由母行资产管理部门发展而来，董监高等管理人员和普通职工也多来自母行，因此理财子公司的体系建设受“信贷文化”影响大，其风控流程受授信业务影响相对更深，而要做好资管业务，经营理念由“信贷文化”转向“投资文化”仍需时间。

三、银行理财子公司的转型路径

经历了三年的转型探索，银行理财已经度过了最艰难时期，现阶段，存量业务有序整改，产品规模平稳增长，理财子公司也已经成长为银行理财的主力军并迈入独立运作的时代。随着“资管新规”过渡期的结束，资管行业进入高质量发展的阶段，“监管趋同、竞合并存”将是资管行业未来的市场格局，理财子公司也要顺应资管新格局来探寻未来的转型路径。

一要明确机构定位，与公募基金竞争与合作并存。监管口径趋同使得银行理财与公募基金在业务模式和产品形态上极为相似，公募基金的迅猛发展也给还处于转型探索时期的理财公司带来较大竞争压力。但在国内财富管理市

① 持有四级（中高）和五级（高）风险理财产品的投资者数目较小，暂不在图中显示个体数值。

场仍具备极大发展空间的背景下，二者仍有合作互补的空间。理财子公司应精准把握与公募基金的“竞合”关系，明确机构定位，确定发展方向。理财子公司的成立依托于母行资产管理部，理财文化起源于银行信贷文化，与公募基金的投资文化存在很大不同。因此，理财子公司在固收类产品优势明显，但权益类产品的投资经验十分有限，双方擅长领域不同，也为彼此创造了合作的可能。理财子公司，应继续发扬固收类产品的投资优势，而对于自己不擅长的权益类资产的投资，投研能力的提升并非一蹴而就，理财子公司在成立的初期，可以借助外部公募基金力量，通过发展投顾、FOF模式间接投资权益类资产，并逐步搭建完善自身的权益投研体系，从被动投资过渡到主动投资。除权益投资外，在风控平台搭建以及估值体系构建方面也存在不足，公募基金公司也可从风险控制和估值清算等领域着手与理财子公司进行合作。

二要加强产品管理能力，完善产品体系的布局。资管业务统一监管，银行理财此前的监管红利消失，及时建立起一套成熟完整、富有特色的全谱系产品体系尤为重要。同时，银行理财也不是从零到一、从无到有，而是带着母行巨大存量客户资源转换到今天的行业角色。因此，应充分发挥母行客群基础和研究专长，在此基础上构建资管新格局下的理财产品体系。第一，基于投资者的风险偏好和母行信用研究能力专长，将固收类和现金管理类理财作为主打产品做大做强。第二，攻破非标投资在期限错配和打破刚兑方面的难点，继续发挥非标投资在银行理财方面的特色优势。第三，在投资者机构化的大背景下，养老基金、社保基金、实体企业等机构投资者产生的资管需求与日俱增，理财子公司可以针对不同客户需求打造差异化产品，设计更加符合机构客户运作习惯及风险偏好的理财产品，逐步实现从零售客户向机构客户的变迁，满足不同层面投资者全方位的理财需求。

三要以大类资产配置为核心培育投研能力。目前，银行理财产品资产配置主要以债券、非标准化债权类资产、同业存单、现金及银行存款为主，占比超过90%，而在权益类资产、另类资产等方面的配置能力明显不足。经济的发展和居民财富不断积累，跨市场、跨资产的全球化资产配置将成为居民理财需求的发展方向。随着资管产品的不断丰富与创新，理财子公司应延续母行固收产品的投研优势，补齐权益投研能力的短板，组合债券、股票、另类资产和海外资产，以大类资产配置为核心构建投研体系，逐步提升投研能力。

四要加快数字化转型，打造以金融科技为生产力的综合型资管公司。在资管新时期，国际先进同业纷纷加大科技投入，贝莱德、瑞银等将每年营收的10%左右用于科技研发，科技人员占比已达20%~30%。在科技驱动商业模式创新的时代背景下，理财子公司应加快金融科技融合，以大数据、人工智能等技术为基石，将数字化能力建设融入产品设计与创新、风险防控、客户营销等各个环节，打造以金融科技为生产力的综合型资管公司，通过提升智能化服务能力而增强理财子公司的竞争力。

（作者单位：中国民生银行资产负债与财务管理部）

基于四大 AMC 经营发展和管理体系的地方 AMC 发展策略研究

——以山东省金融资产管理股份有限公司为例（下）[①]

山东省金融资产管理股份有限公司课题组

摘　要：本文上篇以四大资产管理公司（AMC）为参照体，在经营环境、竞争形势、发展战略、公司治理、人才薪酬机制等方面进行了对比分析。本文下篇将通过山东金资与信达资产、华融资产在不良资产规模、结构、处置能力，及外部支持等方面的对比分析，总结地方性AMC在经营中的难点，进而就支持地方 AMC 发展提出政策性建议。

关键词：地方 AMC　盈利能力　外部支持　政策建议

三、盈利能力分析

资产管理公司是向市场提供长期资金的机构，其经营具有跨周期性，即在经济下行时收购不良资产，在经济上行时处置不良资产，其间会形成较大规模的资金占用。由于业务周期长，当期盈利和现金流主要反映上一个业务周期的经营结果，不能很好地反映 AMC 当前潜在的盈利能力和未来的表现。我们认为，对 AMC 的考察应当侧重于分析其当前和未来的盈利能力，因此选择规模、资产结构、不良资产处置能力三个维度对山东金融资产管理股份有限公司（以下简称山东金资）和信达资产、华融资产进行对比。

（一）规模分析

经营规模较大的 AMC 通常具有规模优势，在不良资产的收购成本与处置定价方面均有较强的议价能力。AMC 是高杠杆经营的企业，其资本金是可以永久支配和使用的自有资金，损失最终需要依赖资本金的吸收，AMC 最核心、最根本的抵御风险的能力来自资本金。因此，我们选取注册资本作为规模维度对比分析的第一个指标。AMC 的净资产规模是公司经营规模的直接体现，实收资本和净资产规模越大，公司承担风险的能力越强，运用杠杆进行资产规模扩张的空间也越大。考虑到信达资产、华融资产的不良资产业务集中于母公司层面，为尽可能剔除其银行、券商、保险等其他金融子公司的影响，我们选取归属于股东的净资产（以下简称净资产，不再加以说明）作为规模维度

① 课题组负责人为公司董事长佘同水，课题组主要成员为吴雪、李杨。本文接《中国资管》2022 年第 1 辑。

对比分析的第二个指标[①]。

1. 注册资本、资产总额、归母净资产

2014年山东金资成立时，注册资本为20.3亿元，经过2次增资，至2019年末，注册资本已达366.4亿元，与信达资产、华融资产相差无几。

表1　信达资产、华融资产、山东金资注册资本

单位：亿元

名称	2015年	2016年	2017年	2018年	2019年
信达资产	381.6	381.6	381.6	381.6	381.6
华融资产	390.7	390.7	390.7	390.7	390.7
山东金资	20.3	101.1	101.1	101.1	366.4

但是在资产总额和归母净资产指标上，山东金资远远落后于信达资产和华融资产。

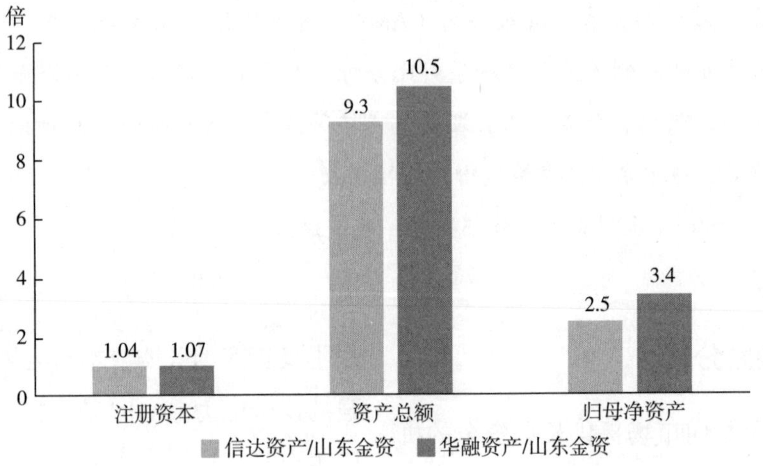

图1　2019年信达资产、华融资产和山东金资规模比值

2019年，山东金资资产总额为1619亿元，中国信达和中国华融分别为15132亿元和17050亿元，是山东金资的9.3倍和10.5倍。2019年，山东金资归母净资产为480亿元，信达资产和华融资产分别为1213亿元和1649亿元，是山东金资的2.5倍和3.4倍。

山东金资在注册资本与四大AMC接近的情况下，资产总额和归母净资产均大幅落后，下面进一步分析落后的影响。

2. 规模、杠杆和资产回报率

我们在规模分析的基础上，讨论杠杆和资产回报率的关系。我们选择总资产 / 注册资本、负债率两个指标为衡量杠杆水平的自变量，负债率本身就是杠杆率的数学变换，考虑到信达资产、华融资产还包含银行、证券、保险等多种金融业态，总资产 / 注册资本指标可以更好地反映管理团队的整体资金运作能力；选择归母净资产 / 注册资本、平均净资产回报率两个指标

① 资产总额也是反映AMC规模的重要指标之一，但是基于以下两点，我们不选择资产总额指标：一是由于监管口径的原因，大量地方AMC开展了很多影子银行业务，资产总额中含有变相贷款；二是山东金资是一家纯粹的不良资产处置公司，而四大AMC均拥有银行、券商、保险等子公司。综上所述，两者在资产总额方面不具备可比性，因此我们仅采用净资产指标。信达资产、华融资产采用母公司净资产指标。

为衡量资产回报的因变量。平均净资产回报率是流量概念，反映当期净资产回报水平，归母净资产 / 注册资本是存量概念，反映了公司自成立以来多年净资产回报的积累水平。

2017 年，信达资产、华融资产总资产 / 注册资本分别为 36.3 和 47.9，远高于山东金资的 3.4，信达资产和华融资产的负债率分别为 87.9% 和 90.2%，也高于山东金资的 66%，信达资产和华融资产的资金杠杆水平大大高于山东金资。高杠杆水平带来的是高资产回报率。从流量看，2017 年信达资产、华融资产的平均净资产回报率为 13.9 和 18.1，是山东金资的 2 倍和 2.7 倍。从存量看，信达资产、华融资产的归母净资产 / 注册资本比值为 3.9 和 4.7，是山东金资的 3.3 倍和 3.9 倍。

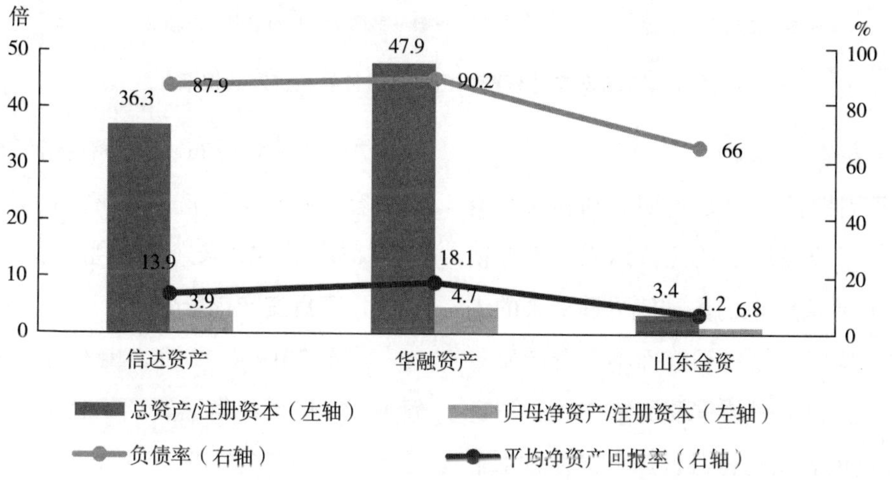

图 2　2017 年信达资产、华融资产、山东金资杠杆和资产回报率

2019 年数据[①]展现出同样的规律。信达资产的总资产 / 注册资本之比为 39.7，是山东金资（4.4）的 9 倍多；负债率为 87.5%，也高于山东金资的 70.3%。2019 年信达资产平均净资产回报率为 8.6，是山东金资的 4.1 倍，归母净资产 / 注册资本为 4.3，是山东金资的 3 倍多。高杠杆带来高净资产回报水平。

通过对信达资产、华融资产和山东金资的规模分析，我们认为：

第一，山东金资的注册资本几乎与信达资产、华融资产持平，但是总资产、归母净资产远低于四大 AMC 水平，资产杠杆水平不高。

第二，数据分析显示，AMC 高资产杠杆能够显著提高净资产回报水平。

第三，理性看待山东金资的杠杆水平。一方面，山东金资作为地方 AMC 不具备金融机构牌照，融资渠道受限，融资成本高；另一方面，信达资产、华融资产作为综合性金融集团，下辖银行、保险等多种金融业态，显著推高了资产杠杆。

① 华融资产 2019 年利润数据不具备可比性。

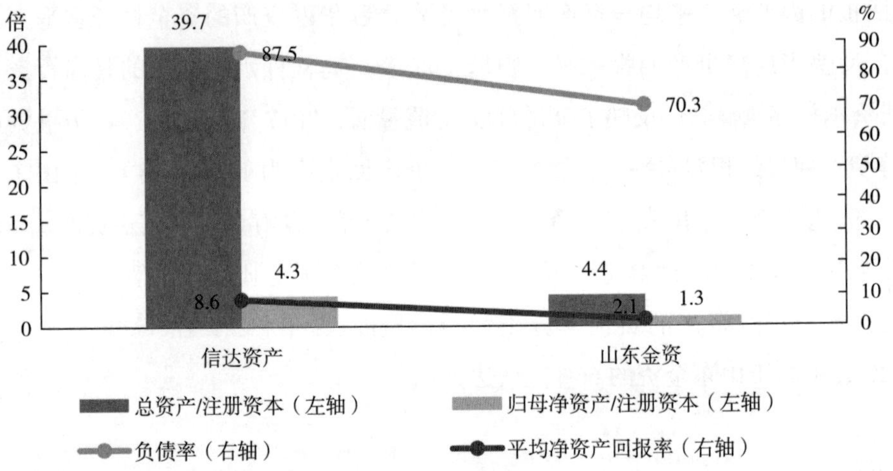

图 3　2019 年信达资产、山东金资杠杆和资产回报率

（二）不良资产结构

由于业务周期长，AMC 当期盈利和现金流主要反映上一个业务周期的经营结果，不能很好地代表 AMC 当前潜在的盈利能力和未来的表现。AMC 的不良资产储备和账面不良资产质量是影响其未来盈利水平的重要因素之一。不良资产是 AMC 负债表上的核心资产，其存量水平是未来 AMC 不良资产业务规模和盈利的重要基础。账面不良资产质量包括底层债务人性质、行业分布、区域分布、是否有抵押物和担保人①等内容，决定了存量不良资产的处置难度，进一步影响到 AMC 未来的盈利能力。

1. 不良资产存量分析

截至 2019 年 12 月，山东金资不良资产余额为 848 亿元，信达资产不良资产余额为 3854 亿元，是山东金资的 4.5 倍，华融资产不良资产余额为 5518 亿元，是山东金资的 6.5 倍。

表 2　信达资产、华融资产、山东金资不良债权资产余额　　单位：亿元

年份	信达资产	华融资产	山东金资
2016	2782	3282	113
2017	3640	4689	133
2018	4052	5329	176
2019	3854	5518	848

同期，山东金资不良资产余额占总资产的比例为 52.4%，信达资产、华融资产不良资产余额占总资产的比例分别为 25.5% 和 32.4%，远低于山东金资。但是考虑到信达资产、华融资产的金融业态广泛，总资产较纯 AMC 业务规模大，我们分析其净资产。2019 年底，山东金资不良资产余额占归母净资产的资产比例为 176.9%，信达资产、华融资产不良资产余额占归母净资产比例分别为 233.7% 和 455.1%，远高于山东金资的水平。考虑到 2019 年山东金资注资和收购恒丰银行不良资产后，归母净资产和不良资产余额同时大幅提高，我们看 2018 年

① 由于不良资产债务人性质、担保抵押信息获取困难，本节主要讨论存量不良资产的行业分布等。

数据，山东金资、信达资产、华融资产的不良资产余额占归母净资产的比例分别为148.9%、258.9%、441.7%，山东金资仍大幅落后。

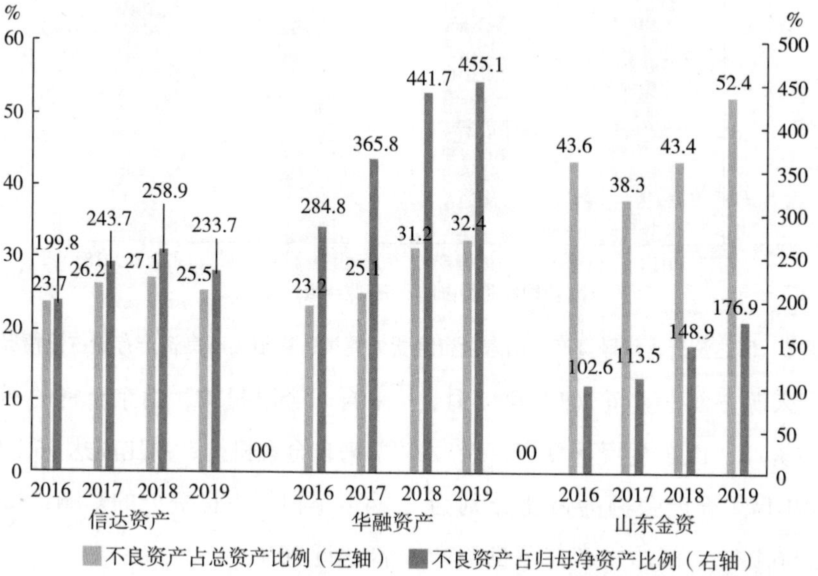

图4　2016—2019年信达资产、华融资产、山东金资不良资产余额占总资产、归母净资产比例

通过分析发现，山东金资不良资产余额占总资产的比例远高于信达资产和华融资产，但这是由于信达资产和华融资产作为综合性金融集团，旗下的银行、证券、保险等行业大幅拉高总资产所致，因此，要尽可能剔除这种影响。在考察不良资产余额在归母净资产中的占比后我们发现，山东金资不良资产余额占净资产的比重大大低于信达资产和华融资产。也就是说，考虑到公司自身体量，山东金资在不良资产规模相对储备水平上落后于信达资产和华融资产。考虑到信达资产、华融资产收购处置类业务增量主要来自长三角和中西部地区，有可能是地域原因拖累了山东金资的不良资产存量规模。

不良资产市场的分析者和从业者多数认为，从大趋势看，不良资产市场规模还在扩大，但是，一方面，高质量的不良资产包越来越少，另一方面，多元资本入场，行业竞争日趋激烈，市场高盈利时期已经过去。目前不良资产市场整体呈现“卖方市场”，当前不良资产存量较大的AMC未来具有一定竞争优势。同时，山东金资不良资产存量中恒丰银行的不良资产占据了较大比重，这些不良资产收购价格较高，本身质量不高，处置难度较大，如果不能够妥善处置，可能会进一步拖累山东金资的盈利。

2. 不良资产结构分析

截至2019年12月，信达资产、华融资产、山东金资经营类不良资产余额占不良资产总余额的比例分别为51.4%、31.2%、96.1%。从不良资产余额的存量结构看，信达资产存量业务中经营处置类和重组类资产比例较为均衡，华融资产以重组类不良债权为主，山东金资不良资产存量中经营处置类占比达96.1%，占绝对多数。虽然山东金资2019年大量收购恒丰银行经营处置类不良资产提升了其占比，但是2018年经营处置类不良资产占比也高达79.6%，可以说，山东金资的不良资产以经营处置类业务为主。

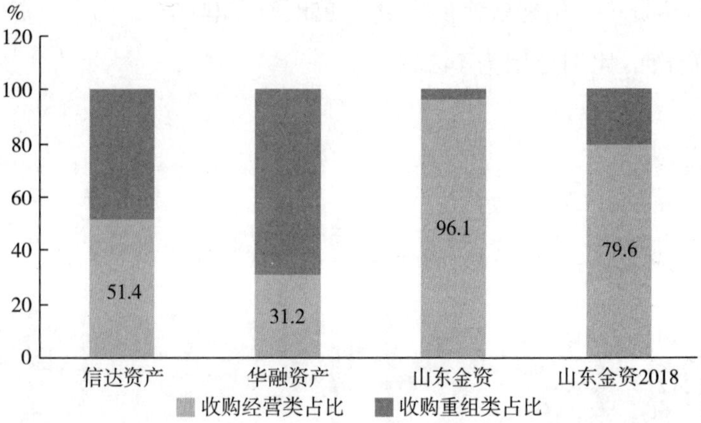

图5 信达资产、华融资产、山东金资经营处置类、重组类不良资产存量占比情况

在不良资产来源方面，截至2019年12月，信达资产、华融资产、山东金资不良资产余额中来自金融机构不良资产余额的占比分别为49.9%、31.3%、96.1%①。信达资产在不良资产来源方面较为均衡，华融资产的不良资产主要来自非金融机构，山东金资的不良资产几乎全部来自金融机构，占比高达96.1%。即使剔除收购恒丰银行不良资产的影响，2018年其占比也高达近80%。

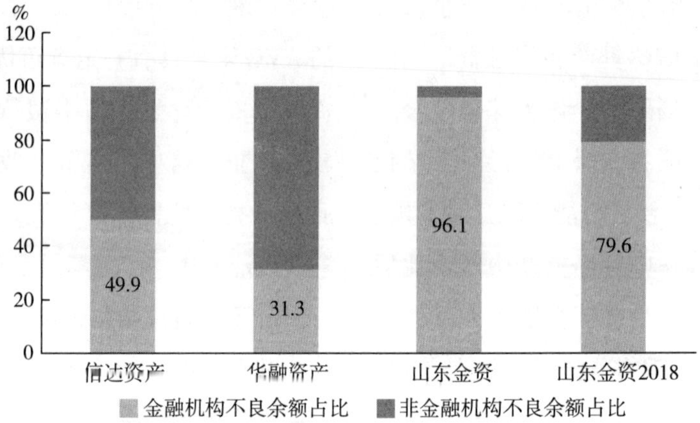

图6 信达资产、华融资产、山东金资不良资产来源情况

（三）不良资产处置能力

主营业务利润水平反映了AMC在过去一个业务周期中的盈利情况，是体现不良资产处置能力的最直接指标。但由于AMC业务周期较长，因此主营业务利润指标具有滞后性，对研究AMC当前乃至未来盈利能力帮助有限。AMC的不良资产处置效率主要指AMC处置不良资产实现资金回收的能力，主要包括收购成本、处置进度和处置收益。由于AMC处置不良资产的地域、团队等具有一定稳定性，因此相比主营业务利润，AMC的不良资产处置效率指标具有一定的惯性，更适合反映AMC当前乃至未来的

① 山东金资并未公布2018年不良资产余额中的金融和非金融来源情况。但是不良资产行业来自金融机构的不良资产多为经营处置类，来自非金融机构的多为收购重组类。而且从2019年的数据看，山东金资来自金融机构的不良资产余额占比与经营处置类不良资产余额占比数据几乎相同。因此，我们采用经营处置类不良资产余额占比作为其2018年来自金融机构的不良资产余额占比的近似值。

盈利能力。

1. 营业利润率

主营业务利润率是反映AMC在过去一个业务周期盈利的指标。信达资产、华融资产属于金融类AMC，其收入来源包括利息净收入、手续费及佣金净收入、投资收益、公允价值变动收益等，均属于"净收益"，类似于实体企业的毛利润，因此，我们用营业利润率衡量其盈利能力。山东金资属于非金融AMC，扣除利息支出后的主营业务利润率更适合衡量其盈利能力。但山东金资无单独统计的主营业务利润数据，因此，同样采用营业利润率进行近似处理。

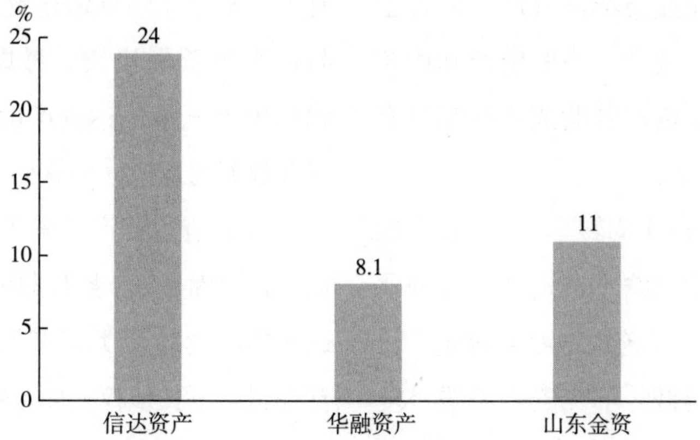

图7 信达资产、华融资产、山东金资2018年营业利润率情况

2018年，信达资产、华融资产、山东金资的营业利润率分别为24%、8.1%、11%。由于数据获得性的原因，采用的是营业利润率而非主营业务利润率，无法剥离信达资产、华融资产各种金融业务对利润率的影响，也无法剥离山东金资特色投融资对利润率的影响，只能说，在业务综合盈利方面，与信达资产、华融资产相比，山东金资的营业利润率不高。

关于营业利润率的分析参考有限，基于以下三个方面的原因：一是由于数据的可获得性限制，分析仅采用了2018年数据，没有2019年数据，也未进行时间序列分析；二是山东金资的营业利润率数据为估算；三是信达资产、华融资产、山东金资的营业收入、营业利润不只是来自不良资产处置，信达资产与华融资产的金融业务，山东金资的特色投融资业务在营业收入中都占据了相当的比例。

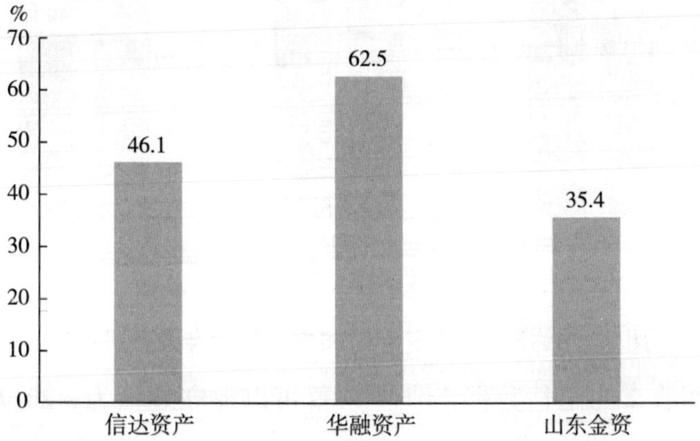

图8 信达资产、华融资产、山东金资2018年不良资产处置收入占比

2. 不良资产处置效率

（1）收购成本。根据信达资产、华融资产和山东金资相关披露，以及《地方资产管理行业白皮书》和中金公司的研究成果，2018—2019年，四大AMC以及地方AMC的不良资产收购折扣基本在3~6折之间。此外，由于当前不良资产（尤其是处置类不良资产）处置基本采取招标方式，信达资产、华融资产和山东金资在山东区域的不良资产收购成本基本没有区别。

（2）处置进度（类似于周转率）。AMC完成处置的不良资产占累计收购不良资产总额的比例越高，意味着AMC越能较快地收回资金，付出的资金占用成本也越低。不良资产处置进度与AMC所采取的处置方式有关。转让处置所需时间较短，处置进度较快，而债务重组、诉讼、破产清算等处置方式所需时间一般较长。我们用资产回收率（累计处置不良债权账面金额/累计收购不良债权账面金额）作为衡量AMC处置进度的指标。

四大AMC并未公布其资产回收率数据，且主要公布经营处置类不良债权数据，收购重组类业务数据有限。因此信达资产、华融资产的数据主要通过经营处置类不良债权数据估算。由于华融资产2018年经营出现较大变动，且其经营处置类资产占比较小，主要为收购重组类资产，因此，其资产回收率数据估算参考价值有限。本文仅估算信达资产的资产回收率数据，与山东金资做比较。考虑到数据的可获得性，我们用近五年信达资产的资产回收率数据作为累计数据的近似，估算如下：

当年信达资产的资产回收率＝累计处置不良债权账面金额/累计收购不良债权账面金额≈近5年经营处置类资产回收率≈近5年处置经营处置类不良债权账面金额/近5年收购经营处置类不良债权账面金额≈（近5年处置经营处置类不良债权净收益/内部收益率）/近5年收购经营处置类不良债权账面金额

按照以上方法毛估信达资产2017年、2018年、2019年的资产回收率分别为40.9%、53.9%、69.8%，同期山东金资的资产回收率为55.7%、65%、40.1%。

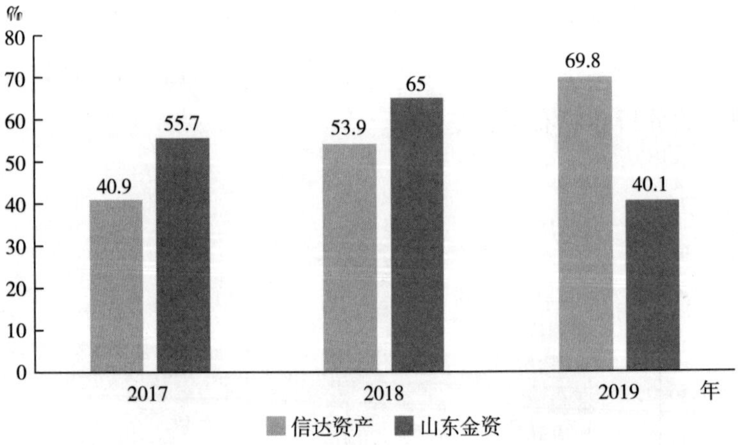

图9 信达资产、山东金资2017—2019年资产回收率

由于信达的资产回收率为毛估数据，因此该数据按照大小、趋势的比较结果意义有限。仅可以保守地认为，2017—2019年，山东金资资产回收率震荡的同时，信达资产的资产回收率大概率持续上升。

（3）处置收益（类似于毛利率）。处置收益是已完成处置的不良资产收回现金和收购成本的差额。处置收益越高，AMC的盈利能力自然越好。我们用现金回收率（累计处置回收现金/累计收购成本）来衡量处置收益水平。

四大AMC已多年不公布其不良资产处置现金回收数据，本文选取2019年地方AMC中不良资产收购规模最大的三家：山东金资、浙商资产、江苏资产进行比较分析。

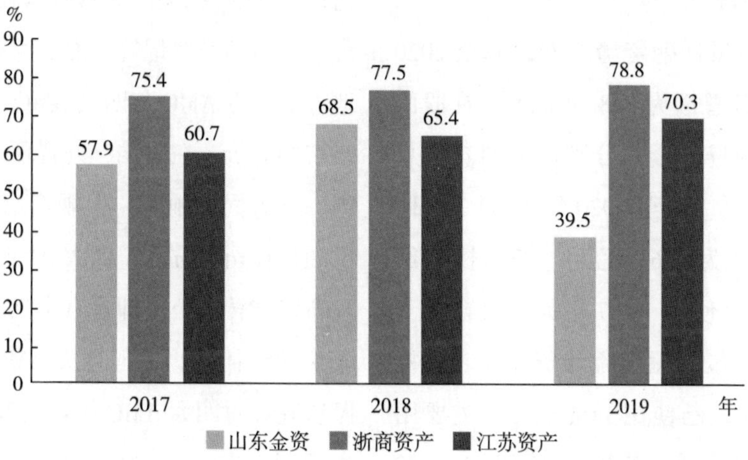

图10　山东金资、浙商资产、江苏资产2017—2019年现金回收率

在公布现金回收率数据的10家地方AMC中，山东金资、浙商资产和江苏资产现金回收率水平均处于前50%。其中浙商资产2017—2019年现金回收率最高且持续增长，分别为75.4%、77.5%、78.8%。2017年和2018年山东金资现金回收率在地方AMC中排名前列，分别为57.9%、68.5%。2019年受大规模收购恒丰银行不良资产的影响，山东金资的现金回收率显著下降，为39.5%。

四、外部支持分析

（一）华融资产和信达资产的外部支持

信达资产成立初期主要从事政策性不良资产经营业务，累计接收中国建设银行、国家开发银行等剥离的不良贷款3963亿元，信达资产和华融资产分别于2005年、2006年完成政策性不良资产处置回收任务，为支持国有银行重组上市、国有大中型企业改革脱困、维护国家金融体系稳定作出了贡献。

随着阶段性特殊任务的完成，2010年6月，国务院批准信达资产商业化转型改革实施方案，整体改制为股份有限公司，注册资本增加到251.55亿元，财政部持股100%。2012年4月，信达资产成功引入四家战略投资者；2013年12月，公司在香港完成上市并发行外资股（H股）；2019年12月，财政部根据《关于全面推动划转部分国有资产充实社保基金的通知》，向社保基金划转24.60亿股内资股，截至2019年末，财政部的持股比例降至58.00%，仍持续保持绝对控股地位。2012年，国务院批准华融资产整体改制为股份有限公司，财政部持股98.06%。2014年公司引入7家战略投资者之后，财政部持股比例仍达到77.49%。华融资产于2015年10月在香港上市，财政部仍保持绝对控股地位不变，截至2018年末，财政部直接持股比例为63.36%。自信达资产、华融资产成立以来，中央政府在政策支持、公司治理、资本金补充、债务融资等方面给予了两家公司大力支持，且中央政府的支持在未来较长一段时间内不会改变。

（二）山东金资的外部支持

1. 银行授信情况

从公司的历史累计融资情况看，截至2020年11月，公司贷款总额为348.64亿元，在股份制银行和城商行的贷款金额分别占公司贷款总额的37.9%和27.5%。截至2020年11月30日，银行综合授信额度为646.4亿元，表内授信额度为517.4亿元，已使用199.7亿元，大多用于收购银行不良资产包和短期流动贷款，表外授信额度为128亿元，已使用11.4亿元，主要用于债券投资和债券承销。截至2020年11月30日，公司存量贷款共计201.16亿元，其中短期借款共计17.12亿元，占比为8.51%，加权平均借款利率为4.3%；长期借款共计184.04亿元，占比为91.49%，加权平均借款利率为4.303%。

2. 政府资金支持

山东金资从成立至今，已得到政府的两笔资金支持。一是在公司的增资扩股阶段，公司注册资本金由20亿元增至101.1亿元，济南市和高新区政府各奖励2000万元，共提供4000万元奖励。二是在山东金资和潍坊市金融控股集团发起成立潍坊市鲁中金融资产运营管理股份有限公司时，按照济南市金融办联合市财政局发布的《济南市加快区域性金融中心建设促进金融业发展若干扶持政策》（济政发〔2016〕15号），高新区政府按照公司股本7亿元的1%，给予公司700万元奖励。

3. 地方政策支持

自山东金资成立以来，省政府、各地市政府在资金、债务融资等方面给予了很大支持，但对四大AMC的政策支持力度远远大于地方AMC。与地方AMC相关的监管政策较为分散，在司法、税收、不动产登记等方面，存在较多不够明确的地方。地方AMC与四大AMC平等参与资产包一级市场竞价，在收购、处置环节应适用同样的规则、具有同等地位，但现实情况却有较大差距。比如，在司法方面，四大AMC收购不良债权后，发布资产转入公告即具有中断诉讼时效、通知债务人的法律效力，但地方AMC却没有；最高人民法院针对四大AMC的司法解释，地方AMC无法适用，在诉讼保全、继续计息等方面，地方AMC处于劣势地位。

在税收方面，对于四大AMC，财政部、国家税务总局《关于中国信达资产管理股份有限公司等4家金融资产管理公司有关税收政策问题的通知》（财税〔2013〕56号）已明确四大AMC可以在处置不良资产过程中执行有关税收优惠政策，如免征相应的增值税、营业税、契税、印花税、房产税、土地增值税等，但是对于地方AMC却没有相关的优惠政策。

总体来看，地方AMC的相关监管政策主要参照四大AMC的展业规范，未完全涉及地方AMC主责主业模式，尚未在地方AMC行业形成统一的监管体系。包括山东金资在内的地方AMC，在监管政策、税收优惠等方面仍需要更多的支持。

表3 地方AMC与四大AMC的政策环境对比情况

项目	四大AMC	地方AMC
风险资本方面	适用	部分适用
监管指标	50%资本占用	标准不明确

续表

项目		四大 AMC	地方 AMC
处置决策方面		决策压力相对小	决策压力相对小
回现目标		收购成本	收购成本
处置手段方面		相对多元	相对多元
主要包括		诉讼催收	诉讼催收
		债权转让	债权转让
		债务重组	债务重组
		追加投资	追加投资
		债转股	债转股
		设立处置基金	设立处置资金
司法政策方面		适用	不适用
司法解释		审理涉及金融资产管理公司收购、管理、处置国有银行不良贷款形成的资产的案件适用法律若干问题的规定（2001 年）及补充通知（2005 年）	—
主要差异	债权转让	转让催收通知中断诉讼时效	—
		担保债权同时转让无须征得担保人的同意	—
	诉讼保全	诉讼保全不提供担保	—

资料来源：作者整理。

五、结论与建议

（一）针对地方资产管理公司实践中难点的政策建议

1. 完善相关立法，实施精准监管，优化税收优惠政策

为更好发挥地方 AMC 防范化解区域风险、支持实体经济发展的职能作用，我们建议将地方 AMC 纳入人民银行和银保监会统一监管，发放金融牌照，统一业务规则，规范业务行为，实施精准监管，确保流动性安全，守住不发生系统性区域性金融风险的底线。

在立法方面，建议尽快对不良资产处置相关的《企业破产法》《商业银行法》《金融资产管理公司条例》等法律法规以及相关金融监管标准进行梳理、修订和完善，明确对地方 AMC 的司法解释，取消不利于不良资产处置效率提升的法律和政策障碍，为不良资产批量处置、资产证券化、债转股、破产退出等提供法律制度保障。

在司法方面，由于破产案件与金融债权、不良资产处置具有专业性和高度关联性，建议在中级人民法院设立专业破产审判庭，修订完善相关司法解释，对涉及不良资产处置案件的具体法律适用问题予以明确，借鉴地方成熟经验建立破产案件行政司法联动机制，形成政府法院工作合力；扩大处置不良资产税收优惠政策的适用主体范围，使各类市场主体都能享受到税收优惠政策，让不同的参与主体“站在同一起跑线上”，提高市场交易的自由度和活跃度。

2. 放开市场准入限制，构建多元化的市场体系

在混业经营的背景下，银行、证券、保险、信托、资产管理公司等金融机构，可以结合其资金、信息、渠道和经验优势，深化相互间的

合作关系，深度挖掘具备战略投资价值和风险投资价值的不良资产，以财务顾问的方式寻找不良资产的潜在投资人，为企业提供债务重组和债转股服务，为投资人提供咨询和搭桥贷款服务。发达国家通常会鼓励不同类型的机构参与不良资产市场，以此增强市场的流动性，提高市场活跃度。除金融资本外，产业资本的作用也很重要，尤其在并购、重组等领域。建议取消与所有制有关的歧视性政策，允许各类金融机构进入，同时，吸引民间资本和国外投资者进入不良资产处置领域；放开对资产管理公司的牌照管制，消除关于银行批量转让不良资产和资产管理公司对外转让不良资产方面的不合理限制；从国际经验来看，投资者通过设立专项投资基金方式进入不良资产处置领域是比较有效和普遍的，建议允许各类市场主体建立专项投资基金，结合自身情况和目标投资不良资产；引入专业重组机构，充分发挥专业能力，优化困境企业治理结构和经营管理。

（二）对山东金资发展的几点建议

通过与信达资产、华融资产的盈利能力对比，我们发现：山东金资在净资产收益率、营业利润率等盈利指标上，在杠杆率、不良资产相对存量等资产指标上与信达资产和华融资产相比存在一定差距。这些差距必须客观看待，有些差距与双方的监管政策、经营环境及进而衍生出的发展战略不同有着密切的关系，有些则需要认真分析原因，弥补差距。我们总结了以下几点建议：

1. 深入剖析四大 AMC 经营模式和变化，构建更加合理的发展战略

实际上，在 2017 年下半年中央提出金融工作必须回归本源之前，四大 AMC 的发展路线都出现了一定程度的多元化，即在现有不良资产处置业务基础上，着力打造拥有银行、证券、保险及其他金融业态的全牌照综合型金融集团，构建金融生态。但是自中央提出金融业回归本源精神以来，在银保监会等相关监管机构的强势监管之下，四大 AMC 重新向不良资产处置业务倾斜，不良资产业务收入在总收入中的占比重回升势。

四大 AMC 的这种转变表明，一方面，在完全自由市场状态下，单一传统不良资产处置业务的吸引力已经降低，银行、保险作为其他金融机构的重要金主，对于任何一家金融控股集团完善金融产业结构、构建业务协同都不可或缺。对专业能力要求高的证券等金融机构，因其业务类型广泛，可以有效串联起各个金融业态，其对于金融控股集团发展的重要性也不言而喻。另一方面，在回归本源的强监管之下，不良资产处置依然是 AMC 不能动摇的主业，提高不良资产处置能力和处置收益对于 AMC 的发展至关重要。

由此看山东金资，由于其母公司鲁信集团致力于打造现代化金融控股集团，因此山东金资自身不具备打造多种业态、向综合性金融集团转型的条件，此外，行业监管重点的转变也要求山东金资向不良资产处置主业倾斜。从战略设计上看，山东金资应集中精力提升自身不良资产处置能力，平衡好不良资产处置和非不良资产业务，依托鲁信集团打造金控集团战略，做好未来内部协同准备，更加契合当前金融市场和金融监管要求和趋势。

2. 重中之重是提升不良资产处置能力

一是与四大 AMC 实现一定程度的差异化竞争。在多元化层次的金融体系中，山东金资可将客户定位于区域中小商业银行。四大 AMC 因人才、技术以及强大的财力支撑，在客户、数据以及综合服务方面领先，收购商业银行不良资产时主要争夺“大包”，地方AMC可选择主要获取“小包”，根据信息优势，推出个性化的服务方案，推动业务结构从“资金驱动”向“资金+服务”驱动转型。山东金资可借鉴江浙地区的“不良资产配资”业务模式。

二是注重在资产端提升资金实力和估值能力，在处置端加强重组变现和价值挖掘能力。山东金资应加强模式创新，探讨差异化的业务设计，借鉴四大AMC的先进经验，按照监管政策的变化持续调整和创新业务模式设计，以不良资产主业为核心，特殊资产投资与运营为辅，实现“不良+X业务”的跨界整合，提升利润空间，如借鉴相关经验，结合债权、股权工具开展私募股权投资等另类投资业务，实现主业鲜明、副业有特色的多元化资产管理。

三是宽领域经营要围绕企业转型升级，积极推进非金融类不良资产收购处置业务，大力开拓地方政府平台、工商企业或其他经济组织的不良资产收购，积极探索为实体经济提供“逆周期解决方案”和应收账款收购清理。山东金资可以根据客户需求，接受金融债权、国企资产、政府一般性资产等主体委托，受托管理各类金融和非金融资产，为其量身定制资产增值规划和方案，提供托管计划、资产重组、资产转让、收购兼并、财务顾问等专业化服务。

3. 改善资产质量，做好准备拥抱行业变化

地方AMC试点之初，在多方博弈下，地方AMC被界定为非金融机构。这一设定在地方AMC发展的前期有效促进了行业的发展扩大和行业处置地方不良资产、维护区域金融稳定功能的发挥，体现出其合理性。但随着地方AMC体量的扩大，赋予其金融机构身份，将其纳入中央银行和银保监会的监管，对于行业的发展和防范金融风险，都具有越来越重要的意义。在2021年全国两会上，多位参会代表和委员都提出要转变地方AMC企业性质，赋予其金融机构身份。

山东金资有必要正视这种变化的可能性，并做好准备。金融机构身份意味着更通畅、更低廉的融资渠道，也意味着本就处于“卖方市场”的不良资产收购竞争更加激烈。因此，一旦地方AMC被赋予金融机构身份，当前不良资产储备雄厚、收购成本低、质量好的AMC将具有很大的竞争优势。山东金资的相对不良资产储备（不良资产余额与归母净资产之比）与四大AMC相比还存在差距，而且大笔收购恒丰银行不良资产带来了存量不良资产结构单一、收购成本高、处置难度大等一系列问题。如何处置恒丰银行不良资产，提高优质不良资产储备，优化资产质量，是山东金资未来工作的重点之一。

4. 投资业务聚焦地方战略产业，深入挖掘保险公司合作价值

在开展投资业务时，山东金资要不以营利为唯一目标，聚焦山东省产业转型诉求，培育特殊机遇股权业务，发挥政策引导作用和试产带动作用，为地方主导产业的发展提供支持；充分考虑地区产业体系的发展状况，聚焦地方重点扶持的新兴产业和成长行业，及时了解和追踪省内招商引资政策动向。

保险资金具有体量大、投资期限长、追求稳健收益和资产安全的特点，不良资产投资与保险资金在资产久期和风险特性方面，均具有一定的契合性。保险资金可通过不良资产投资以较低成本获取医疗、养老等保险公司配置产业链上的相关资源，其参与不良资产投资，有利于缓解资金配置压力。对于地方AMC来说，应积极与保险公司的投资管理团队开展合作，通过深度融合共同创造价值，发挥AMC资源的独特优势，赋予投资标的更多资源、资金上的助力，通过密切的合作向优秀的金融机构学习，实现特殊资产投资能力建设和投资收益的同步提升。

5. 搭建多元化融资体系，加强长期资金储备

从融资成本来看，山东金资相比于四大AMC的融资成本平均高出两个百分点，且大多数为3~5年的短期资金，从公司的融资结构来看，债券约为130亿元，银行融资为180亿元左右，主要使用3年期的资金，短期（半年）资金占整体融资的比例不到5%。2019年，公司融资主要依靠股东鲁信集团注资360亿元（用于公司认购恒丰银行股权）和700亿元的专项资金，净资产和债务规模大幅扩张。恒丰银行不良资产收购成本较高，且恒丰银行的相关资产占公司资产总额50%以上，巨额不良资产收购价款占压大量财务费用，这对公司整体不良资产处置效率形成拖累，债务规模快速上升，2019年经营现金流规模达632亿元，主要用于收购恒丰银行不良资产。总的来看，公司账面不良资产对债务覆盖程度尚可，但收购恒丰银行不良资产后不良资产处置效率下降，应重点关注资金的流动性风险，加强长期资金的储备。

为拓展融资渠道，山东金资应积极与国有银行、政策性银行等对接，加大银行融资力度；险资期限长、成本低、授信额度较大，应加大拓展非银金融机构的融资力度。建议山东金资以资产证券化作为未来融资的主要创新模式，当公司达到一定规模的基础资产，且现金流由负转正、较稳定时，应尽快突破障碍积极尝试，探索通过联合开展资产证券化的模式进行融资和业务创新，即多家AMC共同提供基础资产和流动性支持来进行资产证券化融资，有效避免基础资产不充分、评级不高的问题。

6. 建立有效的中长期激励机制，加快培养投行、股权类投资人才

在薪酬设计上，山东金资应结合所处行业的特点和总公司对分公司的管控要求，在合理控制人工成本的前提下，最大程度地增强激励性。按照市场化原则，通过同业对标与自身实际相结合的方式，从薪酬总额管理、薪酬水平、薪酬结构、薪酬构成及兑现机制等角度对当前薪酬体系进行合理优化调整，统一分公司薪酬体系、规范薪酬管理方式，在薪酬定级、定档中考虑具体人员承担的职责大小以及对公司战略目标的贡献程度，向持续创造价值的岗位与员工倾斜，实现公司薪酬的内部公平性，让激励约束机制制度化、系统化，实现有效的激励与约束。

四大AMC的员工大多数是四大银行出身。由于业务多元化涉及的领域较多、业务关系复杂，四大AMC增加了金融、财务、法律、管理等各方面的专业人才。对于山东金资来说，既要重视外部引入，也要加快内部培养，在人才建设方面实施“双轮驱动”。公司强调运用投行思维，需要引进投行业务人才，公司成员必须实现从单一技能到复合技能的转换，即从过去只熟悉银行不良资产业务，向精通保险、证券等综合金融行业所需的经营要求转变。在打造专业股权投资能力方面，山东金资应重视引入和培养股权业务专业人才，在深入钻研核心业务与行业情况基础上，靠眼光选人，靠平台用人，靠机制留人，以打造核心竞争力，获取超额回报。

新冠肺炎疫情对全球财富分配的影响与启示

于凤芹　杨文仙

摘　要： 2020 年新冠肺炎疫情的突袭给各国经济带来了不同程度的冲击，世界经济陷入了严重的衰退。然而福布斯排行榜显示，2020 年全球亿万元级富豪的数量和财富总量不仅没有下降，反而创造了历史新高。这一现象引发人们的普遍关注。为什么新冠肺炎疫情期间全球富豪数量和财富总量不降反增？本文对此现象产生的原因进行了深度剖析并进一步揭示了新冠肺炎疫情对全球财富分配的重要影响，并且从国家、居民以及金融机构三个层面对我国新时代社会财富的创造及分配提出了相关建议。

关键词： 新冠肺炎疫情　福布斯排行榜　财富分配　马太效应

引言

2020 年，新冠肺炎疫情给全球带来了巨大冲击，世界经济陷入了自第二次世界大战以来最大的下行危机之中。根据国际货币基金组织的相关数据，2020 年全球经济整体下滑 3.3%。其中，美国、日本、德国三国的 GDP 分别负增长 3.5%、5.3%、4.9%，而印度、英国的经济更是深度收缩，分别下降 8.0% 和 9.9%。2020 年，中国的 GDP 为 14.725 万亿美元，同比增长 2.3%[1]，是主要经济体中唯一实现正增长的国家。

与此同时，疫情导致了全球贸易萎缩、国际直接投资下降，失业率上升至历史高位。然而，在经济衰退的背景下，全球亿万元级富豪（以下称为亿万富豪）的数量却逆势增加，其财富总额不但没有缩水，反而在疫情期间迅速膨胀。根据福布斯全球亿万富豪榜的最新数据，2021 年全球亿万富豪同比增长超 30%，暴增 660 人，有 2755 人上榜。全球新晋亿万富豪数量和亿万富豪总人数都处于历史最高水平，并且他们的财富总额也首次突破 10 万亿美元，达到 13.1 万亿美元左右[2]。

面临疫情导致的严峻经济形势，为什么全球富豪及其财富数量不降反增？本文将对此进行深度剖析，借以揭示新冠肺炎疫情对世界财富分配的重要影响，从而对我国新时代社会主义财富的创造与分配提供借鉴。

一、全球富豪数量激增的原因

（一）疫情给部分行业带来了发展机遇

图 1 展示了 2009—2020 年按行业划分的亿万富豪财富年增长率，从中可以看到，全球亿万富豪主要涉及科技、健康产业、工业、房地产、消费和零售业等九个行业，且 2009—2019 年这十年间各个行业发展都较为迅速。但最近两年，各行业的富豪财富增长率出现了明显的分化，科技、健康产业和工业领域的富豪财富总量增长迅

速，财富年增长率远超过其他行业。

具体来看，科技行业主要受益于芯片、半导体、5G等技术创新带来的科技股股价的飙升。据统计，2018年1月1日至2020年7月31日，由于科技股股价的激增，科技行业亿万富翁的财富总额暴增了42.5%，高达1.8万亿美元[3]。而在新冠肺炎疫情的影响下，居家隔离导致人们的生活模式发生了改变，对互联网设备的依赖程度显著加深，科技公司的营业额和股价都跟着上涨，进一步助长了科技行业富豪财富增长的趋势。2021福布斯全球亿万富豪中，科技巨头上榜人数达到365名，比上年增加124人，科技巨头、亚马逊创始人兼CEO杰夫·贝索斯的财富一年内增加了640亿美元，以1770亿美元的财富总额荣登榜首。

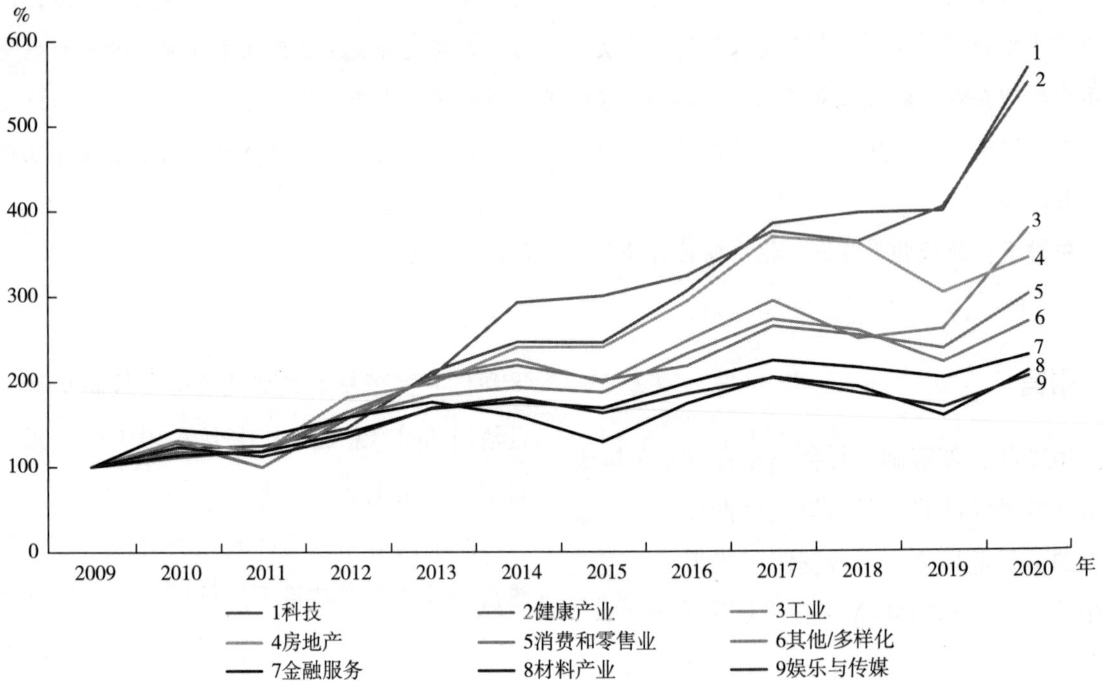

图1　2009—2020年按行业划分的亿万富豪财富年增长率

（资料来源：瑞银和普华永道联合发布的《2020亿万富豪报告》）

健康产业主要是得益于新冠肺炎疫情对医药医疗行业的刺激。一方面，全球的抗疫物资如口罩、防护服、呼吸机等面临较大的缺口，各行业纷纷抓住发展机遇跨界生产口罩等防护物资，大赚一笔。另一方面，疫苗的紧急研发与投产使得制药公司的负责人赚得盆满钵满，人民疫苗联盟（People's Vaccine Alliance）2021年5月20日发布的统计显示，新冠病毒疫苗的利润至少在全球催生了9位亿万富豪，他们的净资产达到了193亿美元，这足以让低收入国家的群众人均接种疫苗1.3次[4]。此外，在各国政府优惠政策的大力支持下，医疗行业迎来政策红利期，从事医疗行业的富豪们也在疫情期间获得了财富的大幅增长。

（二）政府的经济刺激措施

为缓解疫情对经济带来的冲击，世界各国货币政策和财政政策双管齐下。然而，政府的经济刺激措施也在无形中给富豪“制造”了更多致富渠道。

1. 货币政策方面

首先，各国纷纷降息，甚至不少国家保持零利率或负利率，这使得市场上的流动性增加，企业的融资成本降低，富豪们能以更低的资金成本去投资生产，谋取更多的利润。其次，很多国家还实施了大规模的量化宽松政策，美联储甚至采取无上限量化宽松政策，导致油价、粮食价格和大宗商品价格飙升。2020 年 4 月至 2021 年 7 月，衡量大宗商品价格的路透 CRB 商品指数从 108.00 点涨到 211.80 点，涨幅超过 96%[5]，而这些开支占中低收入人群收入的比重远远大于高收入人群，这实际上形成了一种财富再分配机制，即货币扩张导致的通货膨胀容易把社会底层和中产阶级手中的财富转移到富人手里。最后，量化宽松容易推升资产价格、股市和房地产价格的上涨[6]，但其所形成的财富效应也只存在于 10% 的富裕人群中。

2. 财政政策方面

2021 年 1 月 1 日的《经济日报》显示，2020 年世界各国一共启动了 11.7 万亿美元的财政刺激计划，超过当年全球 GDP 的 12%[7]。减税是政府使用财政刺激经济的一大措施，美国颁布的 2.2 万亿美元经济救助法案取消了 2017 年实施的抵税限制，这在很大程度上帮助了富人“减负”，如房地产开发商可以利用建筑折旧造成的账面损失来抵消其股票等金融投资收益带来的税收，为房地产行业的富豪们谋取更多利润提供了又一捷径。ProPublica 官网指出，美国富人阶层正在支付比普通人更低的税，最为富有的 25 名美国人平均只缴纳了占调整后总收入的 15.8% 的税收。顶级富豪如索罗斯、扎克伯格、巴菲特等更是能利用合法渠道将其联邦税单缩减到零或无限趋近于零[8]。福布斯也指出，自救助法案颁布一个月以来，4.3 万名收入超过百万美元的纳税人受益于救助政策，每人平均可获得 170 万美元的意外收入[9]。

（三）股市上涨

大量研究表明，政府投入的旨在帮助企业运营、资助困难家庭的资金以及中央银行向货币市场投放的流动性，实际上大部分都流入了金融市场，带动股市不断上升。以美国为例，美联储宽松的货币政策措施刺激了股市，2020 年纳指全年累计上涨 43.64%，道指累计上涨 7.25%，标普 500 指数累计上涨 16.26%，2021 年前 4 个月，标普和道琼斯指数跳涨 10% 左右[10]，推高了资产价格。然而，股市上涨带来的财富增加并没有惠及所有人。根据美联储的数据，美国前 1% 的顶级富豪拥有 50% 的股票市场资产，其次是前 9% 的超级富豪，他们拥有 38% 的股票市场资产。这就意味着，善于利用股市配置资产的富人们获利颇丰，他们的财富得以持续保值增值。2020 年特斯拉的股价涨幅超过 705%，其 CEO 埃隆 · 马斯克的身价也水涨船高，从上年排行榜的第 31 名飙升至第 2 名，财富总量相应增加了 1264 亿美元，仅次于全球首富贝索斯，成了疫情期间股市上涨的最大赢家。而大量没有充分利用股市配置资产的工薪阶层，则无法分享这一股市红利。

二、中国富豪的变化及原因

图 2 展示了 2001—2021 年中国亿万富豪人数的变动趋势。从图 2 中可以清楚地看到，过去的二十年，中国亿万富豪人数总体呈现出上升的趋势，并且在 2021 年的榜单中首次超过美国，总人数达到 745 人，财富增长速度十分迅猛。不仅如此，福布斯统计显示，在 493 名新上榜人士中，超过 40% 的新面孔都来自中国内地。

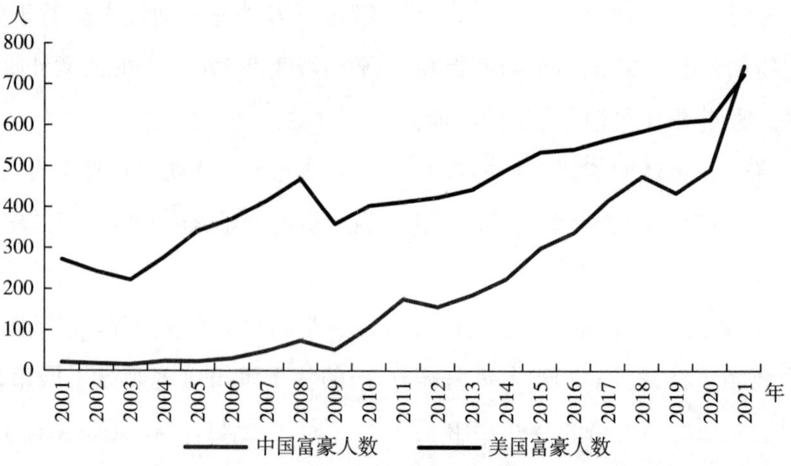

图 2　2001—2021 年福布斯排行榜中国亿万元级富豪人数

中国的财富总额和富豪人数增长如此之迅速，主要是因为中国在 2020 年新冠肺炎疫情防控阻击战中表现突出，及时有效地控制了疫情的传播，且中国经济特有的规模韧性、结构韧性和创新韧性等优势[11]，使得中国经济在这次疫情大考中表现优于其他国家，尤其是医疗、科技领域发展势头强劲。从最新榜单来看，中国的顶级富豪所从事的行业主要集中在医疗、科技领域，而 IPO 作为制造财富的一大动力，在近两年资本市场的注册制改革的背景下为富豪提高身价发挥了不可小觑的作用。

（一）医疗行业乘势而上

2021 年福布斯榜单显示，在新晋的中国亿万富豪中，超过 10% 的富豪来自医疗行业，这主要是因为中国率先控制住了新冠肺炎疫情，并且有序开展疫情防控阻击战。一方面，中国的医疗行业除了满足国内的疫情防控需求外，还为世界各国提供口罩、防护服、呼吸机、试剂盒等医疗物资，由此积累了不少财富。迈瑞医疗是中国最大的医疗器械供应商，年度报告显示其 2020 年全年营业收入为 210.26 亿元，与上年相比增长 27%，并且 2021 年的营业收入和净利润延续了稳步增长的态势。另一方面，中国抗击疫情有力使得整个市场对医疗行业的预期向好并率先反映在股市上。2020 福布斯中国医疗健康富豪榜单显示，自武汉封城以来，多家医疗健康企业的股价涨幅超过 30%，其创始人和实际控制人的身价受到股市的影响大幅增长。如 2020 年 1 月 23 日至 7 月 17 日，名列榜首的钟慧娟旗下的瀚森制药港股股价上涨近 40%，迈瑞医疗的股价累计上涨超过 80%，恒瑞医疗的股价上涨超过 30%。而龙头企业更是利用规模优势，占据了医疗行业财富总量的较大份额，福布斯中国医药健康富豪榜前五大富豪的财富合计达到 856 亿美元，占榜单财富总额的 60% 左右[12]。

（二）科技领域创新发展

在过去的一年里，受新冠肺炎疫情的影响，人们必须宅在家里吃饭、办公以及娱乐，“宅经济”的兴起驱动了中国互联网行业的快速发展，互联网电商平台、云视频、云办公等公司迅速崛起，科技企业也一直在机遇中谋求创新发展，科技领域的富豪们由此积累了不少财富。

表 1　2021 福布斯全球亿万富豪榜科技榜 Top10

排名	姓名（英文）	姓名（中文）	财富（亿美元）	财富来源	国家和地区	年龄
1	Jeff Bezos	杰夫・贝索斯	1770	亚马逊	美国	57
4	Bill Gates	比尔・盖茨	1240	微软	美国	65
5	Mark Zuckerberg	马克・扎克伯格	970	Facebook	美国	36
7	Larry Ellison	拉里・埃里森	930	软件	美国	76
8	Larry Page	拉里・佩奇	915	谷歌	美国	48
9	Sergey Brin	谢尔盖・布林	890	谷歌	美国	47
14	Steve Ballmer	史蒂夫・鲍尔默	687	微软	美国	65
15	Ma Huateng	马化腾	658	腾讯	中国	49
21	Colin Zheng Huang	黄峥	553	拼多多	中国	41
22	MacKenzie Scott	麦肯齐・斯科特	530	亚马逊	美国	50

如表 1 所示，中国科技巨头在 2020 年创造了大量财富，马化腾和黄峥分别以 658 亿美元和 553 亿美元的身价位于 2021 全球十大科技亿万富豪榜第八位和第九位。腾讯游戏是腾讯的主要收入来源，2020 年受到疫情和假期延长的双重影响，游戏领域的用户数量激增，腾讯获得了非常可观的利润。腾讯财务报表显示，2020 年全年腾讯网络游戏收入增长 36%，至 1561 亿元，董事长马化腾的财富总额与上年同期相比也增加了 277 亿美元。拼多多在疫情期间抓住发展机遇，利用全方位的数字化转型，创新“社交 + 电商”的发展模式，通过电商直播助农、帮扶外贸企业、开发新物流技术等手段，使得其平台覆盖人群超越了天猫、京东等传统型电商，在 2021 年 3 月成了中国拥有最大活跃用户的电商平台，2020 年全年营业收入增长 97%，至 594.919 亿元，其联合创始人黄峥在过去一年新增 388 亿美元的财富，达到 553 亿美元身家。

（三）资本市场注册制改革

资本市场从审批制到注册制改革的持续推进催生出了众多富豪。一方面，企业的上市门槛和融资成本大大降低，使得中小微企业尤其是有发展潜力和高技术含量的企业上市融资更加容易，中小企业迎来了首次公开募股大年。Wind 数据统计，2020 年全年首次公开募股数量同比增加 45%，达到 391 家，且融资规模总市值高达 4681.40 亿元，与上年相比翻了一番，打破了 A 股市场自 2010 年首次公开募股以来的最大规模纪录 [13]。现任中国首富、农夫山泉董事长钟睒睒就是在农夫山泉港股上市后，以 689 亿美元的身家荣登中国亿万富豪榜榜首。另一方面，政府通过政策支持鼓励新兴的科创企业、医疗企业积极参与注册制下的 IPO。多家生物医药行业的实际控制人如甘李药业的甘忠如、新产业的翁先定、百奥泰的易贤忠直接通过 IPO 融资跻身中国医疗健康富豪榜单前五十位。2020 年 8 月 24 日创业板注册制推行，开板一个月，就累计诞生了包括医药、汽车、纺织、文化等领域的 89 位亿万富翁，平均每天诞生 2 位亿万富翁 [14]。截至 2021 年 5 月，一共有 118 家公司成功登陆创业板，这 118 家创业板注册制下新上市公司 2020 年平均实现营业收入 28.51 亿元，平均净利润为 2.49 亿元，营业收入及净利润规模均高于板块平均水平 [15]。

三、新冠肺炎疫情对世界财富分配的影响与启示

（一）财富分化加剧，马太效应凸显

纵观人类历史的发展进程，每一次重大事件对经济的冲击都会带来财富的重新分配。本次新冠肺炎疫情对世界财富分配的一个重要影响就是加强了马太效应，即穷人越穷，富人越富。从个人财富变化来看，富人财富增长很多，而穷人的财富并没有太大的变化。环球网2021年5月2日报道，美国排名前100名富豪的财富总和达到了2.9万亿美元，而美国最底层的50%人群仅拥有2.5万亿美元的财富总额，贫富差距进一步拉大。从家庭财富变化来看，根据蚂蚁金服数据研究院2020年的报告，疫情期间，按金融资产数量分组，300万元以上的高收入家庭财富减少了5.2%，而低收入家庭财富减少了33.2%，减少幅度差了5.4倍；按税前年收入分组，100万元以上的高收入家庭财富增加了32.4%，而低收入家庭财富仅仅增加了2.0%，两者相比差距达到15倍。这些数据都表明了新冠肺炎疫情使得马太效应增强，全球财富都在向富人集中，而普通人的财富不仅没有增加，还要承担着不断攀升的物价带来的压力，有些人甚至突然失业，主要的收入来源被切断，导致了新的贫困。

（二）富人更注重财富管理

疫情期间，超级富豪的财富正在以惊人的速度逆势增长，这得益于宏观环境，如疫情给科技行业、健康产业等新兴行业带来的发展机遇以及政府的经济刺激措施等，最根本的原因在于富豪们自身从未停止过财富管理的步伐。保险、股票、债券、共同基金、对冲基金、私募股权等都是富豪们进行财富管理的重要手段。除了投资品种多样化之外，富豪们还会根据全球市场行情的变化，不断调整自己的资产配置方案。比如，2020年，全球房地产市场迎来了火热的“大年”，根据国际房地产咨询公司莱坊2021年3月发布的房价指数，2020年，全球房价上涨了5.6%，超越了2019年5.3%的增幅，成为近三年来全球房价上涨最快的一年。各个领域的富豪们也因此纷纷调整原有的投资战略，普华永道发布的《2020亿万富豪洞察报告》显示，约48.8%的富豪将自身21%~40%的净资产投资到房地产业，并且获利颇丰，有效地实现了财富的保值增值。

四、对我国财富创造与分配的建议

（一）国家层面

1. 完善社会保障体系

社会保险作为国家治理体系的重要组成部分，在重大突发事件中为保障民生、分担风险、促进经济恢复发展起到了重要作用。完善社会保障体系，一方面是要充分发挥医疗保险的作用，明确将新冠肺炎的治疗费用纳入医保范围，从而降低医疗费用，让新冠肺炎患者能够无负担地接受治疗，不因病致穷，这一点对中低收入群体至关重要。另一方面是要发挥失业保险的“逆经济周期”功能，向受新冠肺炎疫情影响而失业的人员发放失业补助，并且合理地降低补助标准、扩大救济范围，进一步保障低收入群体的基本生活，防止他们的处境恶化[16]。

2. 重视第二次收入分配和第三次收入分配

第一次收入分配是市场按照效率原则进行的分配，而第二次收入分配和第三次收入分配则是分别通过政府和社会公众的力量来促进社会分配公平，是缩小贫富差距的重要手段。一方面，政府要完善税收制度，制定精准有效的

税收政策，真正做到为穷人减负，而不是让富人的税收负担减轻。另一方面，要注重发挥公益慈善组织的作用，制定严格的信息公开机制，完善慈善监督机制，并通过制定“慈善法”来提升慈善捐助的使用效率，提高富人们捐助部分财富的意愿，进而在一定程度上改善穷人的生活、教育和医疗条件，缩小贫富差距。

3. 重视财商教育

财商教育是一种以社会财富为研究对象，引导人们如何正确认识财富、获得财富和管理财富的过程[17]。随着我国经济的快速发展，个人财富总量在不断增加，财商教育显得尤为重要，但是与西方国家相比，我国的财商教育起步较晚，国民财商知识普遍匮乏。政府一定要发挥普及财商教育的导向作用，加大对财商教育的支持力度。一方面，政府要逐步建立有中国特色的财商教育体系，并把加强财商教育纳入国家教育发展战略中，编写财商教育规划教材，作为社会公民财商教育的重要内容。另一方面，政府可以引导搭建网络教育平台，借助大数据分析技术，对不同收入的群体提供相应的财商教育课程，尤其是对于贫困落后地区人群，要通过财商教育帮助他们摆脱思想上的贫困，巩固新时代脱贫攻坚战取得的重大成果，防止他们再次返贫，促进我国经济社会的良性发展。

（二）居民层面

1. 适度储蓄

疫情期间，收入的减少和未来不确定性的增加导致居民储蓄率出现激增，《疫情下中国家庭的财富变动趋势》显示，超过50%的家庭有增加储蓄的意愿，这表明了居民避险情绪高涨，对流动性的需求增加。但需要注意的是，虽然储蓄可以应对不时之需，但储蓄率过高也说明了收益来源过于单一，金融资产收益率自然会下降，这样不利于实现财富管理的最优化[18]。因此，后疫情时代，居民要权衡好收益性、流动性、安全性三者之间的关系，保持适当的储蓄率。

2. 进行多元化资产配置，管理风险

“不要把鸡蛋放在一个篮子里”强调了分散投资的重要性。在突发事件的冲击下，多元化资产配置可以帮助投资者尤其是风险规避者最大程度地降低风险，将负面影响降到最低。在进行资产配置时，除了保持适当的储蓄率之外，一方面，居民可以根据自身的风险偏好选择合适的金融产品，例如基金、债券、银行理财等，特别是保险的配置在后疫情时代显得尤为重要。另一方面，在产品的比例配置上要注意分散投资，避免采用单一的投资组合，合理分配跨地域、跨品种资产的投资比例，并根据市场行情的变化加减仓位，提高投资组合的抗风险能力，有效实现个人财富的保值增值。

3. 学习理财知识，积累理财经验

随着经济总量的不断增加，我国现已进入全民理财的新时代。然而很多人对于投资理财只有些许了解，并没有系统地学习过专业知识，再加上经验有限，在进行投资理财时，自身就形成了很大的风险敞口。工欲善其事，必先利其器，投资者必须先具备一定的知识储备，再加上正确的财富观，这样才能在金融危机、新冠肺炎疫情等黑天鹅事件到来时，及时识别风险并有效调整投资组合，最大可能地实现财富的保值，并在理论知识的支撑下，慢慢积累实战经验，从而进一步实现个人财富的增值。

（三）金融机构层面

1. 发展财富管理业务，实现数字化转型

新冠肺炎疫情凸显了财富管理行业线上投

资和“买方化”的大趋势。一方面，新冠肺炎疫情很大程度上改变了人们的生活方式，投资方式也从传统的线下网点转为线上的互联网平台。因此，金融机构如银行、证券公司、基金管理公司、保险公司等要抓住这次疫情带来的机遇，积极研发创新型的线上投资理财产品，扩大线上业务的份额。另一方面，“买方化”的大趋势是指财富管理业务的供给侧改革，从“产品销售”转为“以客户为中心”，提高金融机构供给端的灵活性，以应对不同客户的多元化需求[19]。例如开发多样化、个性化的金融产品和服务，降低理财产品的门槛，为各层次的顾客特别是中低收入群体量身定制理财方案，满足中长期投资需求的变化，从而实现他们的财产性收入增长[20]。而财富管理业务的发展升级必然离不开区块链、大数据、云计算、人工智能等金融科技，金融机构一定要注重数字化、智能化转型，提升金融服务效率。如通过大数据挖掘潜在的客户，利用人工智能技术升级和完善智能营销平台，借助区块链技术优化客户服务流程和标准等，为不同生命周期、资产量级和风险偏好的家庭和个人制订具有针对性的财富管理方案，实现财富管理业务的数字化转型[21]。

2. 积极引导资金流向实体经济

为缓解疫情对经济的冲击，各国纷纷向市场投入了大量的流动性，而这些本应该进入实体经济的资金最终大部分流入了股市、债市、房地产业等，富豪们运用自身的金融资本优势在市场上炒作空转，牟取暴利，这种资金流向导致了贫富差距进一步拉大。实体经济是金融业发展的根本出发点和落脚点，也是中低收入人群财富增长的动力源泉，积极引导资金流向实体经济至关重要。在中央提出“双循环”发展格局的大背景下，金融机构要不遗余力地完成经济新常态下服务实体经济的历史使命，积极引导资金服务实体经济，尤其是中小微企业，从而实现金融资源的有效配置。

（作者单位：山东工商学院金融学院）

参考文献

［1］国际货币基金组织.世界经济展望，2021年4月[EB/OL]. https：//www.imf.org/zh/Publications/WEO/Issues/2021/03/23/world-economic-outlook-april-2021.

［2］福布斯. Forbes Billionaires 2021：The Richest People in the World[EB/OL]. https：//www.forbes.com/billionaires/.

［3］文婧，杨甜. 疫情令全球亿万富豪的财富缩水了吗?[J]. 家族企业，2020（11）：115-117.

［4］腾讯网. 靠新冠疫苗致富，9人跻身亿万富豪！资产总额高达5400亿元[EB/OL]. https：//new.qq.com/rain/a/20210521A0A9WR00.

［5］常清，张立莉，颜林蔚，等. 货币宽松与商品价格关系的初步研究[J]. 价格理论与实践，2021：1-5.

［6］张议丹. 全球量化宽松对大类资产市场的影响及后量化宽松时代大类资产配置建议[J]. 科技经济导刊，2021，29（19）：188-190.

［7］2020年世界经济出现深度衰退2021年增速反弹[EB/OL]. http：//intl.ce.cn/sjjj/qy/202101/01/t20210101_36179489.shtml.

［8］Eisinger J，Ernsthausen J，Kiel P. The Secret IRS Files：Trove of Never-Before-Seen Records Reveal How the Wealthiest Avoid Income Tax— ProPublica[EB/OL]. https：//www.propublica.org/article/the-secret-irs-files-trove-of-never-before-seen-records-reveal-how-the-wealthiest-avoid-income-tax.

［9］Ziv S. How Some Rich Americans Are Getting Stimulus

'Checks' Averaging $1.7 Million[EB/OL]. https：//www.forbes.com/sites/shaharziv/2020/04/14/why-are-rich-americans-getting-17-million-stimulus-checks/?sh=2bb6684b665b.

[10] 美股2020收官三大指数齐上涨，纳指累涨43.64%[EB/OL]. http：//finance.sina.com.cn/roll/2021-01-01/doc-iiznezxt0029804.shtml.

[11] 韩保江．论疫情冲击下的中国经济韧性[J]. 理论探索，2020（5）：116-121.

[12] 福布斯中国．2020福布斯-2020年榜单[EB/OL]. https：//www.forbeschina.com/lists/1740.

[13] 李永森．资本市场改革创新的制度保障[J]. 中国金融，2021（3）：22-24.

[14] 挖贝网．创业板注册制下30家上市公司造就89位亿万富翁：平均每天诞生2位[EB/OL]. https：//baijiahao.baidu.com/s?id=1678441566080563906&wfr=spider&for=pc.

[15] 创业板业绩持续增长 注册制下公司业绩表现亮眼[EB/OL]. https：//m.gmw.cn/baijia/2021-05/01/1302267968.html.

[16] 席红艳．在疫情防治中不断完善社会保障体系[J]. 农家参谋，2020（21）：173-230.

[17] 刘向锋．财商教育初探[J]. 山东工商学院学报，2021，35（1）：7-13.

[18] 张彤，满海红．后疫情时代家庭资产配置[J]. 商业经济，2020（9）：168-170.

[19] 聂俊峰，张馨元，王恒，等．后疫情时代财富管理业务的转型发展[J]. 中国信用卡，2020（6）：23-28.

[20] 甘犁，路晓蒙，王香，等．新冠肺炎疫情冲击下中国家庭财富变动趋势[J]. 金融论坛，2020，25（10）：3-8.

[21] 陈进．创新是“后疫情时代”财富管理市场发展的内在动力[J]. 中国对外贸易，2020（10）：32-33.

《中国资管》征稿启事

《中国资管》由中国投资协会金融业资产管理专业委员会组织编写、中国金融出版社出版，旨在繁荣资产管理业务研究，推广资产管理领域研究成果，推动资产管理事业发展。主要栏目有资管行业探析、资管业务研究、资管机构研究、财富市场等。欢迎资产管理领域专家学者及市场从业人员踊跃投稿。

来稿要求：

一、来稿主题与内容应以金融资产管理行业的政策、业务、机构、市场、产品等方面的研究、实践及经验总结为主，要求观点明晰，论述充分，资料翔实、准确、系统，行文规范。文章应不涉及保密，署名无争议。

二、来稿字数不限，稿件格式准确，参考文献按照GB/T 7714—2005标准，采用脚注，每页重新编号，文章注释内容依次为作者、署名、卷册、出版社、出版年份、页码。来稿请附上作者简介及联系方式。

三、请勿一稿多投，投稿文章须为原创文章，未在公开出版物或互联网上发表，投稿即视为对稿件原创性作出承诺。

四、编辑部根据要求，有可能对来稿酌情删减修正。

五、来稿一经采用即付稿酬。

联系方式：

联系电话：010-63909881

投稿邮箱：3521902379@qq.com

通信地址：北京市西城区木樨地北里甲11号国宏大厦A座

邮政编码：100038
